À Jean-Michel BUILLES († 1997)
ami de l'Océan Indien

Dessin de couverture :
"Esclave"
(Didier SORET, 1992, PARIS)

Catéchisme créole et Mission des Noirs
à l'Ile Bourbon

SOCIOLINGUISTIQUE

Collection dirigée par
Jean-Pierre CAPRILE

SOCIOLINGUISTIQUE
— 8 —

Gillette STAUDACHER-VALLIAMEE

CATÉCHISME CRÉOLE ET MISSION DES NOIRS À L'ILE BOURBON

Étude linguistique et sociohistorique des manuscrits de
Frédéric Levavasseur
(1842-1849)

Préface de Daniel VÉRONIQUE

SELAF 390

Publié avec le concours du
CONSEIL GÉNÉRAL DE LA RÉUNION

PEETERS PARIS
2000

ISSN 0295-0251
ISBN 90-429-0930-7 (Peeters-Leuven)
D. 2000/0602/135
ISBN 2-87723-529-7 (Peeters-France)

Dépôt légal: décembre 2000

RESUME

Gillette Staudacher-Valliamee – *Catéchisme créole et Mission des Noirs à l'Ile Bourbon. Étude linguistique et sociohistorique des manuscrits de Frédéric Levavasseur (1842-1849)*, 2000, Paris, Peeters - SELAF (SOC 8).

Cet ouvrage analyse les manuscrits de F. Levavasseur à la lumière de la Mission des Noirs à Bourbon en la première moitié du dix-neuvième siècle. Il tente d'évaluer la fonction des graphiations spontanées de terrain dans le processus sociohistorique d'une écriture grammaticale créole. La traduction du catéchisme de Fourdinier par ce missionnaire spiritain vaut comme outillage du créole au service de l'évangélisation. Pratiquée oralement auprès des nouveaux esclaves, elle a laissé des traces contribuant à l'étude du changement de langues et à la théorie de l'appropriation d'une langue vivante étrangère en milieu colonial.

Mots-clés
Créole de Bourbon, archivage, abolition de l'esclavage, évangélisation, écriture, changement de langues.

SUMMARY

Gillette Staudacher-Valliamee – *Creole catechism and mission of black slaves at Bourbon Island. Linguistical and sociohistorical analyses of the manuscripts of Frédéric Levavasseur (1842-1849)*, 2000, Paris, Peeters - SELAF (SOC 8).

This study analyses the manuscripts of F. Levavasseur through the implantation of the mission of black slaves at Bourbon Island in the first half of the nineteenth century. It attempts to evaluate the function of spontaneous writing in the sociohistorical process of grammatical Creole writing. The translation of the catechism of Fourdinier by a spiritain missionary uses the Creole language as tool for evangelisation. Practised among the arriving slaves, the outlines of the manuscript contributes to the study of the change of language and of the theory of appropriation of a foreign language in a colonial environment

Key-words
Creole language of Bourbon island, archiving, abolition of the slavery, christianization, Creole writing, language changes.

ZUSAMMENFASSUNG

Gillette Staudacher-Valliamee – *Kreolischer Katechismus und Sklaven-bekehrung in der französischen Kolonie Bourbon. Sprachliche und sozio-historische Untersuchung der von Frédéric Levavasseur hinterlassenen Manuskripte (1842-1849)*, 2000, Paris, Peeters - SELAF (SOC 8).

In dieser Arbeit werden die Manuskripte von F. Levavasseurs im historischen Zusammenhang zur Missionsarbeit bei den auf die Insel Bourbon verschleppten Sklaven untersucht. Sie entspricht einer Annäherung an die spontanen Schreibversuche und deren Funktion im soziohistorischen Prozess einer grammatisch belegten Schriftsprache des Kreolischen. Die Übersetzung des französischen Katechismuses Fourdiniers durch einen Spiritaner gilt als Werkzeug der Kreolensprache im Dienste der Evangelisierung. Ihr Gebrauch bei den neu ankommenden Sklaven bietet schriftliche Spuren zu einer Untersuchung des Sprachwechsels an und bildet einen Beitrag zur Theorie des Erlernens einer Fremdsprache in einer französischen Kolonie.

Schlüsselworte
Kreolensprache auf der Insel Bourbon, Archivenarbeit, Abschaffung der Sklaverei, Christianisierung, Schriftlichkeit, Sprachwechsel.

RIYENK' SAMENM'

Gillette Staudacher-Valliamee – *Sï lö ban kateꞩiss èkk bann' zésklav' péi Bourbon. Langaꞩ kréol dan ein kârné vyé papyé Frédéric Levavassër (1842-1849)*, 2000, Paris, Peeters - SELAF (SOC 8)..

Travay-là la pârti ròdd ein kârné lapriyèr légliz, ein prètt kréol i pòrt Fr. Levavasseur la mètt an langaꞩ Bourbon, konmssa bann' zésklav' nora pï mazine bon dié zòt nassyon pou amenn bon dié légliz. Té iffo rögârdé, koman enn' dë moune, pa riyenkk lö prètt, la komanss ékri konm té i kòz issi, kanmenm léköl té i aprann' pa zòt ékri lö bann langaꞩ.

Sö prètt -là la fé ein liv' kateꞩiss kréol ansanm tout' lapriyèr zorèy lï té i lir. Lï la ârmont' ssa bann' zésklav' té i vyenn' arivé, konmssa zòt nora rant' dan la röliꞩjon. Ekk satt i ress dan son kârné, mon livv' la tass mwayen ârtrouvé, oussa Levavassër la tir toussala. Dan mon tètt, moin la ésèy wâr, koman bann' zésklav' déòr la fé pou aprann' ein kozman zòt té i koné pa prömyé débï.

Ramass byen
Langaz kréol, Péi Bourbon, ein kârné kateꞩiss, fini lö tan mârgoz, bon dié légliz, lö bann' manyèr ékri kréol, kozman la pèrdd.

PRÉFACE

Les liens entre l'activité missionnaire et les sociétés coloniales créoles sont multiples et contradictoires. L'observateur des langues créoles sait que très souvent les premiers témoignages, les premières "attextations", selon l'expression de Cerquiglini, de son objet d'étude, sont l'œuvre de missionnaires ou ont été réalisées à leur instigation. Ici, on traduira les évangiles, là, on rédigera des témoignages en direction des congrégations et, ailleurs, on mettra en œuvre des catéchismes afin d'évangéliser. Ces activités éducatives, composantes importantes de l'acculturation des esclaves bossales, produiront le meilleur et le pire. Le meilleur, ce sont ces textes d'esclaves en neger-hollands, langue aujourd'hui disparue, autrefois parlée dans les (actuelles) Iles Vierges américaines, premiers textes de locuteurs serviles éduqués par les Frères Moraves. Le pire, c'est évidemment la négation de la langue et de la culture des femmes, hommes et enfants déportés, que les missionnaires instruisaient dans la foi du maître. Cette violence symbolique, corollaire de la déportation, avec en réponse les détournements et les syncrétismes observables dans les mondes créoles, travaille encore aujourd'hui les sociétés créoles et les églises, d'ailleurs.

Rédiger un catéchisme en créole, dans le but de toucher le plus grand nombre et les plus démunis, c'est engager cette action ambiguë d'éducation et d'acculturation. C'est également nommer, opération qui, comme l'a montré Guy Hazaël-Massieux, consacre ce qui, jusque-là, n'était pas saisi comme réalité distincte. Premiers pas d'un aménagement linguistique en devenir car reconnaître l'utilité à l'écrit d'usages jusque-là seulement parlés, c'est fonder et légitimer, un tant soit peu, un réel linguistique et culturel.

Nécessité faisant loi, les premiers scripteurs des créoles français useront de l'orthographe du français, instituant par là-même, sans l'avoir voulu sans doute, un co-linguisme français-créole, forme particulière de ce co-linguisme fondateur, identifié par Renée Balibar, à l'origine des grandes langues occidentales. Incidemment, on relèvera que d'autres conquêtes et d'autres entreprises prosélytes, l'expansion arabe et l'Islam par exemple, ont aussi produit des effets sur l'écriture des langues de quelques régions conquises, de l'urdu via le farsi, au wolof et aux variétés comoriennes.

Quand Levavasseur entreprend la rédaction de son catéchisme, à une période particulière de l'histoire des missions, comme le montre l'étude menée en parallèle entre le catéchisme antillais de Goux et l'œuvre réunionnaise, il ne perçoit assurément que la finalité pragmatique de conduire au bercail de l'Église des âmes délaissées. Il n'est pas sans signification que cela se produise à un moment où des voix s'élèvent pour que l'on mette fin à l'odieuse condition de l'esclavage et que les colonies anglaises en ont déjà connu l'abolition.

Que faut-il voir dans le catéchisme de Levavasseur ? Certainement un témoignage sur le créole de la moitié du dix-neuvième siècle à la Réunion, même si l'on doit aborder ce témoignage avec la circonspection qui convient. C'est ce que fait avec soin l'auteur. Le texte du catéchisme est un bon jalon pour apprécier l'histoire du réunionnais, du moins d'une variété mésolectale de cette langue.

Ce catéchisme, dont Gillette Staudacher-Valliamee réinscrit la genèse dans ce contexte colonial réunionnais du début du dix-neuvième et dont elle décrit la langue, présente à nos yeux un double intérêt :
– celui de porter témoignage de l'élaboration d'une variété linguistique graphiée et savante de ce créole, devenu truchement du salut des âmes;
– celui également – et l'analyste-commentateur le restitue fort bien – de faire comprendre le procès d'acculturation qui va transformer ces esclaves en les amenant vers des pratiques religieuses chrétiennes.

Levavasseur propose une scripta de créole réunionnais, qui est à confronter avec ces autres témoignages qui jalonnent l'histoire récente des différents créoles français. On est ici davantage dans le domaine de l'élaboration et de l'innovation linguistique – le contenu religieux, lui, doit être conforme aux prescriptions religieuses du temps – que dans celui de la notation et de l'enregistrement d'un parler en usage. D'ailleurs, écrire le créole, malgré l'influence de la graphie française, c'est, comme le souligne à juste titre Gillette Staudacher-Valliamee, assurer un rapport graphie-phonie cohérent – ce que Levavasseur ne parvient pas toujours à faire –, découper les énoncés en mots, ce qui implique un découpage implicite en parties de discours.

L'analyse que donne l'auteur du créole du catéchisme de Levavasseur, livre implicitement cette mise en grammaire de la langue à quoi condamne l'entreprise d'écriture. Le linguiste préoccupé des mécanismes de l'aménagement linguistique trouvera ici matière à réfléchir à la mise à l'écriture de langues parlées. Certes, le genre est fixe, une partie de la phraséologie imposée, et sans doute même peut-il s'appuyer sur toute une catéchèse créole orale, mais à n'en point douter, Levavasseur, comme son collègue Goux aux Antilles, a dû se colleter aux réalités de la langue, à l'épreuve de l'écrit, entreprise plus périlleuse à certains égards que celle de la transmission d'un contenu religieux.

L'édition de ce catéchisme, son analyse pondérée et réfléchie, informée aux meilleures sources, constitue une étape importante dans la compréhension des interrelations entre langues et culture, lors de l'émergence des sociétés créoles. Cet ouvrage intéressera le linguiste, les observateurs des dimensions anthropologique et culturelle des sociétés créoles et, au-delà, les lecteurs qui s'interrogent sur la traite, sur l'esclavage et leurs effets présents, et qui souhaitent que ces dimensions antinomiques et contradictoires soient, enfin, justement évaluées.

Daniel VÉRONIQUE – Professeur
Université Sorbonne-Nouvelle (Paris III)
ESA 6058 du CNRS (Aix-en-Provence)

AVANT-PROPOS

C'est en 1993, me semble-t-il, que j'ai contacté le Père Carrard, alors documentaliste aux Archives des Spiritains à Chevilly-Larue, pour retrouver des traces linguistiques dans des documents anciens sur lesquels Gilbert Aubry avait attiré mon attention. J'étais alors chercheur détaché au Laboratoire de Langues et Civilisations à Tradition Orale du CNRS à Paris et je menais des enquêtes en linguistique générale et en créolistique sur le terrain réunionnais. Les discussions à l'évêché de La Réunion quelques mois auparavant avaient orienté ma réflexion première. Lorsqu'ensuite j'ai pris connaissance du manuscrit de Frédéric Levavasseur *Catéchisme des Noirs d'habitation, en usage chez Monsieur Boyer De La Giroday, beau-frère de Fr. Levavasseur, à l'époque de l'arrivée des missionnaires du Saint-Cœur de Marie à l'Ile Bourbon et dont ils se sont servis d'abord*, j'étais loin de penser que ce travail s'inscrirait quelques années plus tard dans le cadre de la commémoration du Cent Cinquantième Anniversaire de l'Abolition de l'Esclavage à La Réunion.

Du missionnaire spiritain, l'Histoire a retenu en effet ce que l'on appelait en cette première moitié du dix-neuvième siècle la Mission des Noirs à Bourbon. Cette entreprise à la fois religieuse, sociale et linguistique était destinée à convertir les nouveaux esclaves. L'intérêt historique de cet événement, c'est d'illustrer une période émergeant vers 1840 avec l'abbé Monnet et se poursuivant jusqu'en 1860. Avec la catéchisation, les missionnaires sont intervenus dans l'ordre social des propriétaires pour organiser avec les esclaves un programme d'instruction ainsi qu'une société de secours mutuel.

Issu d'une famille de propriétaires implantée depuis 1772 à Bourbon, Levavasseur, né à Sainte-Marie en 1811, s'était installé en 1842 au Quartier-Français dans le nord-est de l'ancienne colonie où la famille avait pris souche. C'est là que le jeune Frédéric avait vécu les réalités quotidiennes de l'esclavage avant de se rendre à Paris en 1825 et de préciser sa vocation pour la théologie. Dès 1837, il confiait à Mgr Gallais le projet qu'il nourrissait en secret pour les esclaves de Bourbon. Il pouvait écrire à son retour :

> "La classe noire de ce pays, à laquelle je dois en partie ce que je suis – car ce sont ses sueurs et ses souffrances qui m'ont nourri et instruit – m'a toujours vivement et tendrement touché. Je me suis dévoué depuis vingt ans à sa moralisation et à ses intérêts. Je poursuivrai cette grande œuvre à tout prix[1]".

En 1840, il traduisait à Paris l'*Acte de contrition* en créole de Bourbon, alors que son catéchisme bilingue trouvait sa forme écrite au cours du

---

[1] LE ROY Antoine, Mgr, 1989.

deuxième séjour qu'il effectuait dans son pays natal (1842-1849). À cette époque, le Père Laval qui, dans le même esprit d'évangélisation, rédigeait le *Petit Catéchisme des Noirs*, rappelait aux esclaves de l'Ile de France qu'ils ne devaient pas *faire tirer cartes, virer la vanne, rôder gris-gris*. À la Martinique, le Père Goux profitait de la publication de son catéchisme de 1842 pour enseigner aux esclaves comment *rendd ça nous volé, la réputation li, si nous té parlé mal de li, la santé de li, si nous té fait li vini malade*. Les citations présentées en italique sont extraites de leur catéchisme que nous rapprochons de celui de Bourbon pour une lecture comparée des textes. Ces différents créoles transmettaient les croyances populaires ainsi que les représentations traditionnelles animant les mentalités dans lesquelles la conversion a pris forme. Le *Rapport sur la Mission des Noirs*, pour sa part, en éclaire les modalités sociohistoriques en même temps que l'organisation laborieuse des séances d'instruction religieuse.

L'étude linguistique et sociohistorique des manuscrits, leur comparaison avec les textes littéraires créoles disponibles expliquent comment les documents collectés livrent le matériau pour une étude du changement de langues à Bourbon à la veille de l'abolition de l'esclavage.

L'initiative des missionnaires spiritains est associée à l'histoire de l'Éducation dans la colonie, puisque, dès 1844, le Père Jérôme Schwindhammer ouvrait à Sainte-Suzanne une école pour garçons pauvres, suivant ainsi les traces du Père Collin à la Rivière des Pluies.

F. Levavasseur et les siens ont expérimenté une méthode d'instruction des esclaves devant mener à la scolarisation des affranchis, puisqu'en 1849 furent fondés avec sa collaboratrice, Sœur Madeleine Pignolet du Fresnes, l'Ordre des Filles de Marie, ainsi qu'une école ouverte aux filles noires. Nous n'avons pas été surprise en apprenant que les cendres de Levavasseur – mort à Paris en 1882 – avaient été ramenées en 1965 au Couvent de la Providence à Saint-Denis pour y reposer auprès de celles de Sœur Madeleine Pignolet du Fresnes.

Avec la traduction d'un catéchisme français en créole de Bourbon, Levavasseur a laissé à la postérité l'extrait d'acte de naissance d'une écriture en un milieu plurilingue de la première moitié du dix-neuvième siècle.

Gillette STAUDACHER-VALLIAMEE
Terre Sainte, juillet 1998

Remerciements

Bien des personnes nous ont à différents titres apporté une aide précieuse dans l'élaboration de ce travail. Nous tenons donc à remercier ici : Gilbert Aubry, Luc Bouquiaux, Michel Carayol, R. P. Carrard, Sœur Thérèse De Rougemont, Marcel Diki-Kidiri, Monique Erélie, Prosper Eve, Jean-Louis Lebrave, Charlotte Levantal, R. P. Lotzmann, André Martinet, Amédée Nagapen, Pierre Nougayrol, René Robert, Pierre-Louis Rivière, Thomas Staudacher, Jacqueline M.C. Thomas, Laurent Venot, Daniel Véronique, Frère Vincent, Henriette Walter, ainsi que l'artothèque du Département.

INTRODUCTION

INTRODUCTION GÉNÉRALE

1. Christianisation et esclavage
dans le sud-ouest de l'Océan Indien avant 1848

En cette première moitié du dix-neuvième siècle, l'Ile Bourbon se situait dans un ensemble géographique, religieux et socio-économique déterminé par l'implantation, puis l'extension d'une Mission catholique cherchant à s'adapter aux réalités coloniales françaises dans le sud-ouest de l'Océan Indien.

Nommé par le Ministère de la Marine, un Préfet apostolique était responsable de l'organisation particulière de la vie religieuse dans les institutions chrétiennes. Le nombre insuffisant de prêtres réguliers obligeait Rome à soutenir le clergé colonial en sollicitant les congrégations actives, celle des Lazaristes au dix-huitième et celle des Spiritains, des Jésuites et des Lassaliens au dix-neuvième siècle.

Dès 1816, les Spiritains de Paris assumaient donc à la demande de Rome un rôle important dans la nomination des ecclésiastiques destinés aux colonies françaises. C'est en effet à Bourbon que fut élaboré et publié dans les années 1820 le catéchisme de Pastre, cédé dès 1833 à Fourdinier pour servir de référence française aux catéchismes créoles. La Congrégation des Spiritains était également représentée à Madagascar, à l'Ile de France où le Père Laval avait entrepris la christianisation des esclaves. Il travaillait en échange avec Levavasseur qui, de Bourbon, lui transmettait des directives pastorales.

L'Ile Bourbon employait 19 prêtres en 1840, 26 prêtres en 1842, 45 en 1847. Ce développement correspondait à une arrivée importante de nouveaux esclaves auxquels les propriétaires avaient fait appel pour satisfaire les besoins de l'exploitation économique – canne à sucre, girofle, vanille, sucreries –. Depuis 1733, le Code Noir stipulait l'obligation pour les propriétaires d'instruire leurs esclaves dans la religion catholique. Dans ce contexte historique, l'intervention des missionnaires auprès des esclaves au cours des années précédant l'abolition officielle de l'esclavage à Bourbon (1848) n'est pas restée sans incidence sur le fonctionnement général d'une société coloniale devant préparer un tournant de son évolution.

2. Instruction et éducation des esclaves
à Bourbon (1820-1850)

L'histoire de cette période révèle en effet que l'instruction religieuse était envisagée par une partie de la société coloniale comme un moyen possible pour préparer les esclaves à vivre l'Abolition dans un esprit de clémence et non de révolte politique et sociale. Pour les Antilles françaises, Guy Hazaël-Massieux a analysé ce processus en terme d'acculturation linguistique.

Les missionnaires et les religieux auxiliaires soucieux d'éducation étaient, pour leur part, directement confrontés aux particularités et aux contraintes de l'enseignement scolaire et de l'instruction religieuse à Bourbon. Depuis 1817 jusqu'en 1870, l'enseignement était assumé par la congrégation des Frères des Écoles chrétiennes dans toutes les écoles de garçons, alors que les Sœurs de Saint-Joseph de Cluny avaient en charge les écoles de filles. Les premiers avaient hérité de leur père fondateur en 1677 – Saint Jean-Baptiste de La Salle – une école française laïque conçue en dehors du préceptorat. Les secondes rattachées à la Mère Javouhey mettaient en pratique une conception lancasterienne de l'école, fondée sur la méthode du tutorat formant l'élève à l'encadrement de ses camarades.

Il est par ailleurs bien établi par les historiens que l'ordonnance du 5 janvier 1840:

> "a imposé l'accueil des esclaves dans toutes les écoles gratuites et précise qu'à la demande des maîtres, les instituteurs pouvaient aller enseigner dans les habitations. Immédiatement cette mission est jugée impossible. Le gouverneur Bazoche déclare que les Frères ne sont pas assez nombreux pour s'occuper des esclaves et qu'ils ne peuvent enseigner à des esclaves qui ne parlent que le créole et qui n'ont aucun matériel"[1]

Les missionnaires spiritains actifs à Bourbon ont rencontré sur le terrain deux obstacles de nature technique, mais d'une importance première pour la transmission des concepts religieux. Le premier tenait à l'absence de structure scolaire officielle susceptible de contenir un enseignement destiné à des esclaves. Les jeunes générations n'avaient pas droit à la scolarité. Le deuxième obstacle était lié à la diversité des langues et cultures que les esclaves introduisaient dans la communauté insulaire.

3. Vers une pastorale adaptée à la situation linguistique
des esclaves dès le XVIIIe siècle

Comme le rappellent les étymologies latine et grecque *katêkhismos* "instruction orale", *katêkhein* "faire retentir", le catéchisme qui se pratiquait depuis le dix-huitième siècle dans l'île, n'avait pas été conçu pour être lu ni publié. Il valait comme outil oral d'évangélisation et d'intégration linguistique des esclaves originaires de Madagascar, de Mozambique, de la côte orientale de l'Afrique, de l'Inde. Cette entreprise impliquait pour eux et ceux qui en avaient la charge la nécessité d'un changement de langues.

Dès 1772, le *Rapport Caulier*, repris par Gabriel Perboyre dans les *Mémoires Manuscrites de la Mission à l'Ile Bourbon 1746-1773*, décrivait en

---

[1] ÈVE P., 1990, pp. 22-23.

effet les séances d'instruction religieuse dispensée aux esclaves. Sans indiquer le lieu, la durée ni la langue utilisée, le témoignage en décrivait la méthode orale ainsi que l'objectif poursuivi:

> "Ces instructions où tous les assistants répondent ensemble posément, par espèce de cantilène, au catéchiste qui la leur dicte mot par mot, forment une routine d'abord toute machinale et sans intelligence dans ces élèves bruts, et devient à la longue suffisante pour les sacrements de première nécessité tels que le baptême, le mariage, la pénitence et l'extrême-onction".

Nous lisons ici que les séances se déroulaient selon le mode collectif sous forme de dictée sommaire où les mots et concepts encore incompris des esclaves étaient répétés sur le mode chanté. À ce stade premier, l'apprentissage du vocabulaire religieux se limitait à l'acquisition d'actes de parole nécessaires à la conversion. Les catéchumènes se contentaient de reproduire par cœur et lentement des termes associés à ce que l'on appelle des actes illocutoires s'exprimant dans des formules comme < je crois, je le jure >. En linguistique, ils se définissent comme des actes accomplis dans la parole même, paraphrasés et conventionnels[2]. Au vu des documents collectés, nous observons ce que les missionnaires français ont appelé le passage obligé par la pratique orale de la catéchèse.

En 1835, Pastre, Préfet apostolique, récuse l'usage du catéchisme écrit:

> "Il faut supprimer l'usage des catéchismes écrits qui sont fautifs et s'en tenir à celui qui est imprimé pour nos îles, auquel on peut ajouter des instructions plus étendues du catéchisme historique de Fleury ainsi que nous faisions ici pour ceux qui en sont capables; mais il faut s'en tenir au nôtre, comme base et fondement de ce qu'il faut savoir par cœur".

À cette période, les écrits ne s'accompagnaient pas d'exemples en créole, c'est le catéchisme français de Fleury qui servait de modèle lors de l'apprentissage.

4. La traduction de textes religieux en langues étrangères

L'histoire de l'Écriture nous rappelle à juste titre qu'entre le IVe et le XIVe siècles, les peuples dits païens de la société médiévale ont vécu, avec l'extension du christianisme en Europe, la christianisation par des missionnaires étrangers. En traduisant, pour les instruire, les textes considérés comme fondamentaux – extraits ou totalité de la Bible, Évangiles –, ces missionnaires ont dû choisir une écriture alphabétique conforme aux structures de la langue autochtone[3].

Lorsque l'évangélisation s'opère en Occident par l'intermédiaire de l'église catholique romaine, elle utilise les caractères latins. Les *scripta latina* ont permis, par exemple, de noter les premiers textes vernaculaires, comme les *Serments de Strasbourg* prononcés en 842 en roman rustique et en tudesque, qui correspondront au français et à l'allemand actuels[4]. Dans les pays d'Europe orientale, où la liturgie n'est pas latine, elle s'accompagne de création d'alphabets différents pour des langues différentes.

---

[2] Ducrot O. et Todorov T., 1972, *Dictionnaire encyclopédique des Sciences du langage*, Paris, Seuil, 428 p.
[3] Mounin G., 1985.
[4] Balibar R., 1985, pp. 17-93.

FAC SIMILÉ DE L'ACTE DE CESSION À FOURDINIER
DU CATÉCHISME DE PASTRE

157

Je soussigné, chanoine titulaire de l'Église
Primatiale de Lyon, nommé de rechef préfet apostolique
De l'Île Bourbon, cède purement et simplement à Mr
Fourdinier Supérieur du Séminaire du St Esprit — et à ses —
Successeurs, la propriété de mon catéchisme, imprimé —
D'abord à l'Île Bourbon, ensuite à Paris — chez Mr Leclere
quai des Augustins, avec mon agrément; et je consens —
Volontiers, qu'au titre de catéchisme ou abrégé de la
Doctrine chrétienne à l'usage des Paroisses de l'Île Bourbon,
Soit — Substitué . . . . à l'usage des colonies françaises.

Lyon, le 8 — 9bre 1833. —

Pastre
Chan.

Ces faits de linguistique historique aident le linguiste à comprendre et à situer la traduction de textes religieux en différents créoles. Il se demande alors dans quelle mesure il est possible d'établir un parallèle entre des processus similaires – les aspects linguistiques de la christianisation – et des conditions sociohistoriques et géographiques différentes.

Les manuscrits de Levavasseur rendent possible une réflexion sur les méthodes, techniques d'écriture, d'alphabet, de traduction par lesquelles s'opère le passage de l'oralité à l'écriture.

L'histoire de la pédagogie appliquée à des fins religieuses en différents points géographiques de l'Océan Indien – Madagascar, Ile de France ou Maurice, Bourbon – a en effet conservé dans ses archives des documents inédits. Caulier, qui a vécu vingt-deux ans à Bourbon de 1749 à 1771, avait rédigé un catéchisme et une grammaire en langue malgache pour servir l'évangélisation.

Avant l'abolition de l'esclavage, la Mission des Noirs entreprise par Monnet, Levavasseur et Frère Scubilion, avait choisi le créole de Bourbon comme langue commune pour l'instruction religieuse des esclaves bossales. À partir de 1846, la Mission malgache menée par les Jésuites intégrait le malgache, tandis qu'au lendemain de l'Abolition, la Mission indienne prenait en compte le tamoul pour christianiser des affranchis et des engagés.

Le lien établi entre la christianisation des esclaves, l'acquisition et la fixation écrite des langues de terrain ne constitue donc pas dans l'histoire des sociétés un phénomène unique.

5. La dimension européenne de la catéchisation

Le lien entre la tradition catholique et l'Église de Rome rendait nécessaire un bref historique des catéchismes sur le continent européen dont l'esprit a également influencé l'initiative de Levavasseur. Les ouvrages disponibles soulignent que le principe de l'adaptation et du remaniement d'un texte religieux de base à des fins pédagogiques ne date pas du dix-neuvième siècle, ni pour les créoles, ni pour les autres langues plus anciennes.

Déjà en 912, le Concile de Tours prônait le prêche en *lingua romana rustica* plutôt qu'en latin, incompris de la majorité des fidèles. Une étude récente[5] permet de comprendre le rôle joué par le Concile de Trente (1545-1563) lorsqu'il décida de faire du catéchisme romain, d'abord oral, un manuel d'enseignement au service de la catéchèse catholique, de l'Église de la Contre-Réforme pour répondre au Grand Catéchisme de Luther.

Le modèle ancien de ce catéchisme remonte à Gerson ou à Jean Charlier (1363-1427). Il était destiné aux curés peu instruits. Luther (1483-1546) était l'auteur d'un Grand Catéchisme, exposé doctrinal détaillé en latin et d'un Petit Catéchisme sous forme de dialogue en allemand, destiné au peuple. Jean Calvin (1509-1564) publiait en 1541 un ouvrage sous forme de Question/Réponse, non pour enfants, mais pour la formation de tous. L'activité dialogale – et ce point touche à une des préoccupations essentielles des théo-

---

5 Nagapen A., 1994.

ries du langage – participe donc d'un programme d'action pédagogique, d'instruction religieuse et de constructions des représentations en milieu plurilingue. La traduction en créole fournit un exemple historique de l'apprentissage d'une langue vivante étrangère à des fins religieuses.

6. L'origine de la Mission des Noirs : de Paris à Bourbon

Le titre du *Rapport* rédigé par Levavasseur à Bourbon en 1844 fait référence à la Mission des Noirs, telle qu'elle avait pris forme à partir de 1836 dans le Paris d'après la Révolution. Levavasseur, Libermann et Tisserant avaient obtenu le soutien de Saint-Sulpice pour mener à bien cet idéal de Mission des Noirs, terme par lequel les amis de Levavasseur désignaient alors un projet de société conçu pour préparer les esclaves des colonies françaises à l'acquisition de l'instruction religieuse, garant de civilisation et de morale catholiques.

Le *Rapport* de Levavasseur, son *Essai de catéchisme pour les Noirs de Bourbon* en sa troisième édition française, le *Catéchisme bilingue français-créole*, ainsi que les lettres et témoignages inédits, ont été recueillis aux Archives de la Congrégation des Spiritains à Chevilly-Larue. Ils témoignent en effet de la fusion de cet ordre avec celui du Saint-Cœur de Marie dont Levavasseur était l'initiateur.

> "Nous avions alors pour conseil les prêtres les plus pieux et les plus éclairés de Paris, les Messiers *(sic)* de Saint-Sulpice. Ils nous engagèrent à adopter des règles et à nous constituer en Congrégation. Rome approuva fort cette pensée. Nous la proposâmes à M. l'abbé Fourdinier, Supérieur du Grand Séminaire des colonies, qui la rejeta assez vite ; [...]. Cependant toujours soutenus et guidés par de sages conseils, puis protégés par quelques évêques, enfin Dieu aidant, nos désirs furent accomplis. Nous avons formé une congrégation de prêtres connue sous le nom de Missionnaires du Saint-Cœur de Marie. Le fondateur et le supérieur est M. l'abbé Libermann, et non pas moi, comme on l'a dit ici. J'en ai eu la première idée, il est vrai, mais c'est lui qui a fait le reste".

Deux ans après son retour à Bourbon, Levavasseur avait pris connaissance des réalités sociales et politiques et remettait un *Rapport* [6] *sur la Mission des Noirs de Bourbon* à Monseigneur Poncelet. Ce dernier avait confié aux trois missionnaires du Saint-Cœur de Marie – Levavasseur, Blampin, Collin – la succession de l'abbé Monnet dont le travail avait déjà bien commencé dans différentes paroisses de la colonie à Saint-Paul, Saint-Denis, la Rivière des Pluies, Sainte-Suzanne.

Pour comprendre véritablement le lien entre ces documents, les hommes qui les ont rédigés et le contexte sociohistorique à Bourbon, un complément d'enquête s'est avéré indispensable en des points géographiquement éloignés les uns des autres, c'est-à-dire aux Archives Départementales, à la Bibliothèque de l'évêché de La Réunion, aux Archives des Lazaristes à Paris, ainsi qu'auprès des différentes congrégations religieuses de la Réunion.

Les manuscrits collectés constituent une documentation historique apportant quelque lumière sur les conditions susceptibles d'avoir favorisé le travail

---

[6] Nous utiliserons désormais la forme abrégée pour le *Rapport sur la Mission des Noirs de Bourbon* placé en annexe.

de Frédéric Levavasseur lorsqu'il entreprit de traduire et de consigner par écrit la pratique orale d'un *Catéchisme en créole de Bourbon*, comme en témoigne la lettre de l'abbé M. en date du 24 mars 1845[7].

7. Le Petit Catéchisme de Fourdinier en créole : Bourbon, Martinique, Ile de France

La première moitié du dix-neuvième siècle voit en effet émerger la traduction d'un catéchisme pour trois créoles à base lexicale française[8]. En 1828, un catéchisme protestant en créole de l'Ile de France (Maurice) sera réalisé, sans indication d'auteur, à l'imprimerie Tristan Mallac & Cie à Port-Louis[9]. On a pu identifier le travail du pasteur J. Lebrun.

C'est surtout avec le Père Jacques Désiré Laval et les vingt-trois années de ministère accomplies dans l'île sœur que s'ouvre une nouvelle catéchistique allant de 1841 à 1864[10]. Le Père Laval a laissé un *Grand Catéchisme* qui se trouve aux archives des Spiritains et un *Petit catéchisme des Noirs* dont la transcription est conservée à l'Évêché de Port-Louis. Notre travail présentera les traits linguistiques ainsi que les particularités sociohistoriques de ce mansucrit français recopié en 1869 par J.M. Thévaux. Même si on n'a pas retrouvé à ce jour le manuscrit créole du Père Laval, des témoignages écrits en confirment la pratique ainsi que sa collaboration avec Levavasseur.

> "Ce catéchisme a été en grande partie rédigé par le Rév. Père Laval, qui s'est aidé, je crois, du catéchisme du R. P. Levavasseur de Bourbon. Il n'est que l'abrégé d'un grand cahier de catéchisme où les mêmes matières étaient toutes plus simples les unes que les autres et entièrement écrites de la main du Père Laval."[11]

En 1842, un *Petit catéchisme* en langue créole, précédé d'un *Essai de Grammaire sur l'idiome usité dans les colonies françaises d'Amérique*, fut publié à Paris par M. Goux, missionnaire apostolique à la Martinique.

Ces trois catéchismes écrits étaient l'émanation directe de l'Église catholique et de la Propagation de la Foi chrétienne à Rome. Ils témoignaient d'une extension religieuse allant de pair avec une prise de conscience linguistique et culturelle. Tous ces missionnaires de terrain avaient noté l'absence d'un catéchisme homogène et adapté aux contours sociolinguistiques de la colonie. Leur contact quotidien avec les différentes classes sociales avait affiné leur pratique langagière. Les divers créoles français – d'Amérique et de l'Océan Indien – leur paraissaient suffisamment autonomes pour servir d'outil linguistique à l'entreprise d'évangélisation des esclaves. Selon leur sensibilité propre, leur compétence linguistique et les contraintes particulières auxquelles ils se sont heurtés, ils en ont donné toutefois des travaux de formes différentes.

Il ressort de notre approche comparée que J. C. Goux, par exemple, n'a

---

[7] La liste des documents d'archives inédits, ainsi que leurs sources, figurent à la fin de l'ouvrage. Ils ont été saisis sur ordinateur et reproduits à l'aide d'un traitement de texte pour rendre le manuscrit plus lisible.
[8] Cf. STAUDACHER-VALLIAMEE G., 1994b.
[9] NAGAPEN A., 1994, p. 27.
[10] NAGAPEN A., 1994, p. 37.
[11] NAGAPEN A., 1994, p. 54, Note 34.

ALBUM DE LA RÉUNION.

E.Domballe.Lith. d'Ap.A.R.

Im. A. Roussin (Réunion)

LA RESSOURCE.

Etablissement des Pères de la Mission de Madagascar
(St.-Marie.)

pas véritablement traduit le catéchisme en créole de Martinique, mais a publié un *Essai de Grammaire* montrant ainsi la différence entre créole ordinaire et une pratique d'évangélisation (cf. 3.27). Levavasseur pour sa part n'a pas jeté par écrit les principes grammaticaux qui ont dicté son travail de mise en langue. Il n'a pas pu publier de son vivant toute sa réflexion et sa correspondance. Nous avons cependant retrouvé différents travaux et témoignages, comme le *Cahier des Dogmes*, constituant de véritables traces de cette conscience linguistique. Le linguiste peut y déchiffrer les états de langue transitoires, par lesquels l'auteur a opéré le passage du français écrit au créole parlé, puis au créole écrit (cf. Introduction 1.9 et 2.4). Nous verrons que Laval, pour sa part, a adapté son catéchisme français à la mentalité des esclaves, sans se soucier des frontières de langues dans l'introduction du vocabulaire religieux.

8. Éléments pour une périodisation de la Mission des Noirs à Bourbon

Si l'on tente de réunir l'ensemble des événements, dates et chiffres documentant la Mission des Noirs à Bourbon dans son cadre géographique et sociohistorique, on distingue cinq phases complémentaires situées sur une période allant de 1830 à 1860.

La première phase, de nature domestique, est restée privée, si l'on se fonde sur le travail du Père de Guigné, cité par Maupoint, ainsi que sur le témoignage de Constance de La Giroday, reproduit dans notre ouvrage (cf. 2). Elle correspondait à des initiatives individuelles, dictées par une prise de conscience de certains prêtres à l'intérieur de familles de la colonie et touchait un nombre réduit d'esclaves domestiques.

> "Il est bien vrai que, dix ans aupararavant, le pieux abbé de Guigné, créole de l'Ile Bourbon, en réunissait quelques-uns pour leur faire le catéchisme. Mais ce n'étaient que des Noirs qui lui appartenaient, et ils faisaient ces catéchismes dans la maison, et non à l'église. Cette tentative isolée n'était qu'un événement de famille et qui restait inconnu de la foule [...]. On peut, et on doit regarder Monnet comme le restaurateur, sinon le fondateur de ces catéchismes de Noirs à l'Ile Bourbon"[12].

Une deuxième phase plus officielle, pressentie puis organisée par les autorités religieuses, correspondait à la recherche et à la mise au point d'un texte français homogène et adapté à la situation dans les colonies françaises. On peut la situer historiquement en 1833, lorsque *Pastre cède à Fourdinier son Petit Catéchisme ou abrégé de la doctrine chrétienne à l'usage des Paroisses de l'Ile Bourbon auquel se substituera le Petit Catéchisme à l'usage des colonies françaises.*

Avec Monnet commence en 1840 une troisième phase où la Mission des Noirs est intégrée à un programme plus large s'attachant à la moralisation et à l'instruction des esclaves noirs dans le but de les convertir. Monnet en aura converti 3000. Au cours de cette phase collective, la Mission des Noirs quitte les familles individuelles pour se développer à l'extérieur, sur les chapelles, dans les camps des terrains d'habitation ainsi que dans les églises. Elle prend

---

[12] MAUPOINT, Mgr, 1864, p. 80.

la forme d'une catéchisation orale où le créole de Bourbon devient l'outil linguistique de l'évangélisation.

Une quatrième phase de la Mission des Noirs s'ouvrira après 1842 avec Levavasseur, lorsque le missionnaire du Saint-Cœur de Marie est officiellement envoyé à Bourbon afin de consolider le travail de Monnet qui a quitté la colonie pour Madagascar. Elle trouve en Levavasseur un véritable traducteur qui, en quelques années, fournira à ses collègues non créolophones un support écrit. Le texte devait être bilingue parce que Blampin et Collin ne parlaient pas créole. Levavasseur concevra à leur contact une méthode et une pédagogie adaptées à la situation linguistique des nouveaux catéchumènes. Au cours de cette période, allant de l'arrivée de Levavasseur en 1842 à l'exécution de l'Ordonnance Royale de mai 1846, la Mission des Noirs se constitue en société de secours mutuel s'exerçant autour des églises, dans les paroisses et à partir des chapelles des propriétaires sur le terrain d'habitation.

Une cinquième phase, plus perceptible autour de 1847, annoncera la phase officielle et légale où semblent se profiler un passage progressif à l'alphabétisation avant l'ouverture d'écoles pour les esclaves, puis pour les affranchis. Le travail entrepris par le Frère Scubilion, de la Congrégation des Frères des Écoles chrétiennes, avait commencé en 1843 à Saint-Leu avec le catéchisme du soir en créole pour les esclaves. Il poursuivait son enseignement à la Possession (1850-1855) et à Sainte-Marie (1857-1867). Son apport à la reconstruction linguistique est intéressant, car il montre comment l'esclave traduisait, puis écrivait en créole. Au cours de catéchisme du soir à Saint-Leu (1843-1850) le Frère Scubilion écrira au tableau noir le passage de l'*Exode* 12,8 : "Vous mangerez des herbes amères". Pour actualiser, un Noir calligraphie au-dessous : "Fini le temps des margoses (lianes locales aux fruits amers)"[13].

La Sœur Madeleine Pignolet du Fresnes poursuivra le travail de Levavasseur en fondant en 1849 à la Rivière des Pluies la première école des Filles de Marie à laquelle accéderont les femmes noires.

9. Un texte français, deux textes créoles (Monnet, Levavasseur)

Les études historiques présentent Monnet comme l'auteur d'un catéchisme en créole. En relisant les informations livrées par Maupoint[14], dans l'édition de 1864, nous avons pu lire un échantillon des leçons de catéchisme en créole que Monnet a vraisemblablement dispensées au cours des années passées à Bourbon. Son action correspondra à un travail de pionnier, au cours duquel celui qu'on appelait déjà le Père des Noirs a vraisemblablement pratiqué et rédigé un catéchisme en créole. Face à des langues introduites à Bourbon avec la traite clandestine provenant des pays à esclaves localisés dans le sud-ouest de l'Océan Indien, Monnet comme Levavasseur ont créolisé les esclaves à l'aide des structures socio-éducatives de l'évangélisation.

---

13 Frère Jean HUSCENOT, 1989, p. 163.
14 MAUPOINT, Mgr, 1864, p. 52.

L'Ordonnance Royale du 18 mai 1846, fixant les modalités de l'instruction religieuse, prouvait que les missionnaires intervenaient sur des terrains d'habitations privées, à condition que les propriétaires leur en ouvrent l'accès.

La Mission des Noirs se poursuivant avec Levavasseur (1842-1849) s'étend géographiquement vers l'est de l'île et se maintient dans les églises de Saint-Denis. En comparant ces leçons avec la traduction de Levavasseur, on constate que le texte français est identique, alors que la traduction créole présente quelques différences. Les missionnaires ont utilisé leur version créole en divers lieux et milieux géographiques. Dans son *Rapport,* Levavasseur cite par ailleurs quelques propriétaires favorables à l'intervention religieuse des missionnaires auprès de leurs esclaves. L'analyse détaillée que nous avons pu mener des documents d'archives relatifs à l'exécution de l'Ordonnance Royale du 18 mai 1846 a également confirmé que de 1840 à 1860, le catéchisme se pratiquait en différents points de l'île. Mais nous ne disposons à ce jour que de ces deux textes. Certes, Levavasseur se situe comme celui qui poursuit l'œuvre de Monnet, mais la lettre du 24 mars 1845 montre bien que cette traduction créole émane de Levavasseur (cf. 2.7). Cette lettre manuscrite conservée aux archives de Chevilly est expédiée de Belle-Eau, district de Saint-André en 1845 à Bourbon. À partir de documents disponibles à la bibliothèque de l'évêché, on peut supposer que cette lettre a été écrite par l'abbé Minot, rattaché depuis 1817 à la paroisse de Saint-André de La Réunion et très engagé depuis 1841 dans la Mission des Noirs, lorsqu'après son séjour à Nossy-Bé, il regagna sa paroisse dans l'est de la colonie :*"J'ai ainsi connu le Père Levavasseur, natif de l'île, qui consacra toutes ses forces à l'alphabétisation et à la moralisation des esclaves"*[15].

10. L'ancrage des manuscrits dans les réalités du terrain d'habitation

Le *Cahier des Dogmes*, les différentes versions françaises ainsi que la traduction créole du catéchisme de Levavasseur attestent de l'effort du missionnaire pour mettre des concepts religieux à la portée des esclaves. Pour modeler leur vision du monde, il s'est servi des structures sociohistoriques propres au milieu dans lequel ils évoluaient.

Les extraits les plus significatifs du *Cahier des Dogmes* illustrent la manière dont il a puisé dans sa compétence de bilingue les images et les mots nécessaires à l'expression de sentiments, dogmes et principes religieux en créole. L'analyse des procédés de traduction souligne l'enracinement des représentations dans les réalités spatio-temporelles et cognitives définitoires de la société et de la culture créoles de l'époque.

"D. À quoi ressemble l'Église?"

"R. À une grande habitation; dans une grande habitation, il y a un maître, puis un grand colombre, puis des petits colombres, puis la bande. Eh bien dans l'Église, c'est la même chose. Dans l'Église, il y a un maître, c'est nôtre seigneur J.C. Il y a un grand colombre, c'est le pape; il y a des petits colombres, ce sont les Évêques, il y a des commandeurs, ce sont les prêtres, il y a la bande, ce sont tous les chrétiens".

---

[15] Baptiste E., 1990.

Les nouveaux esclaves rejoignaient les plus anciens, installés depuis plus longtemps dans la colonie. Leurs conditions de vie et de travail sont décrites ici par Levavasseur à l'aide d'images reposant sur les rapports hiérarchiques propres au terrain d'habitation. Les comparaisons établies entre les institutions de l'Église catholique et celles du terrain d'habitation sont révélatrices à cet égard. Dans un article consacré en 1954 aux *Économes et commandeurs à l'Ile Bourbon au temps de la Compagnie des Indes*, Cornu[16] précise que "colome, colombe" désignent un employé de culture et le patron est souvent appelé "le grand colome".

Les structures mises en images par Levavasseur traduisent une société hiérarchisée, économiquement stratifiée et linguistiquement structurée pour aider les esclaves à conceptualiser l'Église dans son abstraction et dans ses réalités coloniales. En tant qu'espace de vie, de travail et d'échanges, le terrain d'habitation a joué un rôle fondamental, des premières années de la Compagnie des Indes jusqu'à l'époque tardive où il a été possible d'appliquer à la réalité insulaire les concepts antinomiques de ville et de campagne, de milieu urbain et rural.

Pour que le lecteur non averti puisse se faire une idée de la place du terrain d'habitation dans l'évolution démographique, sociale et linguistique, nous avons préféré laisser les témoignages d'archives et les historiens contemporains présenter selon les vocables de l'époque ce qu'on pouvait entendre sur le plan de l'identification des langues et des hommes par le terme "Noir" utilisé dans la première moitié du dix-neuvième siècle.

11. Notes du Père Limbour.
Mémoire du baron Milius (1820-1840)

Pour essayer de cerner les réalités désignées par le terme global de Mission des Noirs à Bourbon, il fallait rassembler les différents vocables servant alors à désigner les composantes de la population importée, puis installées dans l'Ile à sucre. Les *Notes du Père Limbour*[17] comme le *Mémoire* du baron Milius, gouverneur de Bourbon de 1819 à 1822, livrent de précieuses informations sur "la population telle qu'elle était avant l'arrivée du Père Levavasseur en qualité de missionnaire dans son île natale". S'inspirant des données contenues dans le *Rapport Milius*, Limbour reprend dans ses *Notes* des faits historiques bien connus. La lecture des documents révèle que les esclaves sont classés selon l'esprit de l'époque en Cafres, Malgaches, Indiens, Noirs créoles, Noirs domestiques. La population y est moins appréhendée dans une dynamique statistique que dans la distribution des rapports sociaux entre Maîtres, Blancs, libres, et esclaves.

> "La majeure partie des nègres qui sont dans la colonie provient de la côte orientale d'Affrique. Ils ont presque tous été <u>traités</u>[18] à Mozambique, ou à Zanzibar ou même à Madagascar. Ces derniers sont esclaves de Rois de l'Ile,

---

16 Cornu H., Économes et commandeurs à l'Ile Bourbon au temps de la Compagnie des Indes, Communication faite à l'Académie de La Réunion, le 9.6.1960 dans Lougnon A., *Recueil de documents et travaux inédits pour servir à l'histoire de La Réunion*, Saint-Denis, Archives Départementales de La Réunion, N°4.
17 Cf. Liste p. 40.
18 Souligné dans le manuscrit.

qui vont les vendre sur le continent à des Blancs connus sous le nom de 'traitants'".

L'origine géographique des esclaves indique également les langues qu'ils importaient dans la colonie. Limbour cite un peu plus loin un extrait du *Rapport* où Milius brosse un tableau des conditions de travail inhumaines dans une habitation avant l'interdiction officielle de la Traite.

> "Un des moyens les plus propres à atteindre ce but, serait de consacrer le dimanche au repos, de défendre les travaux aux heures où le soleil est le plus ardent, de s'assurer que les maîtres aient chez eux les vivres nécessaires à l'alimentation de leurs esclaves, alcooliser la boisson des travailleurs, les soigner dans leurs maladies, favoriser leurs mariages, imposer les charrettes à bras de manière à faire trouver au maître un intérêt à changer ses spéculations, mettre encore un impôt très élevé sur les esclaves employés comme pêcheurs et caboteurs. Tels sont les moyens sur lesquels le Gouvernement ne saurait trop insister dans l'intérêt du colon, de l'humanité et de l'agriculture."

Les notes de Limbour sont intéressantes pour comprendre Bourbon au temps de Levavasseur, car le Spiritain y apporte son propre témoignage sur la situation sociale et religieuse de 1820 à 1835, tout en éclairant le changement qui devait s'opérer dans la mentalité de certains propriétaires d'esclaves bien avant l'Abolition.

> "Et voilà où l'on en est en 1820, époque de la jeunesse et de l'adolescence du P. Levavasseur. Le petit nombre de prêtres que possède alors la colonie ne songe guère à remonter ce courant. Ce ne sera que quinze ans plus tard que les yeux de quelques-uns s'ouvriront. Les Maîtres arriveront même à se partager en deux camps, les uns tenant à l'ancien système de la verge à l'esclave, se refuseront à leur laisser donner aucune instruction ni morale ni religieuse. Les autres gagnés à l'idée de fraternité chrétienne, ouvriront leurs habitations aux prêtres, aux pères des Noirs, leur construiront même des chapelles près de leur sucreries, et entreront résolument dans la voie de la moralisation de leurs esclaves par le christianisme, comme prélude et préparation de leur affranchissement qui s'imposera dans un avenir plus ou moins prochain."

12. De l'approximation à l'évaluation chiffrée des esclaves (1835-1848)

Pour évaluer l'impact réel qu'a pu avoir le catéchisme créole dans la population insulaire, nous avons pris en considération les données démographiques pour la période considérée. Dans son *Rapport,* Levavasseur ne fournissait aucune évaluation chiffrée des esclaves convertis, mais suggérait par le vocabulaire employé un nombre relativement croissant de catéchumènes à encadrer.

> "Presque tous les Noirs. Plusieurs jeunes négresses et quelques jeunes Noirs. La quantité de Noirs qui fréquentent cette chapelle. J'en confesse un certain nombre. J'ai souvent une grande foule à entendre. La chapelle est presque pleine le dimanche. Il y a à Saint-Denis une quantité prodigieuse de petits Noirs et de petites négresses en-dessous de douze ans. Il en vient une centaine. Les habitations environnant cette chapelle sont toutes considérables et renferment un grand nombre de Noirs. Dans une habitation un prêtre parle à une centaine. Dans une église, il parlera à mille."

La difficulté d'évaluation tenait dans le fait que beaucoup d'études usaient de critères ethniques pour caractériser une population en pleine mutation

13. Document 1 – L'ordonnance royale du 18 mai 1846

COLONIE DE BOURBON.

INSTRUCTION RELIGIEUSE DES ESCLAVES (Exécution de l'ordonnance royale du 18 mai 1846).

RAPPORT STATISTIQUE.

§ 1ᵉʳ. — Instruction des dimanches et fêtes dans les Églises et Chapelles. Art. 2 de l'ordonnance.

démographique, économique et linguistique. Les *Notes historiques* de Maillard, par exemple, rapportaient qu'en 1826[19], la population esclave nouvelle était originaire d'Afrique et de Madagascar, ce qui confirmait les indications données par Milius à la même époque (cf. 11). Maillard a relevé dans la population 62 000 esclaves dont 27 000 créoles, 14 000 Malgaches, 18 000 Cafres et Noirs de la côte d'Afrique, 18 000 Indiens et 1 800 Arabes et Malais.

Il faudra attendre de véritables travaux d'historiens pour disposer de tableaux et cartes statistiques intégrant les composantes socio-économiques du terrain d'habitation. Tous soulignent la difficulté de l'estimation chiffrée. Elle tient au concours de plusieurs paramètres. L'interdiction de la traite des esclaves depuis 1817 n'a pas empêché une traite clandestine et l'introduction massive d'esclaves dans l'île pendant dix ans. On estime à près de 45 000 le nombre d'esclaves introduits de façon illicite entre 1817 et 1848[20]. En 1836, soit quatre ans avant l'arrivée de Monnet, Bourbon comptait 106 296 habitants dont une population de 69 296 esclaves. De 1830 à 1840, on enregistre une diminution progressive de la traite ainsi qu'une décroissance de la population[21].

La population esclave reste cependant statistiquement plus élevée que la population libre. Là où prédomine la monoculture de la canne, c'est elle qui régule le besoin en esclaves. Nous avons choisi les chiffres indiqués pour les communes de Sainte-Marie et de Sainte-Suzanne, car Levavasseur y était d'abord installé dans sa propre famille, puis chez son beau-frère. C'est aussi dans les habitations de cette région qu'il a d'abord pratiqué son catéchisme créole, s'adressant aussi bien à la génération d'esclaves nés dans l'île, et déjà créolisés, qu'aux nouveaux venus ne maîtrisant pas encore le créole ni le français en usage à l'époque. À Sainte-Marie en 1838, sur 3 947 esclaves, 2 800 était employés à la culture de la canne à sucre, 600 dans le café, 547 dans les autres cultures. Dans la population active regroupant 3 939 esclaves à Sainte-Suzanne en 1845, 2 364 s'adonnaient à la culture de la canne à sucre, 190 à celle du café, 1 385 aux autres cultures. Pour le premier trimestre de l'année 1847, le catéchisme de Levavasseur est mentionné à Saint-Denis. Les paroisses désignées étaient l'église paroissiale, la chapelle de l'Assomption, celle de Saint-François Xavier, du Butor et du Camp.

14. Commentaires : critères et chiffres de l'instruction religieuse

L'ordonnance royale du 18 mai 1846 a renforcé le caractère officiel et obligatoire de l'instruction religieuse des esclaves à Bourbon. Ce document est important parce qu'il souligne le rôle assuré par la France de Louis-Philippe dans le conflit qui opposait les colons, les propriétaires d'esclaves, le clergé régulier et l'administration coloniale. Il atteste en effet que dans l'histoire

---

[19] MAILLARD L., 1863.
[20] FUMA S., 1992, p. 30.
[21] FUMA S., 1994, p. 26.

de la colonie, le clergé était tenu chaque trimestre de remettre un Rapport statistique relu et signé par le Gouverneur[22]. Comme le montrait celui du premier trimestre de l'année 1847 que nous publions ci-dessus, il s'agissait d'un véritable questionnaire émanant du Directeur de l'Intérieur.

Les textes opéraient une distinction entre l'instruction dispensée le dimanche, les jours de fête dans les églises et les chapelles et celle dispensée en semaine dans les habitations privées. L'objectif du gouvernement royal était de vérifier quels étaient les véritables obstacles à l'instruction religieuse des esclaves. Il est par exemple bien établi que les propriétaires n'avaient pas le droit d'imposer des corvées aux ateliers le dimanche. Un missionnaire apostolique en fonction à Saint-Denis a également mentionné dans un courrier du 11 janvier 1848 que l'appel, qui se faisait trop tard sur les habitations, empêchait les esclaves de se rendre au catéchisme, de même l'opposition des maîtres au mariage des esclaves faisait de la moralisation des Noirs une chimère. Enfin, malgré le nombre important d'enfants inscrits sur les listes, cet exercice portait peu de fruit parce que les enfants n'avaient pas le droit d'y assister d'une manière continue et régulière.

Pour remplir les rubriques du Rapport statistique, les prêtres devaient indiquer pour les treize paroisses de la colonie le nombre moyen des esclaves ayant suivi cette instruction dans la ville, le bourg ou la banlieue. Le questionnaire inventoriait aussi les habitations sur lesquelles l'instruction avait lieu. On apprend qu'à cette époque une instruction religieuse spécialement destinée aux esclaves était proposée et organisée dans toute l'île. Le questionnaire indiquait pour les libres et les esclaves le nombre moyen de ceux qui ont suivi l'instruction religieuse en comptant les hommes, les femmes, ainsi que les garçons et les filles de 8 à 14 ans.

Pour le troisième trimestre 1847, c'est dans le nord-est de la colonie que le pourcentage d'esclaves suivant l'instruction religieuse était le plus élevé. À Sainte-Suzanne et à Sainte-Marie, les chiffres indiquaient 29% : 1.090 esclaves sur un total de 3.804 à Sainte-Suzanne, 1.043 esclaves sur un total de 4.687 à Sainte-Marie. Avec 10% (985 esclaves sur 10.057), Saint-Denis comme l'ensemble de l'île attestait un pourcentage plus faible. On enregistrait 9%, soit 5.477 esclaves sur les 61.616 déclarés pour toute la colonie.

Au 20 juin 1848, alors que les contours démographiques de la colonie n'ont pas changé par rapport à l'année précédente, le Rapport statistique indiquait que 7.915 esclaves avaient suivi l'instruction religieuse (13%) dont 3.398 hommes adultes (43%), 3.462 femmes adultes (44%), 495 garçons et 600 filles de 8 à 14 ans (14%). Saint-Denis constituait après Saint-Paul les paroisses les plus peuplées. C'est à Saint-Denis et à Sainte-Marie que le nombre d'esclaves instruits dans la religion catholique était le plus élevé : 1.922 (soit 3,1%) à Saint-Denis, 1.358 à Sainte-Marie (2,2%), 1.190 à Sainte-Suzanne (soit 1,9%).

Ces données présentent une valeur à la fois quantitative et qualitative dans la mesure où elles aident le lecteur moderne à comprendre pourquoi Levavasseur a consacré son *Rapport* de 1844 aux obstacles freinant la Mis-

---

[22] Celle de 1848 a été publiée à partir de 1979 dans le Mémorial de La Réunion.

sion des Noirs. Il en précisait sous une autre forme les conditions matérielles, géographiques, sociales et politiques dans lesquelles s'est exercée cette
Mission. Il soulignait en effet la différence entre l'église et l'habitation où
l'impact de la catéchisation était statistiquement moins fort. Levavasseur
exprimait aussi son désir de dissocier les exigences de la Mission catholique
et les contraintes liées à la vie des esclaves sur une habitation.

Les Rapports statistiques et rédigés situent et décrivent dans le détail les
lieux de culte et de vie, les différents groupes de la population, les types
diversifiés d'enseignement conçus par les Spiritains pour instruire les
esclaves. Il nous a donc été possible de tracer une carte géographique des
chapelles catholiques et des terrains d'habitations ouverts à cette Mission.

Cette représentation cartographique complète et illustre les données rédigées dans le *Rapport* de Levavasseur et l'ordonnance du 18 mai 1846. On y
dénombre dix-neuf toponymes désignant aussi bien les paroisses, villes et
quartiers concernés: Saint-Denis, Sainte-Marie, La Rivière des Pluies, Saint-
André, Quartier-Français, Sainte-Suzanne, Bras Panon, La Rivière du Mât,
Saint-Benoît, Sainte-Rose, La Possession, Saint-Paul, Saint-Gilles, Trois
Bassins, Saint-Leu, Saint-Louis, Saint-Pierre, Saint-Joseph, Saint-Philippe.

Pour compléter l'évaluation chiffrée, nous pouvons mentionner qu'en
1848 la colonie comptait 104 usines sucrières employant au 1er janvier
13.334 esclaves. On arriverait à 130 usines jusqu'au milieu des années 1860.
Ce chiffre nous permet de nous faire une idée approximative du nombre
d'habitations de la colonie.

INTRODUCTION AU CADRE D'ANALYSE
ET À LA PROBLÉMATIQUE
DU CRÉOLE DE BOURBON

Pour réaliser, comme l'indiquait le sous-titre de cet ouvrage, une étude linguistique et sociohistorique des manuscrits de Frédéric Levavasseur, notre
travail a dû faire appel à une méthode fonctionnelle ainsi qu'à un certain
nombre d'autres notions opératoires que nous nous proposons de présenter
maintenant. Rassemblés dans un appareil conceptuel, ils nous servent à
introduire en particulier l'analyse ainsi que la problématique du créole et du
changement de langues dans la société coloniale de Bourbon pour la période considérée.

Les concepts que nous avons été amenée à utiliser ou à introduire étaient
dictés par la nature même des manuscrits considérés, par le lien qu'il était
possible d'établir entre la *Mission des Noirs*, le *Catéchisme bilingue,* la *Correspondance de Levavasseur* ainsi qu'avec d'autres textes créoles ouverts pour
la comparaison.

Les résultats auxquels conduisent nos travaux tiennent en quelque sorte
dans trois concepts-clés: la compétence linguistique des locuteurs dans la
communauté linguistique de Bourbon, le rôle du cadre sociohistorique

15. Localisation géographique de La Mission des Noirs à Bourbon

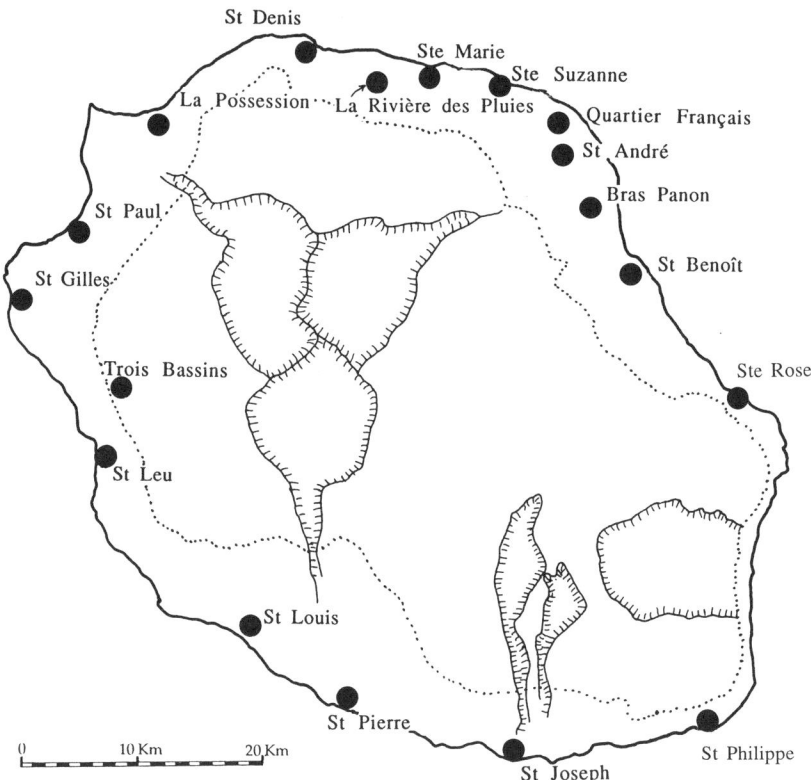

représenté par le terrain d'habitation, l'opposition entre grammaire et lexique créoles, d'une part à la lumière des procédés de traduction, d'autre part à travers le rôle qu'il convient d'accorder à ce que nous appelons ici la graphiation spontanée de terrain dans le processus historique d'une écriture grammaticale créole à Bourbon.

16. La Mission des Noirs
dans la communauté linguistique de Bourbon

L'apport de cette Mission à l'histoire de la communauté consiste justement à inscrire sur la carte de l'évolution des langues dans l'île un événement nouveau et déterminant. En effet, au cours de cette période allant de 1830 à 1860, la communauté a vécu un changement de langues, des situations linguistiques nouvelles et transitoires où le créole de Bourbon a servi d'outil de communication destiné à intégrer les nouveaux esclaves originaires de Madagascar, d'Afrique de l'Est et de l'Inde.

Les nouvelles compétences linguistiques qu'ils introduisaient ont progressivement enrichi le créole commun ou ordinaire, déjà constitué dans la communauté si l'on se fonde sur le fonctionnement grammatical attesté dans le catéchisme de Levavasseur, mais aussi dans les fables créoles que Héry dédiait en 1828 aux dames de Bourbon.

En ce qui concerne l'histoire des langues, l'écriture religieuse bilingue de Levavasseur conserve au moins deux traces. La première est de nature symbolique, dans la mesure où le missionnaire qui rédige sa traduction d'un texte religieux subit le poids du religieux. Son principal souci est de veiller à ce que sa traduction en créole n'altère pas les vérités théologiques ni l'image de Dieu que le texte veut transmettre. Son texte conserve donc la trace de cette barrière idéologique.

La deuxième trace réside dans la différence entre la grammaire et le lexique créoles. Nous nous sommes demandé en quoi le catéchisme différait du créole ordinaire dont usait la population créolophone en situation de communication non religieuse. Nos résultats montrent que le créole de Bourbon, comme toute langue, ne disposait pas de deux noyaux grammaticaux, l'un qui serait propre à une langue d'évangélisation et l'autre qui serait en usage dans le créole non religieux. En revanche, les besoins de l'évangélisation expliquent la nécessité d'un vocabulaire religieux nouveau que le traducteur a introduit en mettant à contribution certains traits et structures rentables du système grammatical comme la latitude prédicative, la syntaxe de l'interrogation, le rôle de l'anaphore et la deixis en complément de la subordination, le figement ainsi que la plurifonctionnalité d'un nombre limité d'unités (cf. 3.4 à 3.14).

Le décalage attesté entre fonctionnement grammatical et vocabulaire religieux, restreint dans le système linguistique du corpus créole, nous a obligée à prendre en compte les compétences linguistiques des différents groupes de locuteurs pour tenter d'identifier les situations linguistiques et ces groupes dans la communauté de cette époque.

17. Tableau 1 – Productions linguistiques
à Bourbon (1817-1885)

DATE	AUTEUR	OUVRAGE	LOCUTEURS	LANGUES	REPRÉSENTATION
1817	A. Billiard	*Voyage aux co-lonies orientales*	Voyageur francophone créole des hauts esclave noir	français variétés de créole	créole des hauts
1820-1833	Pastre Fourdinier	*Petit catéchisme*	français	français	
1828	Héry	*Fables créoles*	créole	créole	
1840-1844	Levavasseur	*Acte de contri-tion*		créole	
	Levavasseur	*Essai de caté-chisme des Noirs*		français	
	Levavasseur	*Catéchisme des Noirs*	créole	créole	Noirs
1845	Minot	*Lettre*	français jargon		langue : français dialecte du pays : créole
1864	Maupoint : - Monnet - esclave	- *Catéchisme créole* - *témoignage créole*	esclave créole	créole	Noirs négresses
1882	A. Vinson H. Schuchardt	*Les origines du patois créole de l'Ile Bourbon* *Études créoles*	créole écrit + variétés de créole	créole propre de la Réunion créole des Noirs du Mozambique	patois de l'Ile Bourbon langage langue créole nègre Mozambique
1884	V. Focard	*Du patois créole de l'Ile Bourbon*	créole et varié-tés de créole créole mal-gache créole Mozam-bique	- créole des Noirs indigènes - Parler des petits créoles - Parler des Cafres	patois créole des bois Baragouin des Cafres

18. Vers un modèle de description
des compétences linguistiques

Par productions linguistiques nous entendons les principaux textes, extra-its et bribes de texte dactylographiés ou manuscrits que nous avons pu ras-sembler sur le créole de Bourbon pour situer les manuscrits de Levavasseur dans la production linguistique de son époque. Ce tableau synoptique cite les textes déjà analysés[23] ainsi que ceux que nous publions dans le présent ouvrage.

Après les avoir classés selon l'ordre chronologique en indiquant à chaque fois la date de publication du document (de 1817 à 1884), nous avons mentionné le nom de l'auteur ainsi que le titre de l'ouvrage publiant le témoignage.

Nous avons opéré une distinction entre les langues attestées dans les corpus et les expressions servant à les représenter parce qu'ils sont le reflet du degré de conscience linguistique de chaque auteur.

Ce tableau répond à deux objectifs complémentaires parce qu'utiles à l'étude de la communauté linguistique bourbonienne. Il inventorie les traces écrites de compétences linguistiques, d'où la distinction entre l'auteur de l'ouvrage et le locuteur cité. Il relève à chaque fois que possible les termes par lesquels les auteurs désignaient les langues et variétés de langues qu'ils entendaient.

Les représentations que les gens se faisaient des langues à Bourbon s'exprimaient à travers plusieurs expressions que nous avons notées. Le célèbre linguiste autrichien Hugo Schuchardt, qui menait à la chaire de linguistique romane à Graz de sérieuses *Etudes créoles* de 1882 à 1892 pour illustrer la théorie de la mixité des langues, faisait partie des rares spécialistes.

La langue que ces derniers appellaient créole était désignée par les missionnaires comme dialecte du pays (cf. Minot à Levavasseur). Levavasseur lui-même ne l'a pas nommée de façon spécifique, mais évoquait tout simplement la situation particulière du catéchisme des Noirs d'habitation pour laquelle il a créé un outil. Si l'on se réfère aux textes littéraires publiés avant le catéchisme de Levavasseur, nous ne trouvons dans les fables de Héry aucune trace de désignation de la langue des habitants de Bourbon, alors que ces derniers sont bien identifiés dans leurs spécificités.

En 1882, nous lisons sous la plume de A. Vinson une analyse portant sur les origines du patois de l'Ile Bourbon et l'auteur regrette de voir donner au "langage créole le nom de patois".

Ces données permettent aujourd'hui un inventaire des productions de l'époque, cadre préliminaire à une classification possible des compétences linguistiques attestées dans la communauté bourbonienne.

Une première classe est constituée de locuteurs bilingues français/créole à l'exemple de Levavasseur. Il faisait partie avec Monnet et Héry de ceux qui écrivaient et traduisaient en créole de Bourbon. Parmi eux, on trouvait des locuteurs créolophones natifs et non natifs comme R. F. Scubilion, originaires de France et Héry, lettré de l'Ile de France. Le cas de Levavasseur est intéressant, car il montre que les années passées à l'extérieur d'une communauté d'origine, n'altèrent pas forcément la compétence dans une langue orale pratiquée dès l'enfance. Monnet et le frère Scubilion pour leur part avaient acquis la pratique du créole sur le terrain.

Une deuxième classe regroupe les locuteurs unilingues. Des missionnaires

---

23 CHAUDENSON R., 1981, p. 146; VINSON A., 1882; FOCARD V., 1884; DIETRICH A., 1892.

comme Minot, Blampin, Collin, pratiquaient le français, mais restaient en contact permanent avec la population créolophone libre, esclave et affranchie, ainsi qu'avec les esclaves non encore créolisés. On doit compter parmi les locuteurs unilingues les esclaves africains, malgaches et indiens arrivant dans l'île. La situation linguistique de tous ces locuteurs était en cours de changement.

Notre inventaire ne dispose pas d'échantillons écrits pour les langues introduites par les esclaves bossales. V. Focard décrivait toutefois leur compétence linguistique en créole (cf. 2.7) comme des variétés de < créole malgache, noir mozambique > et percevait < le baragouin des Cafres > à Bourbon vers 1884, c'est-à-dire quelque quarante ans après le début de la Mission des Noirs.

Nous avons relevé à l'Ile de France dans le catéchisme de Laval un état de langue où le français écrit semblait attester beaucoup de créolismes (cf. 3.41). Nous nous sommes demandé s'il fallait poser la pratique d'un français régional ou local à Bourbon, à l'Ile de France ou si ces pratiques étaient uniquement liées aux nécessités de la catéchisation.

Au vu des échantillons écrits attestés dans le *Cahier des Dogmes* de Levavasseur, on pouvait également poser la question de l'existence dans la communauté de l'époque de locuteurs tendant vers un français rudimentaire que les missionnaires auraient forgé pour communiquer avec les nouveaux esclaves.

Cet usage particulier, tout comme les variétés de créole, ne se confondaient pas avec le jargon employé par Minot dans sa lettre à Levavasseur (cf. 2.7). Minot, qui écrivait et parlait en français, était représentatif des locuteurs francophones natifs employant le français, langue officielle de l'écriture, de la correspondance et de l'enseignement à Bourbon.

19. Tableau 2 - Dynamique des langues dans la communauté

LANGUES	DIVERSITÉ DES USAGES	COMPÉTENCES DES LOCUTEURS
koinè créole de Bourbon	langue à tradition orale: créole des Noirs indigènes créole de bois créole des habitants des Bas créole d'église créole des nouveaux esclaves créole malgache créole noir Mozambique baragouin des Cafres langue écrite – publiée –	locuteurs unilingues changements de langues en cours locuteurs bilingues
français	français écrit français oral français d'église français local? jargon?	locuteurs bilingues locuteurs unilingues
langue maternelle des nouveaux esclaves: malgache, langues d'Afrique de l'Est	aucune attestation	locuteurs apprenant une langue vivante étrangère

Les notions de dynamique des langues et de diversité des usages reprennent la conception fonctionnelle selon laquelle *toute langue change parce qu'elle fonctionne*[24]. Cette définition peut rendre service à l'analyse de la situation linguistique dans la communauté bourbonienne parce qu'avec la Mission des Noirs elle se trouvait à une période de mutation à laquelle était exposée l'évolution du système général des langues à Bourbon.

Les traces, bien que partielles, lacunaires et ténues, ne sont pas absentes de la production littéraire et linguistique de l'époque. Le dix-neuvième siècle produit en effet des textes bilingues, des traductions, en même temps qu'il livre des réflexions et des descriptions d'unités grammaticales comme en témoignent les travaux de A. Vinson, V. Focard, Schuchardt dans les années 1880. Cette documentation linguistique est particulièrement précieuse pour l'étude des langues. A. Vinson, V. Focard ont par exemple noté les variétés de créole et les ont analysées dans leur rapport historique au français, au créole commun, parfois même au malgache.

Si l'on se fonde sur la traduction du catéchisme et le travail de rédaction entrepris par Levavasseur, on peut dire que les missionnaires spiritains pouvaient choisir le créole comme outil d'instruction pour les nouveaux esclaves importés parce que le créole, déjà constitué en système de langue autonome, fonctionnait comme langue commune dans la population de souche à Bourbon.

Dans notre première description phonologique, nous avons parlé d'une koinè ou langue créole commune à tous les locuteurs de souche pour désigner justement le système créole commun[25].

Les témoignages en soulignaient l'existence de variétés depuis 1817 où Billiard notait déjà le "créole de bois" différent de celui des habitants des Bas. Il faudra cependant une trentaine d'années pour que Vinson et V. Focard commencent à noter, à côté du "créole propre à Bourbon", ce qu'ils appelaient respectivement le créole d'un Noir Mozambique et le baragouin des Cafres. Ces termes, pour le moins péjoratifs, confirment cependant que la langue des esclaves récemment introduits n'avait pas encore disparu de leur compétence linguistique, mais devait modeler leur apprentissage du créole de Bourbon.

Cette émergence progressive et relativement tardive de la notion de langue créole n'est pas pour autant achevée dans le Bourbon de cette période. L'objet d'étude est ici en partie occulté par la manière dont on pouvait ou non décrire ce créole.

20. Écriture, traduction et conscience grammaticale à Bourbon

La tradition écrite relativement longue des langues indo-européennes, arabes ou chinoises tend à faire oublier les problèmes techniques, théoriques et sociaux auxquels doivent faire face ceux qui entreprennent la mise en écriture ou la scripturisation d'une langue à tradition orale comme un créole.

---

[24] MARTINET A., 1989, pp. 7-64.
[25] STAUDACHER-VALLIAMEE G., 1989a.

Le lecteur non averti peut se faire une idée de cette problématique particulière de l'écriture créole en consultant les différentes graphiations attestées dans les documents que nous publions. Nous avons relevé autant de graphiations que d'écrivants. Cette individualisation de la pratique écrite du créole correspondait à une réponse sociohistorique des langues en présence pour répondre aux besoins d'une partie de la communauté à un moment de son histoire.

Le besoin d'écrire n'était pas le seul fait des littéraires et lettrés ni des linguistes soucieux de philologie et de comparaison des langues. Il s'est également fait sentir chez les missionnaires qui ont forgé des outils de communication écrits comme supports mnémotechniques dans la pratique orale de l'évangélisation des esclaves.

Pour eux, la nécessité d'écrire était en quelque sorte professionnelle. N'oublions pas que F. Scubilion était instituteur comme les frères des Écoles chrétiennes et les Lassaliens qui avaient en charge la scolarité à Bourbon.

L'étude détaillée des manuscrits de Levavasseur a attiré notre attention sur la problématique générale de l'écriture et sur les différents stades par lesquels passe une langue orale avant de se fixer dans une pratique littéraire, de s'institutionnaliser ou non en langue officielle dans une communauté donnée.

Pour la période que nous étudions, nous devons séparer les manuscrits – inédits pour la plupart – des documents dactylographiés publiés. Aucun des auteurs n'a laissé d'indications sur les principes plus ou moins théoriques sur lesquels il aurait fondé sa graphie créole. Ni Vinson, ni Focard, pas plus que Schuchardt, qui avaient par ailleurs conscience des différences grammaticales entre le français et le créole à Bourbon, n'ont songé à établir des liens entre prononciation et graphiation, ni à dégager des règles orthographiques.

Ces données de corpus nous autorisent à conclure que la préoccupation, voire la motivation première de tous ceux qui écrivaient, n'était pas forcément ni explicitement de réfléchir à la langue écrite en tant qu'objet d'étude.

Certains d'entre eux étaient davantage soucieux de transmettre des connaissances, qui leur paraissaient urgentes et utiles, à une partie de la communauté et ce, par delà les barrières de la langue écrite. Pour les missionnaires, l'usage du créole n'était pas une fin en soi, mais une étape transitoire devant mener les esclaves bossales de leur langue première à l'instruction, puis à l'éducation en français. En ouvrant avant 1848 des écoles pour enfants pauvres, ils envisageaient une alphabétisation en français. L'alphabétisation consistait, comme son nom l'indique, à apprendre à lire et à écrire en français tout en se servant du créole dans un premier temps.

En l'absence de codification décidée dans le cadre d'une standardisation de la langue, ceux qui devaient écrire en créole ont pratiqué ce que l'on peut appeler une écriture spontanée de terrain. Elle consistait à se servir de l'alphabet latin pour graphier de la manière la plus précise les particularités phonétiques du créole dans sa différence avec le français.

La pratique d'une écriture créole de terrain, nécessairement accompagnée dans la production littéraire de traductions en créole, nous a amenée à inscrire les résultats de notre analyse linguistique et sociohistorique de la Mission des Noirs dans le cadre théorique de la grammatisation des langues[26].

Il est vrai que tous les critères définitoires de la grammatisation n'étaient pas réunis de manière parfaite à Bourbon. Outil d'évangélisation, le créole n'a pas été soutenu par un apprentissage systématique de règles de grammaire. Nous n'avons pas retrouvé à ce jour de dictionnaire ni de grammaire créoles réalisés selon le modèle gréco-latin pour Bourbon, alors que l'outil a été réalisé par Goux pour la Martinique et par Baissac pour l'Ile de France. Le créole de Bourbon n'avait pas à l'époque plus qu'à ce jour un statut de langue officiellement enseignée ni reconnue par les institutions.

Cependant, la traduction du Catéchisme de Fourdinier en créole de Bourbon, la fixation progressive d'un apprentissage oral se déroulant, par phases successives, de l'instruction religieuse à l'éducation scolaire des esclaves et des affranchis, tous ces critères permettent de considérer que la Mission des Noirs a jeté les bases d'un processus historique de grammatisation, opération qui consiste aussi à "scripturiser une langue, c'est-à-dire la doter d'une représentation écrite pour alphabétiser un individu ou une population"[27].

L'originalité de Levavasseur et la valeur de sa contribution à l'histoire linguistique et sociale de Bourbon en particulier et des langues en général, tiennent bien sûr à son action effective de catéchiste créolophone, mais aussi au nombre relativement important de travaux écrits qu'il a réalisés. Il ne s'est pas arrêté à une pratique orale du catéchisme, ni à une observation expérimentale du changement de langues. Il a traduit et scripturisé le créole. Ce faisant, il a produit une analyse implicite du système de la langue que nous avons reconstruit à travers l'analyse des classes grammaticales et des procédés de traduction. De même la graphiation qu'il a produite contient une mise en grammaire implicite de ce créole.

21. Mission des Noirs et théories linguistiques : créolisation, appropriation, restructuration ?

Après avoir constaté que la Mission des Noirs marquait un moment et un processus historique particuliers dans l'évolution des langues à Bourbon, notre étude a essayé d'élaborer un modèle de description fondé sur les compétences linguistiques et de le situer par rapport aux théories de la créolisation, de l'appropriation et de la restructuration discutées en créolistique et en linguistique générale.

Si l'on rappelle que sur le plan théorique la créolisation s'entend comme l'ensemble complexe des processus linguistiques et sociohistoriques par lesquels les créoles se sont constitués en tant que langues autonomes par rapport à la langue lexificatrice[28], alors il n'y a plus lieu pour cette première moitié du dix-neuvième siècle de parler de créolisation à Bourbon puisque ce créole est déjà constitué et qu'il fonctionne déjà comme langue maternelle depuis plusieurs générations dans la communauté bourbonienne. Pourtant, on ne peut s'empêcher de dire tout naturellement que les nouveaux

26 BALIBAR R., 1985, pp. 17-93.
27 AUROUX S., 1994, p. 12.
28 HYMES D. (éd.), 1971, p. 84.

esclaves ont été créolisés à Bourbon.

Ce terme de créolisation désigne autour de 1844 l'intégration linguistique et culturelle de cette nouvelle partie de la population qui a aussi contribué à donner à la communauté créolophone ses structures actuelles. À la différence de la première période du peuplement, dont on s'accorde à dire qu'elle est constitutive du créole (1665-1770), à la veille de l'abolition de l'esclavage, le créole sert aussi de langue-cible aux apprenants et ce, non seulement dans l'entreprise de christianisation, mais aussi dans leur vie quotidienne.

L'analyse linguistique du catéchisme de Levavasseur et le public auquel il était destiné ont mis en évidence dans ce contexte les procédés par lesquels le créole de Bourbon a été enseigné comme langue vivante étrangère orale à des esclaves bossales à des fins de conversion religieuse. Cette entreprise de conversion a pris la forme, sur le plan linguistique, d'introduction de concepts religieux que les missionnaires ont éprouvé le besoin de traduire en créole.

La société de secours mutuel que les Spiritains avaient par ailleurs installée autour des églises et des habitations de la colonie pour intégrer les esclaves bossales repose, comme le montre notre analyse du Rapport de Levavasseur, sur la participation des esclaves plus créolisés à l'organisation de cette intégration. Les témoignages notés par Maupoint et F. Scubilion, par exemple, montrent que les esclaves bossales s'adressaient au missionnaire dans leur créole (cf. 2.7).

La Mission des Noirs et le catéchisme créole marquent donc dans l'histoire linguistique et sociale de Bourbon une période de transition pouvant peut-être se rattacher aux réalités sociohistoriques décrites en ces termes par Chaudenson :

> "Les esclaves créoles, affectés aux tâches spécialisées ou investis des fonctions d'encadrement, deviennent les modèles sociaux et les instructeurs des esclaves nouveaux, massivement affectés aux durs travaux des champs. [...] Dans le même temps, les Blancs, cédant aux esclaves créoles les fonctions subalternes d'encadrement, n'ont plus de contact direct avec les "bossales" voués aux activités agricoles."[29]

22. Le lien entre le terrain d'habitation et la Mission des Noirs

Les manuscrits de Levavasseur comme les Notes de Limbour et le Rapport Milius (cf. Introduction, 11) soulignent l'importance du terrain d'habitation à Bourbon et son rôle déterminant en tant qu'espace de travail et de vie dans le déroulement de la Mission des Noirs. Les missionnaires y ont dispensé l'instruction religieuse aux esclaves dans les chapelles privées que les propriétaires y avaient fait construire (cf. Introduction,10). Levavasseur racontait dans son Rapport les tournées qu'ils entreprenaient pour rendre visite aux esclaves dans les camps qui les abritaient.

Il nous est donc difficile d'interpréter la Mission des Noirs dans le cadre d'une société de plantation à Bourbon. Cette impossibilité nous est également-

---

[29] Chaudenson R., 1995, pp. 65-66.

ment apparue dans l'évaluation chiffrée de la population de la colonie. En 1848, la population globale de l'île atteint 109 113 habitants soit un peu moins que l'actuelle population dyonisienne, estimée à quelque 132 000 habitants. À Bourbon, la population n'était pas numériquement aussi importante que dans les Caraïbes où a été appliqué le concept économique de société de plantation. L'explication donnée par Chaudenson aux différentes phases de la société créolophone (1995) envisage cependant des transitions :

> "Il n'y a pourtant pas, à proprement parler de rupture, ni en diachronie car on passe, peu à peu, de la société d'habitation à la société de plantation et la seconde ne fait pas disparaître la première, ni en synchronie, car dans un cas comme dans l'autre, on reste en présence d'un modèle centripète dont le centre demeure le français, même si les locuteurs des zones les plus périphériques ne confrontent que très rarement leurs productions linguistiques au français lui-même."[30]

23. Gestion et édition du manuscrit bilingue à l'aide du logiciel Shoebox[31]

Pour compléter l'analyse linguistique traditionnelle du manuscrit bilingue et l'insérer dans une base de données grammaticale, nous avons utilisé le logiciel Shoebox, un programme de gestion automatique de données spécialement conçu pour couvrir les besoins du linguiste de terrain[32].

L'édition des résultats tout au long de ce travail a été possible à l'aide de l'interface réalisée par Marcel Diki-Kidiri[33]. L'avantage de Shoebox par rapport aux autres logiciels spécialisés dans le traitement automatique des mots, phrases et textes, c'est qu'il permet de charger en même temps plusieurs bases de données (lexicales, grammaticales, textuelles, anthropologiques) connectées entre elles et intégrées à l'exécution automatique des tâches comme la gestion d'un dictionnaire et d'une grammaire après le stockage des données linguistiques. L'opération la plus importante reste la création de clés d'identification des mots et des unités du texte. On peut classer les unités selon des critères de regroupements spécifiés appelés filtres et demander à la machine une évaluation statistique précise des occurrences choisies comme le montre l'exemple ci-dessous. L'outil permettait d'entrer, annoter et éditer un texte.

Par un choix de paramètres, il est possible d'extraire les seules fiches répondant à des grilles indiquées à la machine. L'analyse grammaticale automatique s'exprime en fait dans la numérotation et l'interlinéarisation d'un texte-source. Elle impose des modifications importantes au manuscrit, car elle oblige le linguiste à convertir les informations linguistiques en informations numériques et digitales. Le manuscrit créole de 1500 mots devient

---

[30] CHAUDENSON R., 1995, pp. 66-67.
[31] DIKI-KIDIRI M., Don D., 1989.
[32] WIMBISCH J. S., 1990.
[33] Plusieurs membres du LACITO ou du LLACAN/CNRS ont participé à la réalisation technique de ce travail. Pierre Nougayrol m'a soutenue de ses conseils au cours de la période d'initiation à Shoebox. Marcel Diki-Kidiri, a mis à ma disposition le manuel d'utilisation de son interface. Charlotte Levantal m'a aidée à imprimer les 250 pages de description grammaticale du catéchisme qui ne peuvent être publiées ici.

texte-source. Il a été segmenté selon les consignes de ponctuation données à la machine. Les 44 pages manuscrites ont été saisies et converties en une base de données grammaticales regroupant un stock de 412 phrases. Les phrases ainsi obtenues ont été numérotées automatiquement.

Les paramètres placés en tête de chaque ligne ou champ de reconnaissance grammaticale, sont également ceux qui alimentent les clés d'identification des classes linguistiques dans la base lexicale. Cette économie réalisée dans le stockage et la gestion des informations est à la base de la rentabilité automatique, puisque des mêmes données desservent des tâches fonctionnelles différentes.

Cet essai de traitement automatique d'une mémoire à tradition orale comporte une valeur expérimentale en cela que le dialogue avec la machine peut enrichir, peaufiner, voire durcir la réflexion linguistique. Le maniement d'un logiciel est une école de rigueur où les faits de langues naturelles – polysémie, métaphore, analogie, hésitation, oubli – rencontrent les faits de langage artificiel – logique chiffrée – contrôlant la résistance des paramètres et mesurant le temps de travail du linguiste.

24. L'agencement des manuscrits dans cette étude

En analysant dans leur intégralité le Rapport et le manuscrit bilingue du catéchisme, ce travail a souhaité sauver de l'oubli des documents historiques inédits, ou réédité comme le Rapport publié par Maupoint[34]. Ils livrent un témoignage historique sur un fonctionnement possible du créole à un moment de son usage et de son évolution. En effet, cette contribution de Levavasseur à la documentation linguistique générale et à l'histoire écrite du créole de Bourbon n'avait pas encore à ce jour retenu l'attention des linguistes. Les historiens pour leur part attribuaient un catéchisme créole à Monnet.

Il semblait par ailleurs souhaitable de participer à la genèse d'un manuscrit au sens où l'entendent les spécialistes de littérature et d'écriture anciennes quand ils rassemblent, comme le fait ce travail, les différentes phases d'un manuscrit conçu en plusieurs versions et manifestement recopié, pour certains, par des mains différentes (copie de Blampin). La version française de Levavasseur avait servi de modèle au Père Laval à l'Ile de France[35] ainsi qu'aux enfants du séminaire des Spiritains à Paris au début du siècle.

L'agencement des manuscrits à l'intérieur d'une étude dynamique du créole suivra le fil ténu de la fixation d'une écriture à partir d'un modèle colonial adapté aux besoins de la catéchisation au dix-neuvième siècle.

Un premier volet tentera une lecture sociohistorique du Rapport pour voir comment s'établissait le lien entre la Mission des Noirs et la situation linguistique. Les données les plus significatives pour l'évolution et les étapes de la formation de Levavasseur en France et à Bourbon apparaîtront au chapitre 1, mettant en valeur l'œuvre du pédagogue et linguiste de terrain.

Pour analyser le système linguistique général du catéchisme, la deuxième

---

[34] Maupoint, Mgr, 1864, pp. 86-108.
[35] Nagapen A., 1994, p. 37.

partie commencera par situer le corpus bilingue dans la production manuscrite de Levavasseur ainsi que dans l'inventaire des graphiations spontanées de terrain que nous avons pu établir. Elle propose une lecture du système phonologique et des oppositions syntaxiques en œuvre dans le système grammatical en indiquant les unités constitutives de chaque classe.

Le dernier volet présentera la grammaire et le lexique au service des procédés de traduction lisibles dans l'écriture du texte bilingue. Suivant la relation entre la forme et le sens des mots créoles, l'étude morphologique conduira à un essai d'explication linguistique de la variation.

Cette saisie de la dynamique d'une langue se rattache à celle d'une culture et d'une société à tradition écrite récente. Plus de cent cinquante ans séparent en effet le système du manuscrit du système créole actuel. Aussi la contribution de Levavasseur à la grammaire et au lexique des créoles à base lexicale française sera lue à la lumière du catéchisme du R.P. Laval pour l'Ile de France, de celui de Goux pour la Martinique et des autres textes littéraires publiés pour le créole de Bourbon.

T.R.P. FREDERIC LEVAVASSEUR
1811 – 1882

CHAPITRE 1

RAPPORT À MGR PONCELET (1842): F. LEVAVASSEUR ET LA MISSION DES NOIRS

1.1. F. Levavasseur: missionnaire spiritain né à Bourbon (1811-1825)

Nous sommes assez bien renseignés sur la biographie, le rôle religieux et social de Frédéric Levavasseur dans le Bourbon d'avant l'Abolition (1848). En effet, son *Rapport* adressé à Monseigneur Poncelet est aussi mentionné sous le titre de *Mémoire Frédéric Levavasseur*. Souvent cité en même temps que sa correspondance avec Libermann, ces témoignages constituent des documents d'archives déjà mentionnés et explorés dans les travaux d'historiens[1,] ainsi que dans la monographie de Monseigneur Le Roy[2]. Ce n'est donc pas l'étude historique en soi qui a retenu l'attention du linguiste, mais davantage le lien que son travail permettait d'établir entre les informations contenues dans le *Rapport* et la rédaction du catéchisme.

Nous avons retenu trois aspects de la personnalité de Levavasseur, correspondant également aux trois étapes de sa vie, dont la fonction semble importante pour la compréhension directe des manuscrits publiés dans ce travail. Il s'agit de la période vécue en milieu plurilingue jusqu'à l'adolescence dans le nord-est de Bourbon (1811-1825), de sa formation de missionnaire en France (1825-1842) et enfin de son activité de pédagogue, de traducteur et de linguiste de terrain dans son milieu d'origine (1842-1849).

Une lecture attentive du *Rapport* rédigé en 1844 par Levavasseur sur la Mission des Noirs à Bourbon éclaire en effet le contexte et les conditions sociohistoriques dans lesquels s'est déroulée cette Mission dont la catéchisation ne représentait qu'un aspect linguistique et pédagogique.

Le nom de F. Levavasseur est ancré dans l'histoire de L'Église catholique au moment où l'Institution a fait appel à un nouvel élan missionnaire en Europe et dans les colonies françaises pour répondre aux besoins créés par la société esclavagiste. Le missionnaire du Saint-Cœur de Marie est en même temps associé à l'Ile Bourbon qui l'a vu naître, plus particulièrement au nord-est de l'ancienne colonie où était installée sa famille. Le titre complet de son catéchisme manuscrit – *"Catéchisme des Noirs d'habitation, en usage chez Monsieur Boyer De La Giroday, beau-frère de Fr. Levavasseur, à l'époque*

---

[1] PRUDHOMME C., 1984, pp. 75-97.
[2] LE ROY A., Mgr., 1989.

de l'arrivée des missionnaires du St Cœur de Marie à l'Ile Bourbon et dont ils se sont servis d'abord" – fait directement référence aux Noirs d'habitation à qui s'adressait la catéchisation, tout en rappelant cette deuxième phase collective qui a vu le travail du missionnaire prendre forme dans la commune de Sainte-Suzanne.

1.2. Naissance et adolescence en milieu insulaire plurilingue

Il existe un doute sur la date de naissance de Levavasseur. La photo publiée ci-contre indique le 25 février, mais les études en cours permettent de supposer que la date exacte serait le 11 février 1811 à Sainte-Marie, dans le nord-est de Bourbon[3].

De père normand et de mère provençale, il a évolué jusqu'à l'âge de quatorze ans à Sainte-Marie, sur la propriété de ses parents, au contact des esclaves domestiques ainsi que des *Noirs d'habitation*. C'est ainsi en effet qu'on désignait les esclaves employés sur le terrain de leur propriétaire. Le jeune Levavasseur avait entre quatre et sept ans quand furent promulgués les premiers textes et décrets prohibant le commerce légal des esclaves dans les colonies françaises[4]. Il avait connu, dès son jeune âge, aussi bien les esclaves créoles, c'est-à-dire nés dans l'île, que ceux introduits à l'époque de la traite clandestine pour répondre aux besoins économiques de la colonie à sucre.

C'est vraisemblablement au contact de la population que l'adolescent scolarisé en français et formé au latin, a dû pratiquer le créole de Bourbon puisque ses parents n'étaient pas créolophones natifs. Notre étude souligne un aspect ignoré jusqu'à la publication de ces manuscrits, à savoir la compétence linguistique du missionnaire en tant que locuteur bilingue. Pour tenter de délimiter la communauté linguistique dans laquelle se situe le manuscrit bilingue français/créole, il fallait rassembler ce que l'on savait de la situation linguistique personnelle du scripteur/traducteur en prêtant une attention toute particulière aux contacts, aux changements de langues ainsi qu'aux milieux décisifs pour sa formation, ses connaissances et sa pratique du terrain colonial.

1.3. La Mission des Noirs : l'origine de l'œuvre et les fondateurs

Quand le jeune Levavasseur quitta Bourbon en mai 1825 pour poursuivre des études secondaires à Nantes et à Paris, il était âgé de quatorze ans et avait dans ses bagages des compétences linguistiques, une pratique culturelle marquée par ses expériences premières à Bourbon. Les années de séminaire ont développé et influencé sa première réflexion sur les réalités de l'esclavage à Bourbon. De santé fragile, il fut cependant contraint d'envisager une filière littéraire et juridique plutôt que de préparer l'examen de L'École polytechnique. Dans la France de Louis-Philippe (1830-1848), il puisa sa vocation au contact des séminaristes du collège Stanislas à Paris. N'était-il pas le clerc de l'archevêque de Paris ? Il revint à Bourbon d'abord pour un

---

[3] C'est ce qui ressort d'une enquête menée en 1996 à la Rivière des Pluies.
[4] Fuma S., 1992, p. 29.

séjour de quatre mois (décembre 1835-mars 1836) au cours duquel il confirma aux siens son désir de se consacrer à la mission chrétienne. Rien ne permet de penser que la traduction d'un catéchisme était déjà entreprise à cette époque. Tous les documents disponibles confirment cependant "qu'après avoir vu de près l'état de dégradation et surtout le délaissement des pauvres Noirs esclaves de Bourbon" le jeune Levavasseur formulait déjà le désir "d'aller évangéliser ce peuple si enfoncé dans l'ignorance"[5].

À son retour en France, en juin 1836, il entra au séminaire de philosophie à Issy. Il y rencontra Tisserant, autre séminariste rattaché au monde créolophone des Caraïbes par sa mère, originaire de Saint-Domingue. Les deux séminaristes élaborent alors leur projet conçu avec Libermann. Il se concrétisa en France dans la reconnaissance officielle de la Congrégation du Saint-Cœur de Marie. Ils passèrent au séminaire de théologie de Paris.

Avec l'aide de Libermann et des théologiens de Saint-Sulpice, ils exprimèrent de plus en plus nettement leur volonté de participer activement à la mission d'instruction et d'évangélisation des Noirs. Les archives des Spiritains fournissent des renseignements utiles à la compréhension du projet spirituel de Levavasseur pour les esclaves de Bourbon. Les notes contenues sur Levavasseur dans le *Mémoire* de P. Tisserant reproduisent en outre la notice que Levavasseur avait écrite sur sa propre vie en 1853 à la demande de Dom Pitra. Elles rapportent surtout les premiers gestes déterminants pour la fondation de la Mission des Noirs. Dès 1837, Levavasseur "confia pour la première fois au directeur de sa conscience, M. Gallais, professeur de dogme à Saint-Sulpice et à M. Pinault, son projet de venir au secours des pauvres Noirs de Bourbon, Maurice et Madagascar". La correspondance adressée dans la plus grande discrétion à Gallais (1837), puis à Libermann (février-mars 1838) soulignait déjà les grandes lignes du projet rédigées au conditionnel[6].

1.4. Un concours pour la rédaction d'un catéchisme (1835-1840)

Il ressort de la lecture de ces documents que l'émancipation des Noirs était au centre des esprits marqués par les conséquences de la Révolution française en Europe. Plusieurs courants se dessinaient face à l'abolition de la traite. En France, la Société des Amis des Noirs en avait fait un point de leur programme. Depuis 1834, on enregistrait l'existence d'une Société Française pour l'Abolition de l'Esclavage sous la présidence du duc de Broglie. Le gouvernement de Louis-Philippe envisageait une émancipation progressive.

La documentation réunie sur la position officielle de l'Église souligne deux tendances : une opposition de principe à la traite, comme le rappelle Grégoire XVI dans la Bulle *In supremo Apostolatus* du 3 décembre 1839[7]. Favorable à une émancipation soutenue par l'évangélisation, "une loi du 10 août 1839 ouvre sous la direction de l'autorité ecclésiastique des quatre colo-

---

[5] *Notes et documents relatifs à la vie et à l'œuvre du vénérable François-Marie Paul Libermann, Supérieur général de la Congrégation du Saint-Esprit et du Saint-Cœur de Marie*, T. 1, p. 588.
[6] Cf. *Notes* ci-dessus , p. 636.
[7] Le Roy A., 1989, p. 22.

nies un concours pour la rédaction d'un catéchisme spécialement destiné aux Noirs. Une médaille d'or de la valeur de 1500 francs sera décernée à l'auteur du meilleur travail"[8].

C'est dans cet esprit de réforme et d'adaptation des textes canoniques qu'il faut lire l'œuvre de Levavasseur, même si le concours n'a pas eu lieu. En tant que locuteur créolophone natif, il avait été familiarisé dès l'enfance avec les réalités de l'esclavage. Levavasseur mentionnait à plusieurs reprises son attachement à la classe sociale des esclaves, comme en témoigne sa correspondance au Commissaire général. En tant que missionnaire, il gardait depuis 1843 une certaine distance par rapport au clergé régulier, dont il était cependant tributaire dans les conditions matérielles, juridiques et administratives de sa mission à Paris, puis à Bourbon. Les dernières pages de son *Rapport*, que nous publions ici, mentionnaient justement les tracasseries auxquelles il avait été exposé de la part d'un maire ou d'un Conseil colonial.

TOMBE DE FRÉDÉRIC LEVAVASSEUR

1.5. La place de Levavasseur dans l'histoire religieuse et sociale de l'île

Si le travail linguistique de Levavasseur à Bourbon est resté inconnu des travaux universitaires jusqu'à ce jour, sa place dans l'histoire sociale et religieuse n'a pas été passée sous silence[9]. Associé à la moralisation des esclaves avec Monnet à Bourbon, il est évoqué comme le créateur dans la colonie des missions du Saint-Cœur de Marie. On a retenu qu'après 1848, il fut à l'origine de la fondation de la première congrégation locale, les Filles de Marie, le 19 mai 1849. En 1856, celles-ci firent construire un couvent à la Providence,

---

[9] BARAT, C., ROBERT, R., *Dictionnaire illustré de la Réunion*, Vol 1-5, Diffusion culturelle de France, 1992, p. 107.

sur un terrain de la colonie. Curé de la Cathédrale pendant plusieurs années, Levavasseur mourut à Paris en 1882. On se souvient qu'un foyer Levavasseur se trouvait rue de La Source, au lieu où est actuellement situé l'Hôtel du Conseil Général à Saint-Denis. Non loin de là, à la rue Sainte-Marie, un lycée catholique du chef-lieu porte également le nom du missionnaire. Son engagement social au sein de la Congrégation des Filles de Marie est souvent rattaché aux grands propriétaires terriens et aux familles enracinées dans le nord-est de l'île. Les différentes sources d'informations orales que nous avons pu recueillir montrent que son œuvre n'est pas tombée dans l'oubli puisqu'elle se poursuit aujourd'hui encore à travers l'activité pédagogique et religieuse de la communauté des Filles de Marie. Nous présentons et commentons ici les pièces anciennes les plus intéressantes parce qu'elles illustrent la vie et l'œuvre de Levavasseur à Bourbon.

INSCRIPTION MORTUAIRE SUR LA TOMBE
DE FRÉDÉRIC LEVAVASSEUR

1.6. Document 2 – Lettre de l'abbé Ozoux (1941)

Une lettre dactylographiée de l'abbé Ozoux est conservée aux archives des Spiritains. Elle livre sur Levavasseur des renseignements réunis à partir de documents que l'ecclésiastique a consultés.

> "Voici quelques autres renseignements pour le Père Levavasseur. Le Père Frédéric Levavasseur est bien né au Quartier-Français, à 3 ou 4 kil. de l'Église dans les "hauts" sur la propriété de son père appelée "les Deux Rives"; ce quartier s'appelle aujourd'hui "La Rue Marchande"; ses parents avaient là un établissement sucrier qui les a ruinés. Acheté plus tard par les K/veguen, il a servi à agrandir l'usine des bas. Aujourd'hui la propriété Levavasseur appartient à Philidor Payet. De l'usine il reste quelques vestiges, de la maison fami-

liale il ne reste rien. L'Église actuelle et la Cure du Quartier-Français ont été construites sur la propriété des De La Giroday, pour servir aux missions du neveu, l'abbé Levavasseur. Un de ces jours, c.à.d. au premier libre, je demanderai à Mr. Jourdan de me permettre de fouiller dans les archives; j'y découvrirai peut-être quelque chose d'intéressant. Si un petit résumé généalogique peut vous intéresser, votre grandeur le trouvera au verso de cette lettre. l'abbé Ozoux".

Ce document contient une erreur puisque Levavasseur est né à Sainte-Marie et non au Quartier-Français. Il y est fait allusion à l'établissement sucrier et à la propriété des Deux Rives que les parents de Levavasseur entretenaient au Quartier-Français. Nous avons pu vérifier, au cours d'une première enquête menée en février 1994, puis en juin 1997, que tous les noms de lieux cités sont encore en usage actuellement dans la cartographie et la tradition orale. Le document utilise l'opposition géographique bien connue entre les Hauts et les Bas. Il rapproche les familles Levavasseur et De La Giroday pour évoquer les premières années du missionnaire, d'abord dans la chapelle de son beau-frère, puis à l'église Notre-Dame de Bon Secours située dans la commune de Sainte-Suzanne.

1.7. Document 3 – Résumé généalogique (1941)

Louis François LEVAVASSEUR vint à Bourbon en 1784,
épouse ? ...... et a pour enfants :

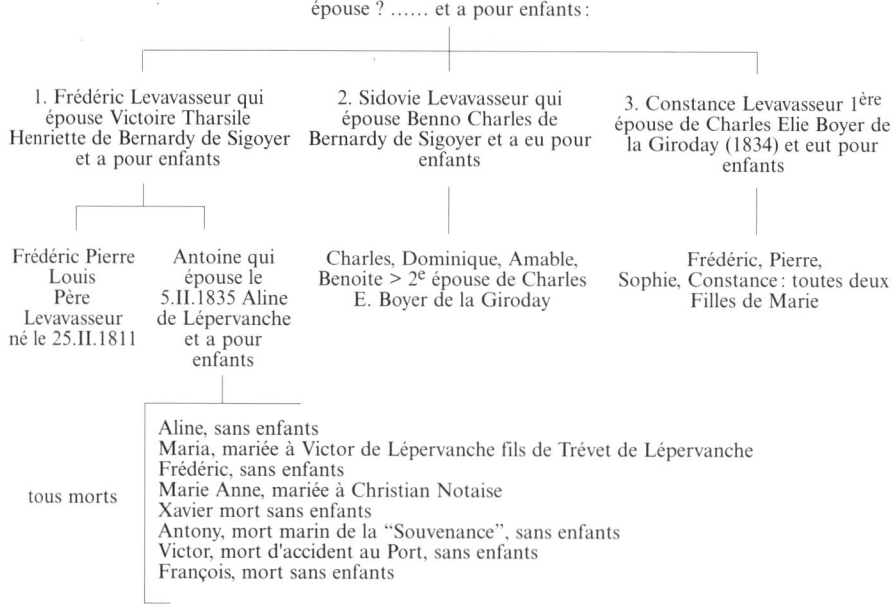

1. Frédéric Levavasseur qui épouse Victoire Tharsile Henriette de Bernardy de Sigoyer et a pour enfants

2. Sidovie Levavasseur qui épouse Benno Charles de Bernardy de Sigoyer et a eu pour enfants

3. Constance Levavasseur 1ère épouse de Charles Elie Boyer de la Giroday (1834) et eut pour enfants

Frédéric Pierre Louis Père Levavasseur né le 25.II.1811

Antoine qui épouse le 5.II.1835 Aline de Lépervanche et a pour enfants

Charles, Dominique, Amable, Benoite > 2e épouse de Charles E. Boyer de la Giroday

Frédéric, Pierre, Sophie, Constance : toutes deux Filles de Marie

tous morts

Aline, sans enfants
Maria, mariée à Victor de Lépervanche fils de Trévet de Lépervanche
Frédéric, sans enfants
Marie Anne, mariée à Christian Notaise
Xavier mort sans enfants
Antony, mort marin de la "Souvenance", sans enfants
Victor, mort d'accident au Port, sans enfants
François, mort sans enfants

1.8. Commentaires : architecture, familles à Sainte-Suzanne (1994-1997)

Pour mieux comprendre le résumé généalogique retrouvé par l'abbé Ozoux, nous avons consulté l'arbre généalogique établi pour la famille de La Giroday domiciliée à ce jour à la Confiance à Sainte-Marie. Il est apparu que le beau-frère de Levavasseur domicilié au Quartier-Français appartenait à une autre lignée[10]. Cette différence est marquée par l'orthographe adoptée par Levavasseur dans son *Rapport* pour écrire ainsi le patronyme de La Girodais, alors que la première page manuscrite du catéchisme ne respecte pas cette distinction.

À partir des documents d'archives spiritains, nous avons mené plusieurs enquêtes sur le terrain à Sainte-Marie (février 1994), à la Rivière-des-Pluies (novembre 1995), à Saint-Denis (1996) et à Sainte-Suzanne (juin 1997). Les données collectées dépassent le cadre de la documentation linguistique proprement dite puisqu'elles révèlent qu'aujourd'hui encore l'architecture de l'île conserve des monuments directement rattachés à la mémoire et à l'œuvre du missionnaire.

Il s'agit de l'usine du Quartier-Français, des vestiges de la chapelle Notre-Dame de Bon Secours, de l'église construite plus tard et connue sous le nom de Sainte-Vivienne. La communauté de Notre-Dame de Bon Secours regroupe à Bras des Chevrettes l'école et la maison de la Congrégation des Filles de Marie, fondée par Levavasseur avec Annie Pignolet de Fresnes sous le nom de Marie-Madeleine de la Croix.

En ce qui concerne l'histoire des patronymes et les divers propriétaires de l'établissement sucrier du Quartier-Français, la documentation disponible est relativement abondante[11]. Face aux grands murs noirs de l'usine désaffectée qui dominent encore le paysage dans l'actuelle commune de Sainte-Suzanne, nous avons essayé de reconstruire les relations entre les différentes générations pour tenter de resituer dans l'espace et le temps insulaires les monuments, vestiges et souvenirs encore vivaces dans cette région.

Ce travail a été possible lorsque nous avons recueilli à Bélèr, dans la commune de Sainte-Suzanne, le témoignage de Mademoiselle Payet, épouse Rivière, dont Philidor Payet – cité par l'abbé Ozoux comme propriétaire de l'usine du Quartier-Français – était le grand-oncle. En nous faisant visiter le domaine familial classé monument historique, l'informatrice nous a raconté qu'en ces lieux les K/véguen battaient monnaie. Une fille Desbassyns, qui épousa Jurien de la Gravière, y fit construire une chapelle privée déjà retenue dans l'album de Roussin en 1860. Le Père Lacordère et sa Congrégation y vécurent ainsi que les quatre fils Payet dont Philidor. La maison familiale de ce dernier était située à proximité de l'usine.

---

[10] Nous remercions Jeanine de la Giroday de nous avoir permis ce travail de vérification lors d'une mission réalisée à la Réunion en février 1994.

[11] DUSSOL, 1997.

ALBUM DE LA RÉUNION.

Ile de la Réunion.

BEL-AIR, QUARTIER St-SUZANNE, PROPRIÉTÉ LE COATK/VÉGUEN

Vue prise de la route nationale à 8 heures.

1 N. Dame de Bel-Air. 2 Pitou des neiges. 3 Ravin arrêt à la Rivière des pluies.

A. Roussin del.

1881.

ALBUM DE LA RÉUNION.

CHAPELLE DE N. D DE BEL-AIR, ÉRIGÉE PAR MADAME JURIEN DE LA GRAVIÈRE

Quartier Sainte-Suzanne

1880.

Ile de la Réunion.

A. Roussin del. lith.

ALBUM DE LA RÉUNION.

A.Roussin del.et lith.

1876.

USINE CENTRALE K/VÉGUEN
Quartier Français

Ile de la Réunion.

1.9. L'arrivée de F. Levavasseur à Bourbon.
Lettre du 19 juin 1842

Avant de se rendre à Bourbon, Levavasseur secondait déjà Libermann en tant que prêtre au Noviciat des Missionnaires du Saint-Cœur de Marie ouvert à Neuville, le 27 septembre 1841. Levavasseur arriva dans l'île le 10 juin 1842 à bord de La Sarcelle[12] pour un séjour de 7 ans jusqu'au 28 novembre 1849. Le document que nous publions dans le paragraphe 1.11 a fait erreur en fixant son arrivée au mois de février 1840.

Dans une lettre que Levavasseur adressa à Libermann le 19 juin 1842, soit neuf jours après son arrivée dans la colonie, il expliquait entre autres comment se déroulaient ses jours de travail sur la propriété de son père, puis chez son beau-frère à Sainte-Suzanne. Le lecteur comprend que le missionnaire s'attachait dès 1842 à la préparation de ses leçons de catéchisme.

"Une des choses qui me prennent beaucoup de temps maintenant, c'est la préparation de mes séances de catéchisme. Il faut présenter aux Noirs les vérités de la religion d'une manière si claire, si laconique, si simple pour qu'ils puissent les comprendre; il est très difficile de leur faire le catéchisme d'une manière profitable. Mais ce travail que je fais maintenant je n'aurai pas à le refaire".

1.10. Reproduction du témoignage de C. de la Giroday (1850)

J. M. J.

L'abbé LEVASSEUR créole de l'île de la REUNION et l'un des fondateurs de l'Ordre des Missionnaires du Saint Coeur de Marie fut de retour dans la Colonie au mois de Février 1842 . . . .

Il revenait dans son pays pour préparer les voies et poser les bases d'une mission que projetait le chef de sa Congragation *(sic)* dans le but de moraliser les esclaves et les classes pauvres.

Il s'installa chez son père et son beau-frère M. Boyer de la Giroday, à leur établissement de sucrerie situé dans les hauts du quartier français, Commune de Sainte Suzanne, au lieu dit les DEUX RIVES, à environ cinq K[tres] de la grande route nationale.

Là, ayant dressé un autel rustique dans une petite dépendance, près de la maison principale des propriétaires, il commença l'exercice de son ministère.

Chaque jour de la semaine quelques mères de famille du voisinage avec leurs enfants, les maîtres et les domestiques de la maison assistaient au divin sacrifice. Les dimanches, tous les noirs de l'Etablissement s'assemblaient et rangés devant la petite chapelle improvisée, entendaient la messe en plein air. Leur nombre s'augmentaient *(sic)* de ces pauvres gens connus sous la désignation de PETITS CREOLES qui, pour la plupart, n'avaient jamais vu un prêtre à l'autel. et tous ensemble ils venaient là avec une curiosité timide, respectueuse et étonnée. Le chef de la famille, M. Levassseur père, vieillard en cheveux blancs faisait ordinairement office d'enfant de choeur pour répondre la Messe. Maman, disait l'abbé Levasseur à sa mère, en montant à l'autel, chantez les louanges du Seigneur, et Mad[e] Levasseur disait avec piété quelque cantique appris dans son enfance et dont à cette heure de bénédiction elle se souvenait avec bonheur.

A force de zèle et d'activité, après des démarches dont les peines et les premiers insuccès ne le rebutèrent pas, l'abbé Levasseur réussit à régulariser l'enseignement du Catéchisme, et il eut bientôt la consolation de faire faire une

---

[12] Cf. Lettre à Liberman, AS, N° Lettre de Constance de la Giroday, Mgr. A. Le Roy.

première Communion. De pauvres femmes agées de 40 ans, qui avant, ne savaient même pas faire le signe de la Croix, des jeunes filles jusque là exposées à tous les dangers de la misère, de l'ignorance de la loi de Dieu et du mauvais exemple, et quelques enfants u furent admis; ils rapportèrent dans leurs familles, heureux de ce bonheur que vous seul pouvez donner, Seigneur, tous les profits du bon exemple et d'une solide instruction morale et religieuse.

En même temps, les noirs les plus intelligents relevés, dans leur propre estime des objections de l'Esclavage, par le sentiment de leur dignité devant Dieu, venaient avec empressement écouter l'enseignement de l'Evangile. Ceux qui étaient déjà chrétiens par le baptême reçu dans leur enfance, se marièrent. Les autres furent bientôt assez instruits pour recevoir le premier sacrement. L'estime de leurs maîtres pour ceux-là, les exemples des profits d'une bonne conduite chrétienne pour les autres, l'habitude de la prière en commun, chaque soir, l'usage des exercices de piétéque l'abbé Levasseur savait faire si touchants et à portée de leur intelligence et la bénédiction de Dieu sur les généreux efforts des missionnaire intrépide et dévoué les couronnèrent d'un succès éclatant et le moment était venu où l'abbé Levasseur ne pouvait plus suffire seul à tous les besoins et aux travaux de sa mission.

C'est alors qu'il demanda au Supérieur de son Ordre à Paris l'assistance de deux autres missionnaires. Ils arrivèrent à la Réunion en Mai 1843. C'étaient le père Collin et le père Ch. Blanpin, tous deux jeunes, pleins de zèle et animés de l'Esprit du Seigneur.

La chapelle des DEUX RIVES fut, dès lors, insuffisante. M. Boyer de la Giroday et M. et Mad^e Levasseur étant venus prendre possession du domaine Dioré acquis par M. Boyer de la Giroday, dans les bas du quartier français, centre d'une population nombreuse, leur premier soin fut d'y construire un bâtiment en paille assez vaste pour contenir 3 ou 400 personnes avec les dispositions intérieures propres à lexercice du culte. Un autel y fut dressé (7bre 1843) ... et les trois missionnaires s'y livrèrent à leurs travaux avec une ardeur que ne purent ralentir les tracasseries inspirées contre eux à l'Autorité temporelle par une appréciation illogique de leur position et des moyens de leur mission. Mais, nous n'avons pas à dire ici les appréhensions que l'état des esprits devait faire naître contre l'instruction religieuse considérée comme un acheminement à la liberté dans un pays à esclaves profondément imbu de préjugés à cet égard; qu'il me suffise d'ajouter le titre de créole de l'abbé Levasseur et son patriotisme bien connu, les précautions intelligentes et le tact exquis avec lesquels les pères Collin et Blanpin surent le seconder en travaillant à la moralisation des esclaves, et la sollicitude de M. ... alors Préfet Apostolique, dissipèrent bientôt les inquiétudes qu'ils auraient pu concevoir.

Bientôt les limites du quartier français furent trop restreintes pour leur zèle. M. l'abbé Mounet, depuis évêque de Madagascar, aidé des noirs eux-mêmes qui y travaillèrent avec un entrain plein d'enthousiasme, de M. Charles Desbassyns et de quelques autres habitants de la localité, avait construit à la Rivière des Pluies une belle chapelle en pierre et en charpente. Il la mit à la disposition des pères du Saint Coeur de Marie qui partagèrent ainsi leur temps et leurs efforts entre les esclaves de Ste-Suzanne et ceux de la Rivière des Pluies (1843).

La contagion du bien est irrésistible dans les masses et la ferveur des nouveaux catéchumènes égala le zèle de leur catéchistes, et dès lors commença sur une grande échelle la propagation de la foi parmi les esclaves et les classes pauvres. En même temps les cérémonies du culte s'embellirent de quelques splendeurs. L'autel des chapelles se parfumait de fleurs, gracieux ornements qu'offrait la piété des dames et des jeunes filles. Le père Blanpin utilisant ses études musicales avait pu organiser un choeur de chanteuses dont les plus mélodieuses inspiraient le sentiment religieux en charmant tous les coeurs.

Alors de nombreuses premières communions attestèrent les beaux succès de la mission. Les noirs qui avaient le bonheur avidement désiré, religieusement senti, d'y être admis, continuaient en suivant le catéchisme de la Persévérance, à s'instruire des vérités de la religion. De fréquents baptêmes préparaient incessament les mêmes succès et les missionnaires du St-Coeur de Marie y puisaient de nouveaux encouragements pour de nouveaux travaux.

Les mêmes résultats s'obtenaient à la Rivière des Pluies, à la paroisse de Ste-Suzanne par les soins du père Jérome quatrième missionnaire qui était arrivé pour se joindre aux trois premiers et qui s'était établi près de l'Eglise paroissiale dans laquelle, avec l'autorisation du curé, il se livrait à … exercices. Et de même que le père Collin, à la Rivière des Pluies, il y avait fondé une petite école de garçons pour les enfants pauvres.

Sur ces entrefaites, le père Blanpin dont les forces trahirent le courage et la bonne volonté, fut atteint d'une aphonie complète. (février 1845) et dût aller en France chercher les secours de la science pour une guérison qu'il ne pouvait trouver dans la Colonie. Il partit en avril 1845, le 15 7bre 1847, il revenait radicalement et miraculeusement guéri après une neuvaine devant une madone fort honorée à Rome au Couvent des Soeurs du Sacré Coeur à la trinité du Mont. Sa guérison avait eu lieu le 17 9bre 1846.

Pendant son absence et dès le mois de jenvier 1846, le père Levasseur supérieur, dans la Colonie, des Missionnaires de son Ordre, voyant l'insuffisance de la petite chapelle construite par son père et son beau-frère, au quartier français, conçut le projet d'en construire une autre en pierre et en charpente, comme à la Rivière des Pluies et assez grande pour continuer avantageusement lestravaux de la Mission. Mais il fallait pour subvenir aux frais d'une vaste construction les secours et l'assistance des habitants de la localité. L'un de ses amis confident de ses préoccupations lui conseilla pour s'assurer le concours des propriétaires d'esclaves et annihiler l'opposition à redouter de la part de l'administration municipale, de fonder une Société de moralisation des esclaves et des classes pauvres, en appelant les principaux habitants à en faire partie. Grâce à la bienveillance du vénérable M. Bellier.... . doyen des habitants qui en fut le président, grâce surtout au concours de M. Vinson dont le nom dans l'histoire de notre pays, se trouve à la tête de toutes les entreprises conçues dans l'intérêt de la Civilisation et de la Liberté, et qui en fût le vice-président, grâce au zèle infatigable et aux patriotiques inspirations de l'abbé Levavasseur, cette Société se fonda. Une souscription s'ouvrit., Le Gouvernement local accorda un subside de 15000 francs et malgré les oppositions très vives et très opiniâtres de l'administration municipale effrayée à tort de ce qui se passait, la Chapelle projetée fut bientôt commencée jour la dédicace de N.D. de B.S. La première pierre en fut posée le .8bre 1846.

Un an après, en 8bre 1847, on commença à y dire la messe non pas dans le batiment principal auquel on travaillait toujours, mais dans la petite dépendance qui devait servir de logement à l'ecclésiastique desservant la chapelle. L'autel s'y trouvait dressé et les fidèles se réunissaient en dehors sous une tente et en plein air.

Dès ce moment le P. Blanpin fut attaché à la Chapelle de Notre Dame du Bon Secours.

Cette chapelle fut enfin en état d'être livrée à l'exercice du culte, quoiqu'encore inachevée. La première messe y fut dite en mars 1848.

Quand on en creusa les fondations, il semblait à chacun que cet édifice avait des proportions si vastes qu'elles dépassaient de beaucoup les besoins de la Population. Certains détracteurs disaient même aux approches de l'Emancipation des esclaves que, libres désormais, ils fuiraient les exercices de piété et déserteraient du lieu saint qu'ils ne fréquentaient que dans le but d'obtenir les faveurs du Gouvernement et les bienveillances des maîtres. Mais les amis de la Religion et de la liberté eurent la consolation de voir la Chapelle se remplir toujours et même devenir bientôt, malgré ses vastes proportions, insuffisante à l'affluence des nouveaux convertis.

Le Père Blanpin y exerça son ministère depuis 8bre 1847 jusqu'au samedi 23 avril 1853. Les qualités éminentes qui le distinguent lui avaient conquis tous les coeurs.

"Aimer, aimer, c'est être utile à soi
"Se faire aimer, c'est être utile aux autres."

Telle semble être la devise, l'admirable maxime de toute sa vie, et quand la nécessité de se soumettre à l'une des règles de l'ordre auquel il appartient, fit décider son départ du Quartier Français, la nouvelle qui s'en répandit jeta la consternation dans la nouvelle Paroisse. L'affliction de ce départ fut sincère et profonde. Cette grande douleur ne pouvait se contenir : elle éclata le dimanche 24 avril 1853, pendant l'installation du nouveau Curé par M. le Grand Vicaire de Mgr l'Evêque de St Denis, qui fortement impressionné lui-même de voir toute une nombreuse assemblée fondre en larmes et ne pas se consoler, épuisa toutes les formes du langage pour persuader aux fidèles de N.D. de B.S. que l'autorité ecclésiastique supérieure était parfaitement étrangère à la décision qui leur faisait perdre M. l'abbé Blanpin.

Le Quartier Français le regretta longtemps.... le regrette toujours........

Souvenirs recueillis par Mademoiselle Constance BOYER de la GIRO-DAY.

1.11. Commentaires explicatifs

Nous reproduisons dans son intégralité un des documents inédits vraisemblablement dactylographiés et commentés dans les premières lignes par un missionnaire de la congrégation et conservé aux archives des Spiritains. Il s'agit d'un témoignage familial rédigé par Constance Boyer de la Giroday en 1850, un an après le départ de Levavasseur et deux ans après l'abolition officielle de l'esclavage à Bourbon.

Cette lettre confirme les grands axes et les modalités de la Mission des Noirs. On sait que la mère et la sœur du missionnaire avaient entrepris l'instruction religieuse de leurs esclaves bien avant le retour de Levavasseur à Bourbon en juin et non pas en février 1842, comme le mentionnaient les premières lignes. Maupoint a signalé l'engagement de la sœur du missionnaire dans la catéchèse et la moralisation des esclaves sur leur habitation :

"La famille Levavasseur n'avait pas attendu l'arrivée de l'abbé pour s'occuper du salut de ses Noirs. Son père et beau-frère, M. Boyer de la Girodais, avaient construit une chapelle sur leur habitation. La sœur du R. P. Levavasseur, femme d'une grande piété, en avait été le premier catéchiste. C'est dans cette chapelle que le R. P. Levavasseur mit à exécution les sages conseils qu'il avait reçus de la bouche de Monnet et s'essaya à marcher sur ses traces"[13].

La lettre de Constance de la Giroday ainsi que la chronologie des faits indiquée par Levavasseur lui-même dans son *Rapport* corroborent la périodisation que nous proposons pour cette Mission des Noirs (cf. Introduction 8). On peut d'ailleurs se demander dans quelle mesure la sœur ne s'est pas inspirée du manuscrit du frère pour en faire état après son départ de la colonie.

La lettre relate en effet l'origine (1842), l'ancrage familial et les grandes étapes (1843, 1846, 1849) du travail de Levavasseur. La description de la Mission des Noirs commence avec l'arrivée de Levavasseur dans la colonie en 1842, son installation à Sainte-Marie, puis au Quartier-Français. Il est fait allusion à la continuation de l'œuvre de Monnet à partir de 1843, quand

---

13 *Cf.* MAUPOINT, 1864, p. 50.

le préfet apostolique confia à Levavasseur la Mission des Noirs à la Rivière-des-Pluies. Celle-ci s'est préoccupée, dès 1844, d'ouvrir une école de garçons pour répondre aux besoins de l'instruction religieuse et scolaire bien avant l'abolition.

La population concernée était localisée dans le Nord-Est où les habitations étaient nombreuses. La catéchisation ainsi que le déroulement de la Mission autour de Levavasseur y sont décrites avec précision jusqu'en 1856. Sur le plan historique, l'intérêt de ce document est multiple. Il donne des indications sur la construction de la chapelle dédiée à Notre-Dame de Bon Secours dont les vestiges sont situés non loin de l'actuelle église Sainte-Vivienne. Il fait état de l'existence à Bourbon d'une Société pour la moralisation des esclaves et des classes pauvres. Les textes que nous avons pu consulter à ce sujet[14] mentionnent le rôle fondateur de Levavasseur et des Frères du Saint-Cœur de Marie, mais seul le témoignage de Constance de La Giroday en indique de manière précise que la première pierre en fut posée en octobre 1846, que la chapelle fut en état d'être livrée à l'exercice du culte, quoiqu'encore inachevée, un an après, en octobre 1847. On apprend que la première messe y fut dite en mars 1848, que le père Blampin y exerça son ministère depuis octobre 1847 jusqu'au samedi 23 avril 1853, que le dimanche 24 avril 1853 Mgr l'Évêque de Saint-Denis y installa le nouveau curé.

L'intérêt linguistique du document tient dans la représentation de différentes générations et de divers groupes sociaux impliqués dans le programme de la Mission. Elle s'adressait aussi aux créoles pauvres dont il est écrit qu'ils n'avaient pas été initiés aux rudiments de la pratique catholique.

En tant que document sociohistorique, cette lettre soutient la thèse de la réussite de la Mission des Noirs. Les points de vue des spécialistes divergent sur ce point[15]. Notre étude, pour sa part, a retenu, en plus d'une école d'arts et métiers à la Rivière-des-Pluies, l'ouverture par Jérôme Schwindhammer d'une école pour garçons pauvres, initiative confirmant des pratiques scolaires pour les esclaves.

---

[14] Archives de l'Évêché, Saint-Denis.
[15] Prudhomme, 1984, p. 124.

1.12. Quelques pages du Rapport en fac-similé
(cf. Annexe)

8. Leur racontent tout ce qui les touche; les Pères les écoutent avec grand intérêt, ils tâchent comme F. Paul de se faire tout à leurs, de se faire petit avec les petits, ils entrent dans tous leurs rôles, leurs peines, leurs joies, condescendent avec comme grands les petites choses que les concernent gagnantaint leur confiance, font les gagnant à Dieu et à leurs devoirs. Aussi ces visites des camps, ces maîtriaux viennent me nommer à S. Denis. Aussi ces estim- ences il faut joindre l'heureux effort sur les visites des malades, quelquefois assez fréquentes.

Vous voyez, Monseigneur, que je nous sommes des travailleux dans la semaine, au moins le di- manche nous ne le sommes pas. Je vous le dirai main- tenant comment se passent les études sous.

Nous nous trouvons donc réunis le dimanche soir à S. Denis; le lundi est un jour de repos pour M. Collin, le plus faible d'entre nous, M. Blanpin et moi et jour-là, dès dix heures, nous montons se rendre à l'église, et depuis l'heure, nous tout occupons à la disposition des noirs; presque tout occupons le rapport au confessionnal. F.F. Collin et moi du soir, nous retournons à l'église pour faire le catéchisme qui dure jusqu'à 8 heures. Le mardi

dans la matinée, M. Collin remonte à la Rivière- des-Pluies et M. Blanpin et moi nous descendons encore à l'église comme le lundi, de 10 h. à l'heure. Excepté la, à midi, se fait le catéchisme des enfants et de ce qu'on appelle le vieux monde.

Il y a dans S. Denis une quantité prodigieuse de petits noirs et de petites négresses au abandon de 12 ans; on ne s'occupe en aucune manière a former le cœur de ces petits enfants; avant même l'usage de la raison, ils sont déjà corrompus et gâtés par les mauvais exemples et les vices qu'ils ont sous les yeux; les mœurs de ce pays sont si dépravées, si abêtées!

J'ai eu à une certaine moment de faire un catéchisme spécial pour ces enfants; il en vient une centaine, mais qu'est-ce que cela auprès de ceux qu'on pourrait rassembler, si l'on avait quelqu'un qui pour l'instruction des noirs!

J'ai en garde je fond les vieilles négresses et tous les vieux noirs que je puis ramener. Ils noirs en vieillissant perdent le peu de facultés intellectuelles qu'ils ont, surtout la mémoire; leur instruction devient difficile et il faut se borner à leur enseigner les choses extrêmement faciles qu'on enseigne aux petits enfants.

Le mercredi, c'est à 3 heures, M. Blanpin et moi

1.13. L'impact linguistique et social de la
Mission des Noirs de Sainte-Suzanne à Saint-Denis

Nous avons retrouvé deux exemplaires strictement identiques du *Rapport* de Levavasseur aux archives des Spiritains[16]. Nous avons choisi de publier celui qui a été écrit par Levavasseur lui-même, l'autre correspondant davantage à une copie de seconde main. Ce *Rapport* a été publié en 1864 par Maupoint dans un ouvrage devenu pratiquement inaccessible. La bibliothèque de l'évêché à Saint-Denis en a conservé un exemplaire. À la différence des lettres et Mémoires rédigés par le missionnaire dès 1837, avant de se rendre à Bourbon, le *Rapport* de 1842 présente l'avantage d'avoir été dicté par les réalités observées et vécues à Bourbon par le missionnaire au cours des premières années d'exercice[17].

En tant que genre sociohistorique, ce type de document trouve sa place dans la littérature théologique à côté de nombreuses productions encore manuscrites émanant de personnalités religieuses à des époques différentes : le *Rapport* de Davelu, de Caulier, du Baron Milius, de Monnet pour Bourbon. La Mère Javouhey a remis pour la Guyane un *Rapport* au Baron Roger.

Le caractère assez exceptionnel des manuscrits de Levavasseur tient dans leur formidable complémentarité. Le texte bilingue du *Catéchisme* prend toute sa pertinence après la lecture du *Rapport* précisant dans le détail l'organisation du travail social, pédagogique et humain. C'est donc dans sa relation génétique au catéchisme bilingue que le *Rapport* prend la valeur d'une matrice sociohistorique. Elle éclaire la description du créole et du français proprement dite dans la mesure où l'on comprend un peu mieux comment s'est structurée cette Mission à Bourbon, à qui elle s'adressait et comment ont réagi les différents groupes sociaux.

Ce document indique également les raisons sociales pour lesquelles Levavasseur a dû adapter la pratique du catéchisme créole à la vie réelle des esclaves concernés : la brièveté des séances, les contraintes du travail que l'esclave devait au maître, pas toujours favorable à l'instruction religieuse, l'éloignement géographique des églises et des chapelles en nombre trop réduit, le nombre insuffisant de missionnaires engagés dans l'œuvre de moralisation, tous ces obstacles permettent en quelque sorte d'évaluer l'impact historique réel de cette Mission.

C'est donc pour mettre en relief la pertinence du témoignage du missionnaire que nous en avons intégré la dimension sociale, géographique et historique. Aussi, nous avons analysé les informations rédigées par le missionnaire en retenant les différents types d'activités pédagogiques, toutes les situations linguistiques et langagières dans leur contexte et leur milieu géographiques et sociaux.

À sa manière, Levavasseur s'est livré à ce que les linguistes appelleront au début du siècle une véritable collecte de données sociohistoriques sur le ter-

---

[16] *Cf.* ARSP, 236-B-II.
[17] *Notes et Documents, Op. cit.*, p. 588, T 1.

rain créolophone à Bourbon. Son œuvre de linguiste de terrain avant la lettre s'avère d'autant plus précieuse que l'on a signalé l'absence de structures d'apprentissage et de scolarisation officielle pour les esclaves et les affranchis dans la société d'avant l'abolition.

En lisant les premières pages du texte manuscrit, le lecteur remarque que Levavasseur n'a pas commencé par rendre compte des années de mission accomplies à Sainte-Suzanne, c'est-à-dire de 1842 à 1843. Les premières observations concernaient le déroulement de la Mission des Noirs à Saint-Denis, à partir de l'actuelle cathédrale. Après le départ de Monnet, le préfet apostolique confie à Levavasseur le poste devenu vacant. La priorité accordée à la paroisse de Saint-Denis n'est pas étonnante quand on sait l'importance numérique des habitations et des esclaves recensés dans cette ville du nord que Maupoint avait déjà décrite :

> "En 1840, la paroisse de Saint-Denis était la plus populeuse de l'île. Elle comprenait non seulement toute la ville de Saint-Denis, mais s'étendait au loin dans les alentours. Beaucoup d'habitations ou de sucreries en dépendaient et chacune d'elle possédait plusieurs centaines d'esclaves employées à son exploitation. Depuis lors, sept paroisses ont été successivement prises sur son territoire : l'Assomption, Saint-Jacques, Notre-Dame de la Délivrance, Saint-Étienne, Saint-Bernard, Sainte-Clotilde, Saint-François Xavier, et la paroisse de Saint-Denis compte encore plus de 12 000 âmes".

L'attitude critique adoptée par Levavasseur dans son texte était dictée par le sentiment d'appartenance à un milieu dont il se sentait proche en tant que créole de Bourbon. Il s'adressait à un supérieur qu'il connaissait depuis dix ans. Deux ans après son arrivée à Bourbon, il ressentait sur le plan local "un climat nuisible aux Européens", mais il avait conscience de sa plus grande responsabilité en tant que missionnaire créole. "Comme créole, elle doit m'être plus facile qu'aux autres". Bien informé de la situation générale à Bourbon avant son arrivée, Levavasseur rendait hommage au travail accompli par l'abbé Monnet, un de ses prédécesseurs déjà connu comme le Père des Noirs ou le tambour-major de la colonie. Dans l'ouvrage qu'il lui consacrait, Maupoint faisait déjà allusion aux deux cents Noirs que Monnet avait catéchisés sur l'habitation des Desbassyns.

On appréciera chez Levavasseur un éclairage qualitatif des structures insulaires parce qu'il fournit un bilan plus structurel que quantitatif de la Mission des Noirs pour l'époque considérée. La clarté de sa présentation tient à sa connaissance précise des réalités de Bourbon. La pratique du terrain lui avait permis d'intégrer les paramètres géographiques, religieux, sociaux. Il brosse les grandes lignes d'un projet de société qui faisait de la formation un point non négligeable dans le programme de la moralisation des esclaves.

Il dénonce avec franchise et détermination son différend avec les autorités politiques de la colonie quand il évoque ce qu'il est convenu d'appeler l'affaire de la chapelle Boyer de La Girodais. "Ce que je vais dire est public,

---

[18] *Cf.* Maupoint, 1864, p. 46.
[19] La page indiquée à chaque fois entre parenthèses renvoie au Rapport publié dans cette partie de notre étude.

connu et vu de tout le monde" (p. 180). Il n'hésitait pas à faire allusion à l'hostilité rencontrée par sa congrégation au cours de la séance de juin 1843 du Conseil Colonial lorsque le baron de Roujoux, alors Directeur de l'Intérieur, mit en garde celui-ci contre ces méthodistes. Le Rapport soulignait les obstacles auxquels se sont heurtés les Spiritains de la part de l'administration, du clergé régulier et des colons hostiles à la moralisation des Noirs.

Pour mettre en évidence les données sociohistoriques illustrant l'organisation générale de la Mission des Noirs et les conditions particulières dans lesquelles se sont déroulées les séances de catéchisme, nous avons extrait du Rapport les informations les plus pertinentes que nous avons regroupées sur deux tableaux. Il nous semble que cette mise en tableau a été possible parce que le Rapport était assez précis et documenté pour refléter l'état de Bourbon dans ces années-là. Cette présentation peut permettre au lecteur d'accéder plus facilement au contenu du Rapport placé en Annexe n°2.

1.14. Tableau sociohistorique des structures insulaires (1842-1849)

PARAMÈTRES DE STRATIFICATION	REPÈRES SPATIO-TEMPORELS
Paroisses concernées	"St-Denis - leButor, St-Jacques, Ste-Marie, La Rivière des pluies, St-André, Ste-Rose, St-Joseph, La Possession, St-Paul, St-Louis, St-Leu, St-Pierre"
Ecclésiastiques impliqués	9 noms : "Blampin, Bru, Collin, Escuté, Gallabert, Joffard, Lemercier, Monnet, Picard"
Exemples de propriétaires favorables à l'instruction	Boyer de La Girodais, Sicre de Fontbrune
Statut social	"Maître, bande noire, trésorier, conseiller, conseillère, curé, maire, propriétaire de sucreries, police, commissaire général"
Âge	"enfant: moins de 12 ans, 18-20 ans, adultes actifs, vieux monde"
Lieux de vie	"habitations privées, camps, cases, bals noirs créoles, bals cafres, bals dix sous, spectables, comédiens"
Catégorisation raciale	"Noirs, nègres, négresses, Blancs"

1.15. Réalités et représentations socio-culturelles de l'époque

Les deux colonnes verticales présentent d'une part les critères de stratification sociale et de l'autre les repères spatio-temporels définitoires de la société concernée (cf. 1.14). Nous avons placé sur la première colonne verticale à partir de la gauche les sept paramètres qui, à la lecture du Rapport, nous semblaient les plus déterminants pour l'appréhension de la Mission des Noirs. Celle-ci a pris de l'ampleur quand elle s'est exercée, dès 1843, dans le cadre de paroisses comme Saint-Denis desservies par les Spiritains qui avaient trouvé domicile à la Rivière-des-Pluies. L'image de Levavasseur parcourant à cheval les routes de la Mission des Noirs est devenue légendaire.

La Mission des Noirs valait alors comme lieu de pratique religieuse officielle placée sous la responsabilité du clergé régulier. Elle fonctionnait aussi comme foyer ou lieu de rencontre lié à l'administration de la colonie. Selon Levavasseur, treize paroisses étaient les foyers de la Mission des Noirs. Nous y avons rajouté Saint-Leu à cause du travail bien connu du Frère Scubilion (cf. 1.9).

Le Rapport indique six abbés et trois missionnaires impliqués dans l'œuvre d'évangélisation. L'insuffisance numérique liée au nombre insuffisant d'églises constituait aux yeux de Levavasseur l'un des obstacles majeurs au succès réel de l'entreprise.

Les propriétaires d'esclaves pouvaient freiner ou soutenir la moralisation suivant qu'ils respectaient ou non l'obligation dans laquelle les plaçait le Code Noir de donner l'instruction religieuse aux esclaves. L'histoire de Bourbon a retenu le nom de quelques propriétaires devenus célèbres parce qu'ils ont favorisé le travail des missionnaires en respectant les heures réservées à l'instruction religieuse des esclaves. Ceux-là ne se sont pas opposés à leur mariage et ont fait construire des chapelles sur leur terrain d'habitation, ouvrant ainsi aux prêtres l'accès de leur propriété privée. Le statut juridique de l'esclave, propriété de son maître, conditionnait les lieux de vie que nous avons regroupés de manière large comme des milieux sociologiquement imperméables. Les termes suffisent à expliquer les différences entre une propriété privée, un camp, une case. Les expressions en usage à l'époque – même dans le Rapport – disaient clairement les discriminations sociales sensibles dans le vocabulaire < bals noirs créoles, bals cafres et bals dix sous >.

Le statut social des individus et des groupes revêtait un caractère plus humain à l'intérieur de cette association de secours mutuel que représentait la Mission des Noirs dans son fonctionnement religieux. L'esclave n'était pas uniquement perçu comme une bête de somme corvéable à merci. Il est vrai que le missionnaire ne voyait pas d'un bon œil les esclaves qu'il considérait comme pervertis par d'autres manifestations cultuelles et culturelles, bals, danses, musique et théâtre. Le missionnaire portait un regard moral, donc subjectif, sur la vie des esclaves, des colons et des administrateurs. Il en résulte une représentation partiale qui exigerait, pour être complète, la liste exhaustive des propriétaires et des terrains d'habitation, ainsi qu'une description plus objective des autres religions ou pratiques cultuelles de ceux qui ne se sont pas laissés convertir. Le projet des missionnaires souligne la hiérarchie des fonctions sociales et fait ressortir la relation de dépendance juridique caractérisant le travail et la vie des esclaves, propriété de leur maître.

Malgré toutes les réserves que l'on peut émettre d'une manière générale sur la caractère obligatoire de toute religion officielle qui ne laisse pas le choix à l'individu, on constate à la lecture du Rapport que la Mission des Noirs a mis en place une conception élargie de la catéchisation, une structuration parallèle à la société coloniale officielle. Dans les milieux où étaient implantées les habitations, cette association de missionnaires et d'esclaves a établi des liens entre travail, vie quotidienne et instruction religieuse et, parfois, entreprise de scolarisation.

1.16. Le programme socio-éducatif de la Mission des Noirs

PRINCIPES D'ÉDUCATION	STRATÉGIES D'ORGANISATION
Lieux de communication	habitation, chapelle, confessionnal, camp, case, église
Classification des esclaves	Noirs : chrétiens, en cours d'instruction, en âge de se marier, à l'intelligence bornée, qui ne pratiquent pas encore la religion, regroupés par bandes, à responsabilité administrative, économique, sociale, financière et bancaire
Situation religieuse	convertis avant 1842, après 1842, conversion de première nécessité, instruction partielle, refus de tout contact
Situation linguistique	groupes de niveaux pour avancés déjà créolisés, débutants non créolisés chants et prières en latin, français, catéchisme en créole
Méthodes d'apprentissage	répétitions orales, chantées et lues à haute voix de façon collective. révisions d'une leçon ancienne avant de passer à la nouvelle, simplification du texte français
Activités : gestion, aide sociale et caritative, encadrement des affranchis, tutorat	• participation à l'élection d'un conseiller, comptes, gestion de quête, offrande, honoraires des messes • activité d'encadrement des autres esclaves et affranchis; paiement de dettes, accord de prêts, petites rentes mensuelles aux veuves, mères surchargées d'enfants, mères célibataires • distribution de riz, de vêtements, réparation des cases de vieillards

1.17. Essai de typologie des situations et lieux de Mission

Le Rapport expliquait que les séances de catéchisme dispensées à la chapelle, les échanges sur le terrain d'habitation, à la messe, les confessions à l'église, les visites de camps et les tournées dans les cases des Noirs représentaient des échanges linguistiques particuliers. Ils reposaient sur des modalités de communication que nous avons essayé d'analyser à partir de la description qu'en a donné Levavasseur. Cette démarche nous a conduite à un essai de typologie du changement de langues dans les milieux concernés. Cette christianisation s'est servie du créole comme langue outil pour évangéliser les nouveaux esclaves ne parlant pas le créole de Bourbon.

Cependant, nous ne devons pas perdre de vue que la Mission des Noirs ne s'est pas préoccupée d'identifier les langues premières parlées par les esclaves arrivés dans la colonie au cours des années précédant l'abolition. Sur ce point, elle différait de la Mission malgache développée par les Jésuites à la Ressource de 1846 à 1856, qui a formé et instruit les esclaves en malgache. La Mission indienne s'est servie du tamoul de 1848 à 1906 pour évangéliser les esclaves et les engagés en provenance de l'Inde.

Dans les séances de catéchisme de Levavasseur et de ses confrères, on distinguait plusieurs niveaux et groupes d'instruction suivant les locuteurs concernés et leur compétence linguistique. Il a séparé les esclaves noirs des chrétiens blancs parce que les besoins linguistiques, par conséquent les situations d'apprentissage des groupes en présence, n'étaient pas les mêmes.

Tous les esclaves n'avaient pas atteint le même niveau en créole et en français. Les jeunes enfants noirs et les personnes âgées étaient regroupés pour un enseignement de débutant. Le catéchisme de mariage formait un groupe à part. Un catéchisme de persévérance servait à entretenir un niveau de créole déjà existant. Ce que les missionnaires appelaient les Noirs à l'intelligence bornée correspondait certainement à des locuteurs dont la langue vernaculaire et la culture d'origine étaient très éloignées du catéchisme créole. Les témoignages que pouvaient recueillir les ecclésiastiques étaient ceux exprimés en créole, c'est-à-dire par des esclaves déjà formés à la langue commune. Maupoint citait un extrait de dialogue en créole de 1842 :

> "Mon père, vous y connez ci jeune négresse que son mari li mort; li na pas pi personne pour segne à li; prends garde, li va tomber dans le mal; v'là, nous l'a ramassé impé l'argent; donne à li vous-même."[20]

À la messe, c'est-à-dire dans l'église et à la chapelle, les missionnaires encadraient les esclaves pour les chants et les prières en français, voire en latin.

Malgré le caractère confidentiel de la communication au confessionnal, on peut supposer que les interlocuteurs étaient exposés à plusieurs situations linguistiques. Les missionnaires non créolophones ont dû tendre vers une intercompréhension minimale : en écoutant les esclaves, ils ont fait l'effort de comprendre l'essentiel. En s'adressant à un missionnaire non créolophone et ne parlant pas leur première langue, les esclaves, pour leur part, ont probablement tenté de mobiliser toute leur compétence en créole pour accéder à un minimum d'échange. Goux signalait dans son étude de 1842 que les esclaves des Caraïbes parlaient créole au confessionnal.

Enfin, au cours des tournées dans les cases et les camps, Levavasseur faisait remarquer qu'ils écoutaient beaucoup les Noirs, prenant connaissance de toutes leurs préoccupations quotidiennes. Ces échanges ne sont absolument pas définis linguistiquement. Il est écrit dans le *Rapport* que les missionnaires "écoutent, entendent", mais on ne sait pas ce qu'ils perçoivent réellement des langues utilisées. Nous touchons ici aux limites réelles des données sociohistoriques.

Dans un ouvrage consacré aux sept religieux-éducateurs lassaliens[21], nous avons retrouvé un bref extrait du catéchisme oral pratiqué par Frère Scubilion, missionnaire de la colonie[22]. L'étude, parue en 1989, rassemble quelques traits bien connus de l'évangélisation des Noirs avant et après l'abolition de l'esclavage à Bourbon.

---

[20] Maupoint, 1864, p. 46.
[21] Frère Jean Huscenot, 1989, p. 158.
[22] Frère Jean Huscenot, 1989, p. 162.

Retraçant l'œuvre du Frère Scubilion, l'auteur présente dans l'ordre chronologique le catéchisme des esclaves, 1843-1850, et le catéchisme des affranchis, 1850-1855. Pour mettre l'accent sur la fonction éducative des missionnaires et leur plus grande aptitude à l'enseignement des Noirs, il s'appuie sur le témoignage rédigé le 18 mars 1843 par le Contre-amiral Bazoche, gouverneur de l'île :

> "Partout ils ont ouvert un catéchisme journalier, en fin de soirée, pour les Noirs (Saint-Denis, Saint-Paul, Saint-Louis et Saint-Benoît)."

L'ouvrage évoque avec précision les conditions dans lesquelles à Saint-Leu Frère Scubilion travaillait dans le même esprit que ses prédécesseurs :

> "Le 17 septembre 1843, notre missionnaire est muté à Saint-Leu. Cette commune de la côte ouest (sous le vent) vient, deux ans auparavant, de vendre tous les esclaves municipaux pour construire des écoles chrétiennes. Les frères auront charge des garçons. Les religieuses s'occuperont des filles. Nous sommes en milieu colonial opulent. En effet, la cité de 8 000 habitants arrive en tête de toutes les villes de l'île par les plantations qui rapportent gros : café, canne à sucre, vanille. C'est dans ce cadre, qu'au titre d'ami des humbles et de quêteur en leur faveur près des riches planteurs, notre réaliste partage le fardeau porté par ses frères africains. Après sa journée de classe avec les benjamins, il va donc catéchiser les Noirs en fin de soirée, généralement à partir de 20 heures. Par ce magnifique élan d'amour, l'humble lassalien imite des apôtres sacerdotaux de renom : de Guigné, Levavasseur et surtout le fameux Père Monnet".

La méthode appliquée par les Lassaliens, lors du catéchisme des esclaves, part d'un "fait vécu dont on tire leçons spirituelles à dominantes évangéliques. Le chant rythmé, voire la comptine, permettent à l'assemblée entière une participation vocale dialoguée". Nous avons reproduit l'exemple en créole recueilli par F. Scubilion vers 1843 auprès d'un esclave au cours d'une leçon écrite (cf. Introduction 1.8).

1.18. Expérimentation d'un programme d'apprentissage sans école

Il n'est pas possible d'évoquer la question de la Mission des Noirs sans poser le problème de l'école pour les esclaves. L'âge des enfants est là pour nous rappeler l'indigence à laquelle les familles d'esclaves étaient acculées. Les missionnaires ont tenté de répondre à un besoin d'instruction et d'apprentissage scolaire auquel les structures officielles de la colonie sont restées sourdes.

Il est en effet bien établi que l'Ordonnance du 5 janvier 1840 est restée sans écho dans la société coloniale, où les religieux ont pris en charge à leur manière les esclaves créolophones unilingues et sans aucun matériel[23].

Le *Rapport* permet de conclure à la conceptualisation et à la réalisation d'un programme d'instruction et d'alphabétisation dont l'objectif était de pallier l'absence de scolarisation.

Dans ce contexte sociohistorique, les langues et les conditions dans lesquelles elles étaient employées ont joué un rôle fondamental. La méthode pédagogique de Levavasseur lui est dictée par toutes les contraintes linguistiques et humaines du terrain. En tant que locuteur créolophone natif,

---

23 ÈVE P., 1990, pp. 22-23.

il a éprouvé le besoin d'épauler ses collègues non créolophones (Blampin, Colin) dans l'exécution de leurs tâches d'instructeur. Il leur a conseillé de préparer minutieusement et d'écrire leurs leçons pour mieux contrôler leur travail de catéchiste. Il a pratiqué avec les esclaves une méthode orale fondée sur la répétition de structures verbales communes, de prédicats doubles, d'énoncés mémorisés par le chant et les ressources syntaxiques de la langue.

L'analyse des procédés de traduction montre la construction des images et des métaphores à l'aide de locutions verbales. Au concept français succède une plus longue explication en créole intégrant parfois le vocabulaire religieux inconnu. On sait que le Père Laval à Maurice s'est servi du catéchisme Levavasseur, qu'il l'a traduit en créole de l'Ile de France, non seulement pour instruire les esclaves, mais aussi pour en faire des cahiers destinés à soutenir les prêtres auxiliaires dans l'exercice de leur catéchèse en créole. L'outillage du créole et le programme auquel il a contribué a donné à la Mission des Noirs une dimension pédagogique.

CHAPITRE 2

DESCRIPTION ET ANALYSE DU CORPUS BILINGUE

2.1. Situation du catéchisme créole dans les manuscrits de Levavasseur

Cette description traite le manuscrit en tant que corpus et tient nécessairement compte de deux caractéristiques conditionnant l'analyse linguistique proprement dite. La première, de nature formelle, concerne la graphiation spontanée de terrain, c'est-à-dire la façon individuelle et non standardisée dont l'auteur du dix-neuvième siècle a écrit le créole. La deuxième, de nature structurelle, complète la première dans les écrits de Levavasseur, qui sont plus nombreux, plus consistants, en même temps qu'ils attestent des langues et des usages plus diversifiés: le français, le créole de Bourbon, un usage linguistique intermédiaire entre le français et le créole. Ces traits sont apparus plus nettement dans la reconstruction génétique de cette écriture religieuse que nous avons rapprochée des témoignages existants en créole commun et non religieux.

La traduction du catéchisme en créole de Bourbon s'inscrit dans ce que nous appelons un cycle de travaux rédigés par Levavasseur de 1840 à 1850 et encore bien conservés aux archives des Spiritains[1]. La notion de cycle nous aide ici à désigner les processus de changement de langues dont le missionnaire a eu besoin pour passer d'un texte français écrit à un texte créole.

Les quelques phrases écrites de l'*acte de contrition* en créole de Bourbon (cf. 2.7) prouvent, qu'avant même son arrivée en tant que missionnaire et cofondateur de la Mission des Noirs à Bourbon (10 juin 1842), Levavasseur, comme beaucoup de ses confrères, s'était préoccupé de la catéchisation et de la question des langues, sans pour autant se soucier de créer un alphabet pour codifier le créole à l'écrit.

Dans son usage pratique, l'*acte de contrition* correspond à une prière récitée par le chrétien pendant la confession au moment où le prêtre lui donne l'absolution. Le lecteur trouvera dans les dictionnaires spécialisés la définition des concepts théologiques que ce travail cite pour rendre plus lisibles les manuscrits du missionnaire[2].

La graphiation utilisée dans ces quelques lignes présente une double caractéristique. Une graphie créole est lisible dans des mots comme < Dié,

---

[1] *Cf.* Liste p. 193.
[2] DROGUET, ARDANT, 1989.

moin, lé, laffé, sac, pi >, alors que d'autres unités comme < chagrin, bien > attestent une graphie étymologisante, c'est-à-dire calquée sur celle du français, langue lexificatrice pour le créole de Bourbon. Le lecteur remarquera au passage les différences de sens entre le créole < moin lé bien chagrin > et le français "j'ai un très grand regret".

En tant que traducteur, Levavasseur appliquait déjà les principes linguistiques observables dans les techniques d'interprétariat où le travail de l'interprète consiste à saisir, dans une langue-source, le noyau d'information pertinent ou le plus urgent pour l'exprimer de la manière la plus adéquate et la plus conforme aux moyens grammaticaux et lexicaux disponibles dans la langue-cible. Au français "je prends la ferme résolution avec le secours de votre sainte grâce de ne plus vous offenser" correspond le créole < moin va faire sac moin y pourra avec votre Sicours pour fait pli péché >.

Pour la quatrième phase de la Mission des Noirs (cf. Introduction 8), nous analysons l'*Essai de catéchisme pour les Noirs de l'Ile Bourbon*, ainsi que le *Cahier de Dogmes* dont le contenu constitue, sur le plan linguistique, la phase préliminaire à la traduction créole du catéchisme des Noirs. L'examen de ce manuscrit montre que l'auteur n'a pas négligé l'appréhension des structures sociales et économiques du terrain d'habitation pour concevoir et élaborer les concepts religieux qu'il entendait mettre à la portée des esclaves non encore initiés au français.

La pratique orale de la catéchisation fut menée en collaboration avec Blampin et Collin. Nous disposons d'une version du catéchisme créole copié de la main de Blampin. Dès la fin de l'année 1843, les trois missionnaires partagèrent leur temps et leurs efforts entre Saint-Denis, la Rivière-des-Pluies et Sainte-Suzanne. Nous examinons pour cette période de travail collectif et bilingue une troisième édition de l'*Essai de catéchisme pour les Noirs, entièrement rédigé en français*. L'absence de date sur ce manuscrit posait le problème de l'ordre chronologique dans lequel il a été conçu par rapport au catéchisme bilingue français/créole. Nous formulons l'hypothèse que cette période fut consacrée à la recherche d'un appareil conceptuel et d'un outil linguistique adaptés.

Nous pouvions en effet nous demander si l'auteur a travaillé deux versions en même temps ou s'il a commencé par concevoir une version française adaptée à la Mission des Noirs avant d'élaborer le texte bilingue. Nous pensons que la deuxième hypothèse est la plus vraisemblable, car il aurait été plus difficile et moins logique de passer d'un texte bilingue déjà modifié à un texte français encore à remanier.

Pour rendre compte de cette reconstruction génétique des manuscrits, nous adoptons l'ordre chronologique et présentons d'abord un extrait de la version française du catéchisme, suivi d'une présentation du *Cahier des Dogmes*, que nous avons tenté d'analyser sur le plan linguistique.

Nous décrirons ensuite les deux pages du *Catéchisme créole* attribué à Monnet et publié par Maupoint en 1864[3], ce qui permettra d'aborder la question du lien génétique entre deux textes créoles de Bourbon. Celui de

---

3 MAUPOINT, 1864, p. 52.

Monnet précède celui de Levavasseur, qui en est cependant autonome, comme le soulignent la comparaison entre les deux extraits et la réponse de l'abbé Minot. Pour tendre vers une lecture plus homogène des témoignages linguistiques recueillis, nous avons regroupé sur un tableau les phrases et petits textes en créole graphiés de manière différente. Ces pratiques valident, sur le plan historique, ce que nous appelons les graphiations spontanées de terrain.

2.2. Document 4 – Pages de l'Essai entièrement en français

2.3. Document 5 – Le Cahier des Dogmes.
Projet de catéchisme pour les Noirs

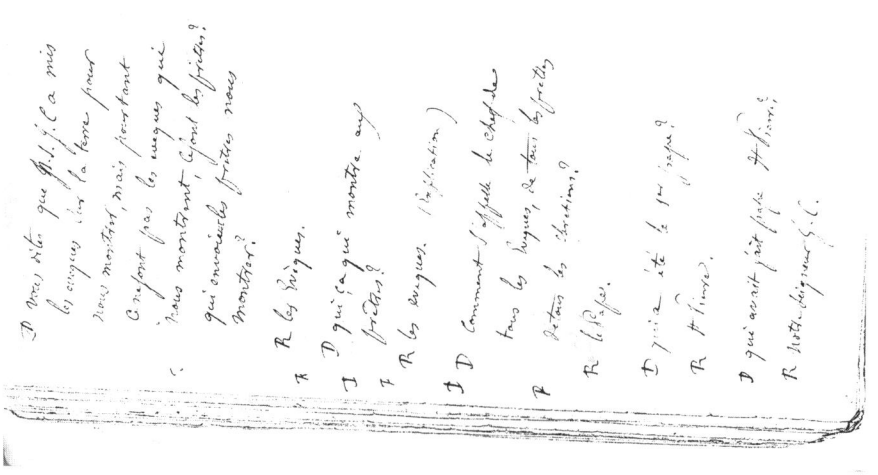

2.4. Commentaires explicatifs :
la recherche d'une conceptualisation

L'*Essai*, élaboré en français par Levavasseur, se composait de dix-sept pages manuscrites regroupées en vingt et un chapitres thématiques dotés d'un titre : *De Dieu, De La Sainte Trinité, De La Création, Du péché originel, Démons et Anges, Incarnation et Rédemption, Mort et Réssurection* (sic) *de Notre Seigneur Jésus Christ, Ascension de Notre Seigneur Jésus Christ, Du Jugement Dernier.* Le nombre important de rajouts, de ratures et de notes traduisent un travail de réflexion sur la mise en créole des concepts religieux. Un rapprochement avec le catéchisme bilingue montre que les modifications ont été faites pour une adaptation à la tradition orale de la leçon de catéchisme : suppression des titres, des définitions et des litanies, des descriptions rituelles relatives au sacrifice de la messe, réduction de certains concepts religieux à leur forme minimale selon leur degré d'utilité immédiate. Levavasseur rappelait dans son *Rapport* qu'il se limitait aux sacrements de première nécessité.

L'examen du *Cahier des Dogmes* met en évidence le travail complémentaire effectué par le missionnaire pour adapter les concepts et dogmes à l'univers du terrain d'habitation. Plus l'auteur se rapprochait du monde des esclaves à évangéliser, plus il s'éloignait du texte français et de la norme langagière qui s'y rattachait. Après avoir barré le mot créole < bande > au sens de "société", il le réintroduit dans le *Cahier des Dogmes*.

D'après le numérotation attestée sur ce manuscrit, le *Premier Cahier* se composait d'au moins trente-trois pages ou feuillets que Levavasseur avait conçus comme projet de catéchisme pour les Noirs de Bourbon avant de traduire en créole le *Petit catéchisme*. Situé vraisemblablement entre l'*Essai* en français et le texte créole du *Catéchisme*, ce document se présentait déjà comme une recherche de forme, écrite en une succession de Demandes et de Réponses. L'utilisation du style direct en début de document ainsi que celle du pronom de la deuxième "vous" et première personne "nous" du pluriel soulignent le travail linguistique auquel se livrait le missionnaire en préparant à l'écrit les cours qu'il envisageait de faire à l'oral (cf. 2.7).

L'absence d'accent sur les voyelles, la forme abrégée N.S.J.C. pour Notre Seigneur Jésus Christ, la mise entre parenthèses d'explications à fournir pendant le déroulement oral de l'enseignement indiquent que tous ces documents avaient valeur de supports visuels devant soutenir la mémorisation. Ils constituent les traces écrites de procédés mnémotechniques.

C'est sur le plan du contenu que le *Cahier des Dogmes* diffère du *Catéchisme*. L'objectif pédagogique poursuivi était conforme à la théologie dogmatique. Il s'agissait en effet de mettre les dogmes ou les doctrines de l'Église à la portée d'une nouvelle population d'esclaves ne parlant pas français. Ce document attire l'attention du linguiste (cf. 2.7), car le missionnaire y faisait le plus souvent usage d'expressions entièrement rédigées en français, mais aussi de phrases se rapprochant d'un français local < Qui ça qui montre aux prêtres ? le pape là ça un prêtre ou un évêque > < qui envoient les prêtres nous montrer ? >. Ces phrases peuvent aussi correspondre aux traces écrites de ces recherches par lesquelles le traducteur est passé du français écrit au créole oral, puis au créole écrit.

Un relevé exhaustif des occurrences aide à classer les mots créoles du document en plusieurs strates sémantiques ou séries de concepts. Les mots < bande, habitation, case, colombres, morceau, commandeurs > sont écrits à l'aide de l'orthographe du français, mais appartiennent au fonds créole fossilisé. D'autres noms abstraits du français servent à exprimer la hiérarchie institutionnelle et n'existaient pas dans le lexique créole < le Seigneur, la Trinité, les évêques, le chef, le Pape, les chrétiens >. Les noms et groupes y sont plus fréquents que les verbes < envoient, s'appelle >, < montrer > "enseigner", < être, faire, mettre, écouter, profiter >.

Ce document porte la trace linguistique d'une recherche d'images porteuses de concepts. L'Église est comparée à une < grande bande sur la terre > alors que l'église s'appelle < la grande case >. Les saints sont traduits comme < notre bande qui est dans le ciel >. L'auteur a anthropomorphisé les représentations religieuses à des fins didactiques et, ce faisant, il a reproduit la structure et la hiérarchie sociohistoriques caractérisant un terrain d'habitation à Bourbon.

2.5. Document 6 – Une leçon de catéchisme créole par Monnet

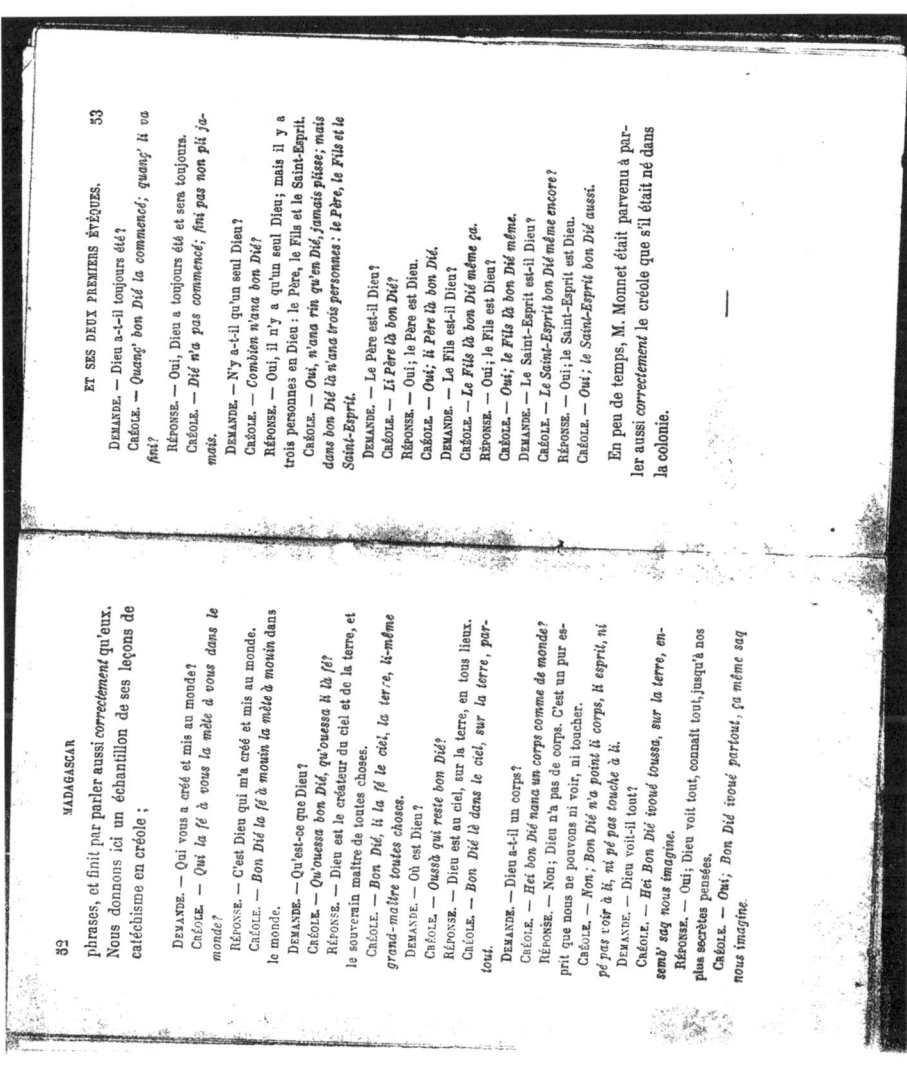

52

MADAGASCAR

phrases, et finit par parler aussi *correctement* qu'eux. Nous donnons ici un échantillon de ses leçons de catéchisme en créole ;

DEMANDE. — Qui vous a créé et mis au monde?
CRÉOLE. — *Qui la fé à vous la mêle à vous dans le monde?*
RÉPONSE. — C'est Dieu qui m'a créé et mis au monde.
CRÉOLE. — *Bon Dié la fé à mouin la mêle à mouin dans le monde.*
DEMANDE. — Qu'est-ce que Dieu?
CRÉOLE. — *Qu'ouessa bon Dié, qu'ouessa li la fé?*
RÉPONSE. — Dieu est le créateur du ciel et de la terre, et le souverain maître de toutes choses.
CRÉOLE. — *Bon Dié, li la fé le ciel, la terre, li-même grand-maître toutes choses.*
DEMANDE. — Où est Dieu ?
CRÉOLE. — *Oussà qui reste bon Dié?*
RÉPONSE. — Dieu est au ciel, sur la terre, en tous lieux. C'est un pur esprit que nous ne pouvons ni voir, ni toucher.
CRÉOLE. — *Bon Dié là dans le ciel, sur la terre, partout.*
DEMANDE. — Dieu a-t-il un corps?
CRÉOLE. — *Hei bon Dié nana un corps?*
RÉPONSE. — Non; Dieu n'a pas de corps. C'est un pur esprit que nous ne pouvons ni voir, ni toucher.
CRÉOLE. — *Non ; Bon Dié n'a point li corps, li esprit, ni pé pas voir à li, ni pé pas touché à li.*
DEMANDE. — Dieu voit-il tout?
CRÉOLE. — *Hei Bon Dié trové toussa, sur la terre, en semb' saq nous imagine.*
RÉPONSE. — Oui; Dieu voit tout, connaît tout, jusqu'à nos plus secrètes pensées.
CRÉOLE. — *Oui ; Bon Dié trové partout, ça même saq nous imagine.*

53

ET SES DEUX PREMIERS ÉVÊQUES.

DEMANDE. — Dieu a-t-il toujours été ?
CRÉOLE. — *Quang' bon Dié la commencé; quang' li va fini?*
RÉPONSE. — Oui, Dieu a toujours été et sera toujours.
CRÉOLE. — *Dié n'a pas commencé; fini pas non pli jamáis.*
DEMANDE. — N'y a-t-il qu'un seul Dieu ?
CRÉOLE. — *Combien n'ana bon Dié?*
RÉPONSE. — Oui, il n'y a qu'un seul Dieu ; mais il y a trois personnes en Dieu : le Père, le Fils et le Saint-Esprit.
CRÉOLE. — *Oui, n'ana rin qu'en Dié, jamais plisse; mais dans bon Dié là n'ana trois personnes : le Père, le Fils et le Saint-Esprit.*
DEMANDE. — Le Père est-il Dieu ?
CRÉOLE. — *Li Père là bon Dié?*
RÉPONSE. — Oui; le Père est Dieu.
CRÉOLE. — *Oui; li Père là bon Dié.*
DEMANDE. — Le Fils est-il Dieu ?
CRÉOLE. — *Le Fils là bon Dié même ça.*
RÉPONSE. — Oui; le Fils est Dieu?
CRÉOLE. — *Oui; le Fils là bon Dié même.*
DEMANDE. — Le Saint-Esprit est-il Dieu ?
CRÉOLE. — *Le Saint-Esprit bon Dié même encore?*
RÉPONSE. — Oui; le Saint-Esprit est Dieu.
CRÉOLE. — *Oui; le Saint-Esprit bon Dié aussi.*

En peu de temps, M. Monnet était parvenu à parler aussi *correctement* le créole que s'il était né dans la colonie.

2.6. La comparaison linguistique de deux pages
(Monnet / Levavasseur)

L'échantillon du catéchisme de Monnet a été publié par Maupoint en 1864, bien après que Monnet ait quitté Bourbon. L'ouvrage ne fournit aucune information sur la façon dont l'éditeur est passé de la source manuscrite au texte dactylographié et cette lacune est gênante pour le travail de reconstruction génétique des manuscrits[4].

En rapprochant les deux documents inclus dans notre présentation, le lecteur attentif remarquera que l'échantillon de Monnet – très difficile à déchiffrer – correspond aux onze premières Demandes/Réponses de Levavasseur, soit aux sept questions du chapitre 1, suivies de quatre questions du chapitre 2. La version française ne présente aucune différence, ce qui prouve que les missionnaires ont disposé du même texte français au moment de la traduction en créole. On peut donc supposer qu'une version française d'un catéchisme pour les Noirs de Bourbon était déjà disponible parmi les missionnaires avant 1845, quand Monnet quitte Bourbon pour Madagascar. L'existence de ce texte français n'a pas empêché Levavasseur de travailler sa propre version. Il est possible que les esclaves auxquels il s'adressait aient rendu nécessaire cette adaptation.

On inventorie exactement trente et un points de divergence dans les techniques de scripturisation du créole adoptées par les deux auteurs. Ils ressortissent à quelques questions relatives à la mise en écriture des langues.

Les premières différences concernent l'écriture des lettres et des diacritiques. Elles peuvent tenir à la différence entre écriture dactylographiée et manuelle. Dans l'échantillon de Monnet, les choix sont fixes alors que le manuscrit de Levavasseur n'atteste pas la même régularité. Chez ce dernier, la différence entre l'écriture de la voyelle < e > et celle de la voyelle < i >, qui ne porte pas toujours le point, n'est pas claire en fin de mot (ex. : même*, commenc*e*, maîtr*e*). Nous représentons cette caractéristique à l'aide de l'italique. On n'identifie pas toujours une différence claire entre < i > et < c > dans l'interrogatif qui peut correspondre à "est-ce que" < hec > ou à < et, hé > < hei > en début de phrase. L'usage de la majuscule, des accents grave (ex. : père et Père) et aigu (ex. : sacrément et sacrement) souffre d'exception.

La deuxième différence tient dans le traitement accordé à la ponctuation. Les missionnaires n'avaient peut-être pas toujours conscience que la ponctuation pouvait marquer la prosodie de la phrase orale et servir à segmenter les fonctions des unités grammaticales. On citera l'exemple de la Demande-Réponse n° 6. Dans le texte de Monnet, la présence d'une virgule après "partout", rend cette phrase agrammaticale < partout, ça même saq nous imagine >. Il aurait été plus logique de marquer une pause après "ça", c'est-à-dire d'y placer une virgule, pour que la phrase écrite soit grammaticalement correcte < partout ça / même saq nous imagine >. L'absence de virgule dans le texte de Levavasseur ne permet pas de conclure qu'il ait consciemment résolu la question.

---

4 MAUPOINT, 1864, p. 52.

Le troisième point concerne la méthode adoptée dans les deux corpus pour gérer une liste de mots créoles. Les auteurs ont introduit une écriture différente de celle du français, mais ils n'ont pas fait les mêmes choix en créole. On relève: < n'ana, nanan > "avoir", < bon Dié, Bon Dié > "Dieu", < grand-maître, grand maître > "souverain maître", < li > "il", < li-même, li mème > "lui", < à mouin, amouin > "m'", < à li, alli > "le", < ivoué > "voit", < quanç', quança, quansa > "quand", < ensemb', ensemble > "et", < oussà, oussa > "où", < toussa, toussac > "tout", < li Père là, li Père la > "Le Père", < qu'ouessa, quouessa > "qu'est-ce que".

On remarque que Monnet se sert de signes diacritiques < à li, grand-maître, quanç', ensemb', li père là > dans des mots où Levavasseur se sert de l'orthographe créole < rinquene >, < sac >. Il écrit les unités lexicales en un seul mot, qu'il s'agisse de verbes < ifini, ivoué, imagine, nanan >, de pronoms personnels < amouin, alli >, d'interrogatifs < quança, quanssa > < oussà, oussa > "où", < quouessa > "qu'est-ce que", de pronoms < toussa, toussac > "tout", ou de noms < lisprit, liciel >. Ce choix orthographique peut être aléatoire, comme il peut traduire une technique particulière pour marquer les différences linguistiques. En effet, Levavasseur utilise plus souvent le groupe relatif < Bon dié sac lafé li ciel > "celui que, ce que, qui", tandis que Monnet exprime la détermination par l'apposition et la virgule < Bon dié, li lafé li ciel >.

Les quarante pages manuscrites laissées par Levavasseur ont permis à l'analyse morphologique du texte d'identifier quelques principes alphabétiques et orthographiques (cf. 3.15), tout en inventoriant avec l'assistance de l'ordinateur les points d'écriture grammaticale les plus exposés à la variation (cf. 3.16).

Notre essai d'explication linguistique de la variation se devait d'inclure les différentes formes écrites que nous avons recensées et regroupées dans le tableau ci-dessous (cf. 2.7), pour illustrer ce que nous appelons les graphiations spontanées de terrain.

2.7. Graphiations spontanées de terrain: exemplier et description

Nous introduisons ici la notion de graphiation spontanée de terrain pour marquer la différence dans notre terminologie avec les quelques principes d'écriture grammaticale créole que notre étude a pu identifier dans le catéchisme de Levavasseur, même si aucune des graphies transmettant les corpus créoles de Bourbon ne relève de ce que l'on pourrait appeler une théorie grammaticale précise et explicitement formulée par les auteurs.

L'exemplier présenté ci-dessous vise à offrir en un seul et même tableau les différentes manières d'écrire le créole de 1840 à 1892 comme l'indiquent les noms d'auteurs et la nature – manuscrite ou dactylographiée du document – que nous avons regroupées sur la colonne de gauche. Dans la colonne de droite apparaissent les exemples et la date de production de l'ouvrage.

SOURCES	GRAPHIATIONS
F. Levavasseur (manuscrit)	< Mon Dié moin lé bien chagrin pour toutes péchés que moin laffé, moin va faire sac moin y pourra avec votre Sicours pour fait pli péché > (Acte de contrition 1840).
Maupoint (dactylographié)	< Mon père, vous y connez ci jeune négresse que son mari li mort; li na pas pi personne pour segne à li; prends garde, li va tomber dans le mal; v'là, nous l'a ramassé impé l'argent; donne à li vous-même > (Esclave parlant créole en 1842)
Catéchisme des affranchis (dactylographié)	< Moi i comprend ça que vous i dit à moi. Vous i dit à moi combien le bon dié n'enna un seul. Li même la fait à moi pour aimer à li et gagné son paradis. Combien de personnes en Dié, trois : li Père, li Fils, li Saint-Esprit > (Affranchi parlant créole, septembre 1850. La Possession)
Levavasseur (manuscrit)	< Vous dites que N.S.J.C. a mis les eveques *(sic)* pour nous montrer, mais pourtant ce ne sont pas les eveques *(sic)* qui nous montrent, ce sont les pretres *(sic)*? qui envoient les pretres *(sic)* nous montrer? > < Qui ça qui montre aux prêtres? le pape là ça un prêtre ou un évêque > < qui envoient les pretres nous montrer? > (Cahier des Dogmes 1843)
Minot à Levavasseur (manuscrit)	< quoi ça le pape > < nit croire > < quoi ça prier > < moi travailler pour vous, moi souffrir pour vous > (Belle Eau, 24 mars 1845)
V. Focard	< ah! Vla Dessaline, qouq y dit mon créole (crai-ole)? inque tantine Zezette que la perde son cien, l'attrapé juin dujussion de mayoc bouy > (Parler de petits créoles) < Bouzou : quou qi di à vous? Eh, eh, li là, ça va, ça va, coume ça minme. Mai zou di là vous y mace tout sel: aqoulé Lacouti (Langouti)? Ah! vou y conné pas, Lacouti li mot. Li mot! qui malade li cien là la gagné? > (Parler des Cafres) < ah! Vla Zean-Batiss, qué nouvelle?...Zautt l'a dit malhère l'arrive la case ton tantine ma Phrasie. N'a pas rive malhère, inque le cien tantine la crévé. L'avé dijission mayoc bou ï > (Vrai créole, celui des Noirs et surtout des négresses indigènes, 1884)

Nous avons commenté les extraits cités dans cet exemplier de manière plus détaillée, d'abord en présentant les manuscrits de Levavasseur (cf. 2.1, 2.4), ensuite avec l'étude plus générale du créole de Bourbon. L'intérêt de cet exemplier relativement restreint réside en effet dans la diversité des locuteurs ou usages (ex.: paroles d'esclave en situation de communication non religieuse).

Les auteurs ont bien sûr rapporté ce qu'ils percevaient, livrant ainsi des formes écrites de créole. Nous parlons ici de graphiations spontanées de terrain parce que tous ces écrivants notaient ce qu'ils entendaient en se servant des lettres et diacritiques de l'alphabet français, sans pour autant choisir de

---

5 Frère Jean HUSCENOT, 1989, p.164.

manière systématique une graphie créole autonome qui serait différente de la graphie étymologisante.

Le marqueur préverbal s'écrit par exemple < i, y >. Deux graphies sont attestées pour < connez, conné > "savez", < sac, ça que > "ce que". Suivant la prononciation des locuteurs, les auteurs graphiaient < même, minme > "même", < bouy, bouï > "bouilli", < moi, moin > "je".

Les différentes variétés de créole relevées par V. Focard, l'usage particulier attesté dans le *Cahier des Dogmes* se distinguent des bribes de "jargon" employé par Minot dans sa lettre à Levavasseur. Faut-il conclure que Minot tentait ici de réduire son français à des structures minimales de type < interrogatif + ça + nom >, < interrogatif + ça + verbe >, < pronom sujet + verbe à l'infinitif + groupe prépositionnel > parce qu'il ne pratiquait pas encore le créole de Bourbon?

2.8. Document 7 – La réponse de l'abbé Minot à Levavasseur (1845)

Nous publions ci-dessous une lettre que l'abbé Minot adressa à Levavasseur le 24 mars 1845 pour lui communiquer la lecture critique qu'il avait faite de la traduction de son catéchisme en créole. La mauvaise qualité du document conservé aux archives des Spiritains nous a obligée à envisager une translittération du texte. Nous l'avons saisie et éditée sans y apporter modification d'aucune sorte, pas même un signe de ponctuation.

"Belle Eau, le 24 mars 1845. Monsieur et cher ami.

J'ai lu avec un vif intérêt le projet de catéchisme pour les Noirs que vous m'avez envoyé. Vous êtes plus propre que personne pour juger de la rédaction d'un pareil catéchisme, parce que vous possédez mieux le dialecte du pays et vous connaissez mieux ce qu'il faut dire pour être compris. Cependant, je vais vous faire part des observations qui peuvent se présenter à mon esprit. Je croirais 1° qu'il faut éviter les fautes contre la langue toutes les fois qu'elles ne sont pas nécessitées par le besoin d'être compris et peut-être serait-il possible de devenir un peu plus correct. 2° comme il est important de donner de nos mistères les idées les plus justes que possible, je crois que la réponse à cette question qu'est-ce-qu'il a promis à Adam et à Eve # il a promis que quelqu'un viendrait demander pardon # ne dit pas assez et qu'il faudrait dire réparer notre faute ou toute autre expression exprimant la rédemption. 3° la réponse à cette question – est-ce-qu'il était Dieu aussi? oui il était un homme et le bon Dieu # me paraît présenter un sens peu théologique, attendu qu'elle paraitrait dire que l'incarnation s'est faite dans la divinité renfermant la trinité des personnes, au lieu de spécifier la personne du fils aussi je pense qu'il serait mieux de dire il était homme et Dieu tout ensemble (la seconde personne dont on a déjà parlé). quoique les Noirs emploient le mot de Maman, je pense qu'il vaudrait mieux conserver le nom de mère qui est plus noble et qu'ils connaissent aussi. Je crois comme vous qu'il est prudent de ne pas entrer dans des détails sur le mistère de la conception, mais de se borner à dire que tout cela s'est fait par la puissance de Dieu, sans que la S^te vierge cessât d'être vierge, et je supprimerais la demande comment est-il venu au monde. dans la demande suivante au lieu de demander grace, je préfèrerais un mot qui exprimât la satisfaction # il me paraît qu'il serait bon de revoir même les développements donnés de ce mistère. j.c. a payé nos dettes et son père filio suo non pepercit. l'exemple du fils qui obtiendrait la grace de l'esclave, mais qui ne serait pas puni à sa place ne rend pas toute la vérité. il est inutile de répéter par rapport au père de n S les observations faites par rapport à sa mère. dans ce qui a rapport à l'église je désirerais une petite demande sur le chef de l'église – quoi ça le pape? dans la réponse on pourrait prémunir contre toute espèce d'anglicanisme # après le purgatoire pouvons nous secourir les âmes du purgatoire et dans la réponse intéresser en faveur de ces pauvres ames et expliquer un mot … de la communion des Saints – pour la foi c'est <u>croire</u> ce que Dieu dit. le mot croire me parait nécessaire je penserais utile de faire quelques demandes de plus sur la prière quoi ça prier? Dire au bon Dieu. moi travailler pour vous moi souffrir pour vous est ce prier # .– pour le baptème aux dispositions énoncées il faut joindre un grand dé(sir) de recevoir ce sacrement – peut-être serait-il bon de parler de la confession comme préparation – je n'ai pas compris la définition de l'absolution dans l'explication (de la) Ste Eucharistie il y est dit qu'elle contient du se(…), mais il serait bon d'ajouter qu'elle contient son corps son ame et sa divinité # afin de ne rien laisser (dans) lombre.

Vous voyez, mon cher monsieur, que je prends la liberté de vous communiquer mes idées ce n'est pas (…) je croie meilleures mais vous en ferez profit (si) vous y trouvez quelque chose de bon.

Veuillez me croire avec un profond respect et une sincère amitié.

Votre très humble

serviteur l'abbé M

P s mes amitiès s'il vous plait à vos collègues."

2.9. Valeur historique et linguistique du témoignage de Minot

De 1844 à 1845, Levavasseur s'est vraisemblablement consacré à l'exercice de traduction en créole. La lettre de Minot en date du 24 mars 1845 confirme l'hypothèse qu'à cette date Levasseur avait déjà fourni la version créole de son *Catéchisme* pour laquelle il avait sollicité la lecture critique de Minot à Saint-André.

La lettre de Minot constitue un témoignage précieux puisque la date mentionnée dans cette correspondance indique que Levavasseur était bien l'auteur d'une traduction créole du *Catéchisme* et que le 24 mars 1845 Minot en avait suffisamment pris connaissance pour en proposer une lecture critique. La façon dont s'exprimait Minot montrait bien qu'il avait conscience des problèmes de traduction liés à l'évangélisation des Noirs. En effet, il a perçu et reçu le travail de son collègue comme un projet émanant d'un créolophone bilingue. Sa réponse faisait directement allusion au chapitre II du *Catéchisme* consacré au mystère de l'Incarnation et au mystère de la Rédemption traité dans le chapitre III. On retrouve au chapitre VIII du catéchisme les prières sur lesquelles portait la discussion épistolaire entre les deux hommes.

Dans sa critique, Minot ne s'attachait pas particulièrement au texte créole pour lequel il s'en remettait à la compétence de Levavasseur. Il accordait davantage d'importance à la formulation du texte français. Sa préoccupation restait certes pédagogique. Comme ses confrères, il était soucieux de "connaître ce qu'il faut dire pour être compris". Mais son intérêt pour les langues ne tenait pas aux seules techniques de traduction d'un texte religieux en créole.

Conformément à l'esprit de l'époque, le concept de langue chez Minot n'était pas utilisé pour désigner le créole de Bourbon. Il était plus exactement question du dialecte du pays, le terme de langue étant réservé au français. Les critères déterminants à ses yeux étaient la correction, la noblesse de la langue et son aptitude à exprimer avec justesse les concepts religieux contenus dans un catéchisme. Conformément à l'esprit de l'Institution, il s'agissait de traduire la lettre sans trahir l'esprit de la catéchèse.

Pour comprendre le souci de Minot, il importe de rappeler qu'en théologie on entend par mystère "ce qui est considéré comme inaccessible à la raison humaine, ce qui dépasse la raison ou ce qui est de l'ordre du surnaturel, ce qu'on ne peut expliquer". La catéchèse traditionnelle classe parmi les principaux mystères: la Trinité, l'Incarnation et la Rédemption.

L'échange avec son confrère souligne toutefois la conscience qu'il avait des différences linguistiques séparant le français du créole, son souci de l'intercompréhension. Il écrivait en effet un français très simplifié pour se rapprocher du créole: < quoi ça le pape >, < moi travailler pour vous >, < moi souffrir pour vous >, < quoi ça prier >.

Le point de vue qu'il exprimait sur la langue rappelait le poids du sacré dans l'entreprise de mise en écriture religieuse. Les mots fonctionnaient d'abord comme véhicules des dogmes et ne devaient, à ce titre, permettre aucune altération, aucun malentendu, aucune déviance du dogme chrétien. En revanche, Minot prenait certaines libertés avec le concept de vérité quand il conseillait à son collègue de ne pas s'étendre sur le Mystère de la Rédemption. Il suggérait sans hésiter de supprimer la Demande concernant la façon dont Dieu s'était fait homme. Minot soutenait le choix de la traduction au service de la transmission du dogme chrétien. Il insistait, par exemple, sur la différence religieuse établie entre < créer > et < engendrer > et que le créole ne pouvait reprendre dans son lexique. Il soutenait une vision du monde et des langues ayant pour moyen et fin l'enseignement des principes de vie et de morale chrétienne.

Les exigences de Minot et les difficultés du missionnaire révèlent le véritable enjeu de la traduction dans son rapport culturel et sociohistorique à l'évangélisation. Elle se voulait véritable intervention sur la vie spirituelle des esclaves, sur leur aptitude à la conceptualisation des idées occidentales. Faire admettre un mystère aux esclaves, c'était les amener à conceptualiser l'idée même de révélation, d'irrationnel, leur faire comprendre qu'il existait des explications rationnelles et irrationnelles. La traduction de Levavasseur montre qu'il ne s'est pas contenté de traduire des concepts en mots créoles, mais qu'il a tenté de les expliquer en se fondant sur les supports de leur univers culturel.

L'intérêt de ces textes religieux réside aussi, sur le plan de l'histoire des langues, dans la documentation qu'ils fournissent pour la traduction des prières. On y trouve en créole de 1844 la traduction des actes d'espérance, de charité et de contrition. On apprend que les esclaves récitaient en créole le "Je vous salue Marie" ainsi que les "Dix commandements".

2.10. Description matérielle du catéchisme français / créole

Le document, dont nous publions quelques pages en fac-similé, correspond à un cahier fabriqué par Levavasseur comme pour simuler le format d'un livret. La photocopie a gardé les traces des différentes pages. L'auteur avait manifestement choisi de visualiser les feuillets d'un catéchisme abrégé dans lequel, en bonne logique, les demandes précédaient les réponses. Le texte français souligné à la main dans l'original apparaît avant la version créole.

Le corpus se présente sous forme de 41 pages numérotées de main d'auteur et regroupées en chapitres thématiques de deux pages correspondant chacun à des concepts religieux articulés dans une progression pédagogique : la Création, l'Essence et l'ubiquité divine, le mystère de la Trinité, de l'Incarnation, de la Rédemption, le Symbole des Apôtres, le péché mortel et véniel, les actes de foi, d'espérance et de charité, les commandements de l'Église et les sacrements. Le missionnaire a traduit des textes qui sont à la base de la catéchèse et de l'enseignement catholique. Le Symbole des Apôtres ou le *Je crois en Dieu* est enseigné aux enfants du catéchisme. Le texte de cette prière remonte dans sa forme actuelle à 451 (Concile de Chalcédoine), mais les premières formulations, analogues à celles d'aujourd'hui, datent des Conciles de Nicée (325) et de Constantinople (381). Les sacrements, qui sont au nombre de sept, sont administrés par les évêques et les prêtres. Levavasseur, comme ses collègues de Martinique et de l'Ile de France, a enseigné aux esclaves les prières les plus traditionnelles que l'on trouvait dans tous les catéchismes des diocèses français, mais au lieu de les laisser en français et de les placer en annexe de son catéchisme, ils les a traduits en créole de Bourbon.

Les titres de chapitres figurant dans le texte français ont disparu dans la version créole. Des chiffres romains classent les chapitres de un à douze dans l'ordre croissant.

Il a été possible de reproduire quelques pages de ce document en fac-similé, car les ratures et corrections apportées par l'auteur lui-même à son travail étaient relativement peu nombreuses. Il suffit pour s'en apercevoir de comparer ce texte à la troisième édition de la version française. Nous avons utilisé la gomme électronique uniquement pour nettoyer automatiquement les taches altérant, par exemple, le titre de la première page, mais quand il s'est agi d'identifier de façon plus sûre une unité linguistique particulière, le toilettage automatique s'est avéré peu efficace. On courait le risque d'altérer l'écriture originale sans progresser dans la reconnaissance des lettres concernées. La comparaison avec les manuscrits de Lebrun et Laval pour l'Ile de France pouvait fournir un élément de comparaison.

Pour lever de manière définitive les quelques incertitudes qui persistent dans l'édition que nous proposons du manuscrit créole, il aurait été utile de les soumettre à l'expertise philologique assistée par ordinateur. Les instruments d'investigation dont dispose, par exemple, les chercheurs de l'ITEM (Institut des textes et manuscrits modernes, CNRS) à Paris auraient sans doute fourni des éléments pour une lecture complémentaire de la nôtre. Notre travail a en effet inventorié trois mots et deux formes abrégées difficiles à déchiffrer. L'édition du corpus créole (cf. 2.15) s'est contentée de noter l'incertitude à l'aide du point d'interrogation et d'indiquer les deux lectures possibles en plaçant la deuxième forme entre parenthèses. Ces mots n'ont pas été pris en compte dans l'analyse phonologique du manuscrit créole (cf. 2.18 et 2.19).

2.11. Quelques pages du catéchisme bilingue en fac-similé

D. Combien nous avons de Dieu?

R. Oui il n'y a qu'un seul Dieu; mais il y a trois personnes en Dieu: le Père, le fils et le St Esprit.

R. Oui Maman dit qu'il y a trois personnes en Dieu; mais dans ces la seconde Voi personne le père, le fils et le St Esprit.

D. Le père est il Dieu?

D. Le fils le Voi Dieu?

R. Oui le père est Dieu.

R. Oui le père le bon Dieu

D. Le fils est il Dieu?

R. Le fils de bon Dieu même son...

R. Oui le fils le bon Dieu

R. Oui; le fils le bon Dieu même

D. Le St Esprit est il Dieu?

D. Le St Esprit le bon Dieu même aussi...

R. Oui le St Esprit est Dieu

R. Oui le St Esprit bon Dieu aussi

D. Mais si le père est Dieu, le fils...

D. Dieu le St Esprit est Dieu pour que ce sont personnes en fait le un seul Dieu?

D. Dieu a-t-il un corps?

D. Mais le bon Dieu n'a un corps comme ce vôtre?

R. Non: Dieu n'a pas de corps; c'est un pur esprit; on ne peut ni le voir ni le toucher.

R. Non: Dieu n'a point de corps; le St Esprit ne pouvons nous le voir ni toucher...

D. Dieu voit-il tout?

D. Voici le bon Dieu vous touche tous...

R. Oui: Dieu voit tout, même le tout...

R. Oui: Dieu Dieu bon partout ce même

D. Dieu a-t-il toujours été?

D. Quand le bon Dieu commence quand il fini?

R. Oui Dieu a toujours été et il sera toujours.

R. Non Dieu n'a pas commencer ni fini...

##

D. N'y a-t-il qu'un seul Dieu?

2.12. Les irrégularités du texte manuscrit

Un premier degré de lisibilité technique n'exclut pas des difficultés d'ordre graphique que le linguiste rencontre pour déchiffrer les lettres et identifier les unités proprement grammaticales. Après avoir lu la traduction de Monnet parue dans Maupoint et celle de Goux pour le créole martiniquais, on en a déduit que la lettre placée au début de chaque réponse correspondait à un D, lettre initiale de < Demande > et non pas à la lettre Q comme à l'initiale de < Question >.

Une lecture au ralenti fait ressortir les ratures et irrégularités affectant l'écriture manuelle de Levavasseur. En les examinant de plus près, on constate qu'il s'agit de modifications apportées par le traducteur lui-même à son corpus bilingue. Nous en avons relevé 82 de différents types. Ils correspondent aux traces écrites des relectures auxquelles s'est livré le missionnaire sur son propre travail. Elles témoignent de sa réflexion orthographique et d'une conscience linguistique active qui a permis au traducteur, après avoir hésité, de choisir une graphie créole pour certains mots.

La modification la plus fréquente consistait à renforcer le tracé des lettres. Pour les consonnes, elle affecte < ç > dans < quança > "quand", < h > dans < hec > "est-ce-que", < R > pour l'abréviation de < Réponse >, < b > dans < capabe >, la majuscule dans < Paradis >, < t > au lieu de < c > dans < toussa >, trois fois < t > dans < toute > et une fois dans < ivient >, deux fois < b > dans < ensembe > "et, avec", < c > dans < hacfaire > "pourquoi", < r > dans < arcevoir > "recevoir", < n > dans < divin > "vin". L'auteur a également corrigé son hésitation dans l'orthographe des mots < catéchisme, Ascension >.

Sur le plan technique, la lecture du manuscrit a été d'abord freinée par trois habitudes scripturales du missionnaire : emploi irrégulier des diacritiques sur les voyelles (ex. : père et pere, necessaire et nécessaire, mète et mête), absence de signes de ponctuation en fin de phrase interrogative, tracé relâché de la voyelle < e > en fin de mot précis comme < maître, souffre, sivre, prêtre, montre >. Ces irrégularités sont une limite à l'analyse de la prononciation ou des habitudes articulatoires à partir d'un manuscrit ancien. Elles alourdissent la description des unités grammaticales présentées, aussi bien dans leur forme stable que fluctuante, sans que l'on puisse vraiment dire si le système de la langue était réellement affecté de fluctuations ou si ces dernières résultaient de l'écriture manuelle de Levavasseur.

2.13. La sauvegarde de l'information manuscrite

Pour sauvegarder et rentabiliser les informations contenues dans ce manuscrit, nous avons également procédé à une analyse linguistique assistée par ordinateur en utilisant le logiciel Shoebox (cf. Introduction 23). Cet outil obligeait le linguiste à transformer le corpus manuscrit en corpus informatisé pour constituer une base de données. La saisie des données linguistiques premières entraîne dans une certaine mesure une modification de la forme écrite originale.

La première contrainte était liée à la gestion automatique des caractères typographiques du manuscrit, visualisés dans la ponctuation, l'alphabet, le soulignage manuel des phrases françaises. Cette première modification consistait à convertir les signes et diacritiques segmentant les mots français et créole à l'aide de caractères disponibles sur tout clavier d'ordinateur. Il s'agit du point, de la virgule, du point virgule, des deux points, des points d'interrogation, d'exclamation, des guillemets, des parenthèses. La lettre majuscule et minuscule ainsi que le soulignage du texte créole se gèrent facilement. Ce n'est donc pas le passage aux caractères de la machine qui a posé problème, mais plutôt l'irrégularité dans l'emploi de certains signes, l'absence ou le changement de ponctuation. Or, la mémoire automatique exige le respect des signes choisis selon des principes fixes (un symbole = un sens) pour fonctionner de façon cohérente. Quand les fins de phrase étaient laissées sans ponctuation par le missionnaire, nous nous sommes fondée sur le passage à la ligne suivante ainsi que sur le sens de la phrase pour délimiter la fin du propos.

Pour indiquer le lien grammatical entre les différents constituants de la phrase complexe, nous avons utilisé la barre oblique. On appelle ici phrase complexe celle qui se compose de plus de deux propositions (principale et subordonnée). En l'absence de ponctuation, il était nécessaire de signaler au lecteur non averti les critères syntaxiques selon lesquels nous avons segmenté les unités grammaticales. Nous avons choisi le symbole & pour noter comme Levavasseur l'existence d'unités non formulées dans le texte écrit. Les formes d'autocorrections sont placées entre parenthèses. Nous avons signalé, à l'aide du point d'interrogation, les occurrences dont la lecture restait pour nous incertaine (cf. 2.10). Ce travail a fait ressortir les fonctions assurées par < même >, < là >, < sa > dans les relations grammaticales entre mots et entre phrases.

Une deuxième série de contraintes était d'ordre interne puisque, pour gérer et éditer le corpus bilingue, il a fallu indiquer à la machine laquelle des deux langues serait la langue-source dans laquelle on stockait les unités lexicales et grammaticales et à partir desquelles on dérivait la traduction dans l'autre langue. L'analyse lexicale et grammaticale des deux corpus a mis en évidence deux traits linguistiques majeurs : l'existence dans le corpus français d'un nombre important d'unités lexicales et grammaticales françaises reprises telles quelles dans le corpus créole avant d'être complétées par une explication en créole. Il n'était donc pas possible de stocker des unités du français sans traduction en créole. Le deuxième trait tenait dans l'impossibilité d'une correspondance mot à mot entre les deux langues. À une phrase française peuvent correspondre deux phrases en créole. (ex. : "Dieu a-t-il toujours été ?" < Quança bon Dié la commencé / quansa li va fini ? >).

La solution la plus rentable consistait donc à prendre le corpus créole comme langue-source pour en stocker le lexique et la grammaire en indiquant de manière non automatique, c'est-à-dire à la main, les traductions explicatives ne pouvant faire l'objet d'une gestion automatique. Les conditions de publication retenues pour le présent ouvrage ne permettaient pas de reproduire la totalité du corpus informatisé.

Afin de faciliter la lecture du manuscrit bilingue, nous proposons une édition séparée des corpus créole et français. L'édition respecte pour les deux versions la division en chapitres numérotés par le missionnaire.

La présentation maintient la succession des Demandes et Réponses pour le corpus créole parce que, dans la gestion automatique choisie, elle constituait le texte-source à partir duquel ont été inventoriées et numérotées les références nécessaires à la réalisation de l'analyse grammaticale. Les quelques pages du manuscrit publiées en fac-similé (cf. 2.11) rendent possible une première vérification.

2.14. Corpus français	2.15. Corpus créole

I

2.14. Corpus français

D. Qui vous a crée *(sic)* mis au monde ?

R. C'est Dieu qui m'a crée *(sic)* et mis au monde.
D. Qu'est-ce que Dieu ?

R. Dieu est le createur du ciel et de la terre et le souverain maître de toutes choses.

D. Où est Dieu?
R. Dieu est au ciel, sur la terre en tous lieux.
D. Dieu a-t-il un corps ?

R. Non : Dieu n'a pas de corps; c'est un pur esprit que nous ne pouvons ni voir ni toucher.
D. Dieu voit-il tout ?

R. Oui : Dieu voit tout, connaît tout, jusqu'à nos plus secrètes pensées.
D. Dieu a-t-il toujours été ?

R. Oui Dieu a toujours été et sera toujours.

2.15. Corpus créole

D. Qui la fé à vous / la mète à vous dans le monde ?
R. Bon Dié la fé amouin / la mète amouin dans le monde
D. Qu'ouessa Bon Dié, qu'ouessa li la fé ?
R. Bon dié sac la fé li ciel, la terre / li même grand maître toutes choses / sac nous ivoué ensemble sac nous ivoué pas / limême toujours limaître.
D. Oussa qui riste bon Dié ?
R. Bon Dié lé dans li ciel sur la terre partout
D. hei bon Dié nanan un corps comme de monde ?
R. Non! Dié n'a point licorps, li liprit, ni pé pa voir alli, ni pé pa touche alli.

D. hec bon Dié ivoué toussac sur la terre ensemble sac nous imagine ?
R. Oui : Bon Dié ivoué partout ca / même sac nous imagine.
D. quança bon Dié la commencé / quansa li va fini ?
R. Bon dié n'a pas commencé, ifini pas non pli jamais.

II

D. N'y a-t-il qu'un seul Dieu ?
R. Oui il n'y a qu'un seul Dieu; mais il y a trois personnes en Dieu : Le Père, le fils et le St Esprit.

D. Le père est il Dieu ?
R. Oui, le père est Dieu.
D. Le fils est-il Dieu ?
R. Oui : le fils est Dieu.
D. Le St Esprit - est il Dieu ?
R. Oui : le St Esprit est Dieu.

D. Combien nanan bon Dié
R. Oui : nanan rinquène Dié jamais plisse / mais dans bon Dié là nanan trois personnes li père le fils et le St Esprit.
D. Li père la bon Dié ?
R. oui li père la bon Dié.
D. li fils la bon Dié même sa ?
R. oui : li fils la bon Dié même
D. li St Esprit bon dié même encore ?
R. Oui li St Esprit bon Dié aussi.

D. Mais si le père est Dieu, le fils est Dieu le St Esprit est Dieu pour quoi *(sic)* les trois personnes ne font qu'un seul Dieu?

R. Le père, le fils et le St Esprit ne font qu'un seul Dieu, parce qu'ils n'ont qu'une seule et même divinité et c'est ce qu'on appelle le mystère de la Sainte Trinité.

[D. Peut-on expliquer ce mystère?]

[R. Non. Nous ne pouvons pas expliquer ce mystère. Il nous suffit de le croire][6]

D. Y a-t-il qu'ilqu'une *(sic)* de ces trois personnes de la St Trinité qui soit plus ancienne, plus puissante, plus parfaite que les autres.

R. Non! les trois personnes de la sainte trinité sont égales en toutes choses.

D. mais si le père lé Dié, le fils le Dié le St Esprit le Dié, comment sa vafé inne bon Dié seulement?

R. Tous li trois, le père le fils et le St esprit ifé rinqu ène bon Dié à cause tous litrois ligale pour toute, nanan même esprit – Samême y appele Mystère la Ste Trinité.

D. le monde capable trouve liboûte mistère là

R. non : n'a pas capabe - nous nanan bisoin croire seulement.

D. Dans sa trois personnes là hec nanan inne sac nanan pli d'esprit, li pli vié, l'inne que l'autre?

R. na point / zote trois ligale pour toute même.

III

D. Quelle est la personne de la Sainte trinité qui s'est fait homme?

R. C'est la seconde personne Dieu le fils, qui s'est fait homme.

D. Qu'entendez vous quand vous dites que le fils de Dieu s'est fait homme.

R. J'entends que le fils de Dieu a pris un corps et une âme, semblables aux nôtres, dans le sein de la bienheureuse Vierge Marie, par l'opération miraculeuse du saint Esprit; et c'est ce qu'on appelle le Mystère de l'Incarnation.

D. Le fils de Dieu en se faisant homme a-t-il cessé d'être Dieu?

R. Non le fils de Dieu en se faisant homme n'a pas cessé d'être Dieu; il est Dieu et homme tout ensemble.

D. Comment s'appelle le fils de Dieu fait homme?

R. Le fils de Dieu fait homme s'appelle Jésus-Christ.

D. Quel jour notre Seigneur Jesus christ est-il né?

R. Notre Seigneur Jesus christ est né le jour de Noël?

D. Pourquoi le fils de Dieu a t-il voulu se faire homme?

R. Le fils de Dieu a voulu se faire homme pour nous délivrer du péché et de l'enfer et nous mériter le Paradis.

D. Laquel dans trois personnes sac lafé alli homme?

R. sac la fé alli homme c'est la dézièm personne. Dié le fils.

D. Qu'ouessa vous y comprend quand y dit le fils de Dié la fé alli homme / comment li lafé pour vini homme

R. mouin y comprend, que le fils de Dié la prend incorps, in âme, comme la nôtre même / dans le ventre de la bonne Vierge-marie par la volonté de bon Dié le St insprit.

D. comment y appele sa mystère là / un bon Dié qui lafé alli homme?

R. Sa y appele Mystère L'Incarnation.

D. Le fils de bon dié quand lafé alli homme hec lilaté bon dié et homme en même temps?

R. Oui, le fils bon Dié la té Bon Dié et homme toute ensemble.

D. Comment y appele le fils de Dié quand li lafé alli homme?

R. Le fils de Dié quand la fé alli homme y appele Jesus christ.

D. Qui jour notre Seigneur Jesus christ lé né / lé veni dans le monde?

R. Notre Seigneur Jesus christ lé venu dans le monde (léné) le jour de Noël.

D. hac faire le fils de bon Dié lafé alli homme?

R. le fils de Dié la fé alli homme pour gagne noute grâce pour nous aller dans le Paradis si nous lébon.

---

[6] Le texte français placé entre crochets droits ne figure pas dans le manuscrit.

D. Comment nous a-t-il délivrés du péché et de l'enfer?

R. Il nous a délivré *(sic)* du péché et de l'enfer en versant tout son sang et en mourant sur la croix pour nous; et c'est ce qu'on appelle le mystère de la Rédemption.

D. Comment li la fé pour gagne noute grâce et pour empêche à nous aller dans l'enfer?

R. La gagn noute grâce en mourant si la croix et en versant son sang pour nous.

D. comment y appelle sa mystère la / un bon Dié qui lé mort?

R. sa y appelle Mystère, Racheté ou Rédemption.

IV

D. Etions-nous perdus si Jesus christ *(sic)* ne fut pas mort pour nous?

R. Oui : nous étions perdus à cause du péché d'Adam notre St père.

D. Quel a été le péché d'Adam?

R. Le péché d'Adam a été d'avoir mangé d'un fruit dont Dieu lui avait défendu de manger, pour éprouver son obeissance.

D. Qui porta le premier homme à d'obeir *(sic)* à Dieu.

R. Ce fut le demon qui porta le premier homme à désobeir à Dieu.

D. Tous hommes naissent ils coupables de ce péché?

R. Oui: tous les hommes naissent coupables de ce péché qu'on nomme, pour cette raison, péché Originel.

D. Quel jour notre Seigneur Jésus christ est-il mort sur la croix?

R. Notre Seigneur Jesus christ est mort sur la croix le Vendredi Saint.

D. Quel jour notre Seigneur Jesus christ est-il ressussité *(sic)*?

R. Notre Seigneur Jésus christ est ressussité le jour de Pâques.

D. Quel jour notre Seigneur Jesus christ est-il monté au ciel?

R. Notre Seigneur Jesus christ est monté au ciel le jour de l'ascension.

D. Ne reviendra-t-il pas un jour sur la terre?

R. Oui: notre Seigneur Jesus-christ reviendra sur la terre à la fin du monde pour juger les bons et les mechants

D. Quel *(sic)* sera la récompense des bons?

R. La récompense des bons sera d'etre éternellement avec Dieu dans le Paradis.

D. hec si Jesus christ na pas té mort pour nous, nous n'aura gagne notre grâce pour aller dans Paradis?

R. Oui: Si Jesus christ n'a pas té mort pour nous / nous n'aura pas gagn noute grâce / à cause péché de notre papa 1er monde / père Adam.

D. Qui péché la fé papa Adam?

R. Papa Adam n'a pas voulli accoute bon Dié qui l'empêche alli mange un fruit pour issaye (?) son obéissance son esprit.

D. Quissa la embête le père Adam pour empêche alli accoute bon dié?

R. le Démon par son jaloux l'embête père Adam pour li manque Bon Dié

D. hec tout le monde qui né / nanan péché papa Adam

R. Oui: nous toute ivient avec sa péché là, sa même y appelle péché de 1er père adam ou péché Originel.

D. Qui jour notre Seigneur Jesus christ lé mort sur la croix?

R. Notre Seigneur Jesus christ lé mort le Vendredi Saint, à cause sa même toute chretiens y adorent lacroix ci jour là.

D. Qui jour notre Seigneur Jesus christ lé ressuscité ou la revenu vivant?

R. Notre Seigneur lé resussité *(sic)* (la arvenu vivant) le jour de Paques *(sic)*.

D. Qui jour notre Seigneur la monte au ciel?

R. Notre Seigneur Jesus christ la monte au ciel le jour de l'Ascension

D. hec li va revenir encore un autre jour sur la terre?

R. Oui: li va vini injour pour jige sac lébon et sac lémauvais.

D. Qui bonheur va gagne sac les bons ?

R. Sac lébon sera toujours bien heureux Dans Paradis avec le Bon Dié

D. Quel *(sic)* sera la punition des méchans *(sic)*?

R. La punition des méchans *(sic)* sera d'être éternellement malheureux avec les demons dans l'enfer.

D. Où sont contenus les verités *(sic)* que nous venons de voir?

R. Les vérités que nous venons de voir sont contenues dans le Symbôle *(sic)* des apôtres.

D. Recitez le Symbôle (sic) des apotres *(sic)*?

R. Je crois en Dieu &.

D. Qui malheur va rivé pour sac laté mauvais

R. Sac lété mauvais va sava avec le Diable pour souffri dans l'enfer sans jamais arrêter

D. Comment nous y connaît toussa que nous ivient de dire là?

R. Nous y connaît toussa là à cause 1rs Pretres qui la trouvent Jesus christ qui la content à nous comment Jesus christ limême la parle à zôte, pour zote croire sac le necessaire, samême y appelle Symbôle des apôtres.

D. Dis va comment les apôtres la parlé

R. mouin y croire en un seul Dié &

V

D. Suffit-il de croire pour être sauvé?

R. non, il ne suffit pas de croire pour être sauvé, il faut encore éviter le péché, pratiquer la vertu, obeir à Dieu et à l'Eglise.

D. Qu'est-ce que le Péché?

R. le péché est une désobeissance à loi *(sic)* de Dieu.

D. Qu'est-ce que le péché mortel?

R. le péché mortel est celui qui nous fait perdre l'amitié de Dieu et nous fait meriter *(sic)* l'enfer.

D. Qu'est-ce que le péché veniel *(sic)*?

R. Le péché veniel *(sic)* est celui qui diminue en nous l'amour de Dieu et nous dispose au péché Mortel.

D. faut-il beaucoup de péchés mortels pour être damné?

R. Non : il ne faut qu'un seul péché mortel pour être damné.

D. hec pour gagne Paradis assez croire sans faire sac y faut faire

R. Non il faut que nous lé bon, que nous i fé pas péché et que nous isivre la loi bon Dié et laloi l'église.

D. qu'ouessa fé péché?

R. fé péché quand nous isivre pas la loi de bon Dié et les commandants de l'Eglise

D. qu'ouessa un péché mortel ou gros péché?

R. impéché mortel sac iffé que bon dié y n'aime pi anous ditout et qui fé aller à nous dans l'enfer.

D. Qu'ouessa un péché veniel ou petit péché?

R. Li péché Veniel ou petit péché sa sac ifé accoutume à nous fait péché jusqu'a tant que ifé gros péché mortel.

D. hec iffo beaucoup péché mortel pour perdre noute place dans li ciel?

R. non iffo inne sormant pour fait perdre noute place dans li ciel.

VI

D. Quelles sont les vertus qu'il faut avoir pour être sauvé?

R. Pour être sauvé il faut avoir la foi, l'esperance *(sic)* et la charité.

D. qu'est-ce avoir la foi?

R. avoir la foi, c'est croire tout ce que l'Eglise croit parceque *(sic)* c'est Dieu qui l'a enseigné.

D. Qui bon qualité iffo que nous nanan pour aller ensemble bon dié dans le ciel?

R. Pour nous aller ensemble bon dié iffo que nous nanan lafoi, l'Esperance et la charité.

D. qu'ouessa ivé dire avoir la foi?

R. avoir la foi ivé dire que nous icroire toussa que l'eglise idit parceque bon dié même qui la dit à nous, iffo croire

D. faites un acte de foi.

R. Mon Dieu je crois fermement tout ce que croit et enseigne l'Eglise parce que c'est vous qui l'avez dit.

D. Qu'est-ce que avoir l'Espérance?

R. Avoir l'Esperance *(sic)* c'est mettre en Dieu toute sa confiance et attendre de lui la vie éternelle et les graces *(sic)* pour y arriver, parceque *(sic)* Dieu l'a promis.

D. Faites un acte d'Espérance.

R. Mon Dieu j'espère avec une ferme confiance que vous me donnerez, par les merites *(sic)* de Jesus-Christ, votre grâce en cette vie et si j'observe vos commands *(sic)* votre gloire en l'autre parceque *(sic)* vous l'avez promis.

D. Qu'est-ce que avoir la charité?

R. avoir la charité c'est aimer Dieu par dessus toutes choses et le prochain comme soi-même pour l'amour de Dieu.

D. Faites un acte de charité?

R. Mon Dieu je vous aime de tout mon cœur et par dessus toutes choses parceque vous êtes infiniment bon et infiniment aimable, et j'aime mon prochain comme moi-même pour l'amour de vous.

D. Dis va que vous nanan la foi.

R. mon dié mouin icroire toussac l'Eglise idit imontre à nous / à cause vous même la voulli que nous icroire.

D. Qu'ouessa avoir l'Esperance?

R. avoir l'Espérance ivé dire que bondié lé bon, nous idoué pas la peur alli à cause limême la dit li va donne à nous sac nous nanan bisoin pour gagne noute bonheur dans le ciel.

D. Di va que vous nanan l'espérance ^bon dié

R. Mon dié mouin aspère avec grand confiance par les mirites de Jesus christ, vous va donne nous voute grâce sur la terre pour bien vivre et si moin isivre voutes commandements mon bonheur dans le ciel ensemble vous / vous même la promis à nous sa.

D. Qu'ouessa avoir la charité?

R. avoir la charité ivé dire que nous idoit aime le bon dié plus que toute et que nous i doit aime aussi tout le monde, comme nous aime nous même.

D. dis va que vous ossi vous nanan la charité?

R. Mon dié mouin y aime à vous plus que toute à cause n'a point rien que li plus bon que vous, mouin y aime aussi tout le monde comme mouin même pour l'amour de vous.

VII

D. Comment pouvons connaître si nous aimons Dieu par dessus toutes choses et le prochain comme nous-mêmes.

R. nous connaissons que nous aimons Dieu par dessus toutes choses et le prochain comme nous-mêmes lorsque nous observons les commdt *(sic)* de Dieu et de l'Eglise.

D. l'Eglise à *(sic)* t-elle le pouv *(sic)* de faire des commandements?

R. Oui : L'Eglise a reçu de Jesus-christ le pouvoir de faire des commandements et nous sommes obligés d'obeir à l'Eglise comme à Jésus-christ lui-même.

D. Qu'est-ce que l'Eglise?

R. l'Eglise est la Société que Jesus christ est venu établir sur la terre, et qui a pour chef visible le pape son vicaire.

D. Récitez les commandements de Dieu et de L'Eglise?

R. Un seul Dieu &.

D. Comment nous iconné quand nous y aime bien le bon dié et tous les zotes monde comme nous y aime à nous mêmes

R. nous iconné nous aime bien le bon dié et les zotes monde quand nous isivre conmandements de bon dié ensemble condements de l'Eglise.

D. hec léglise nannan le droit fait commandements

R. Oui : l'église nanan lidroit fait commandements Jesus christ qui la donne permission et nous idoué accoute l'église comme nous y accoute bon dié même

D. Qu'ouessa l'Eglise?

R. L'Eglise sa ivé dire (tous les pretres) toutes les chrestiens ensemble li grand chef de toute y appelle le pape.

D. combien nanan commandement de bon dié où va toutes.

R. nanan dix commandements de bon dié; Un bon dié tout seul vous va servi et vous va aime bien &c.

VIII

D. Pouvons nous par nos propres forces éviter le péché et obeir à Dieu et à l'Eglise?

R. non: nous avons besoin pour éviter le péché et obeir à Dieu et à l'Eglise de la grâce et du secours de Dieu.

D. Par quels moyens Dieu nous donne-t-il ordinairement sa grâce?

R. Dieu nous donne ordinairement sa grâce par le moyen de la prière et des sacrements.

D. Qu'est-ce que la prière?

R. La prière est une élévation de notre âme vers Dieu pour lui rendre nos devoirs et lui demander les secours dont nous avons besoin.

D. Quelle est la plus excellente des prières?

R. La plus excellente des prières est l'oraison dominicale.

D. Récitez l'oraison dominicale?

R. Notre Père &c.

D. Est-il permis d'adresser des prières à la Sainte-vierge et aux saints qui sont dans le ciel?

R. Oui: c'est une pratique très sainte et très utile d'adresser des prières à la Sainte-Vierge et aux saint *(sic)* qui sont dans le ciel.

D. Quelle est la prière qu'on a coutume d'adresser à la Sainte Vierge?

R. La salutation angelique.

D. Recitez la Salutation Angélique.

R. Je vous salue marie &.

D. hec nous li capabe par nous même Fais pas la faute / sivre commandt de Bon dié & de l'Eglise?

R. nous n'a pas capabe / iffo que bon dié idonne à nous la main pour nous bien magine alli pour pas faire sac lé mal.

D. qui manière nous và fé pour que bon Dié va donne la manière fait sac libien?

R. Dié idonne à nous son grâce quand nous y prière alli et quand nous y sava dit (recevoir les sacrements) toussa ~~nous la fé de mal ensembe~~ son prêtre. &c.

D. qu'ouessa fé la prière?

R. La prière la, sa quand nous imagine bien bon Dié et que dans noute siprit (?) et par noute bouche nous y demande (?) alli sac nous nanan bisoin

D. a quel la mielleur prière de toutes

R. Dans toute la prière / sac lé pliss bon, Notre père &c.

D. dis-toute notre père ?

R. notre père &&&

D. hec nous ipé (~ peut *raturé*?) faire la prière à la bonne Vierge et aux bons mondes qui lé mort ?

R. oui : sa lé bon même / fait la prière à bonne vierge et aux bons monde (?) qui lé ensembe bon Dié, bondié iaccoute à zote toutes mieux que nous.

D. Qui prière le monde la coutimé fé pour la vierge ?

D. Dis-va la prière la vierge

R. bon jour bonne vierge marie &c.

IX

D. Qu'est-ce qu'un Sacrement?

R. Un sacrement est un signe sensible de la grâce, institué par notre Seigneur Jesus-christ *(sic)* pour nous sanctifier.

D. Combien il y a t-il de Sacrement?

R. R. Il y a sept Sacremens *(sic)*: Le Baptême, La confirmation, la pénitence, l'Eucharistie, l'extrême onction, l'ordre et le mariage.

D. Qu'est-ce que le Baptême?

R. Le Baptême est un sacrement qui efface le péché originel et tous les autres péchés dont on serait coupable et nous fait chrétiens, enfans Dieu *(sic)* et de L'Eglise.

D. Qu'ouessa un Sacrément?

R. Un Sacrément sa un chose que nous vive / que Jesus-christ lafé exprément pour aide à nous pour nous venir bon.

D. Combien nanan Sacrément?

R. le Baptême &

D. qu'ouessa Le Baptême ou Baptisé?

R. Baptême ou Baptisé / sa un sacrement qui tire toutes noutes péchés que nous nanan / pour fait à nous enfans de bon Dieu enfant l'Eglise.

D. Le Baptême est-il nécessaire pour etre sauvé?

R. Oui : le Baptême est necessaire pour être sauvé.

D. Toute personne peut-elle baptiser?

R. Oui : toute personne peut Baptiser en cas de nécessité?

D. Comment faut il faire pour Baptiser?

R. Pour Baptiser, il faut verser de l'eau naturelle sur la tête de la personne qu'on Baptise, en disant je te Baptise au nom du père et du fils & du St Esprit.

D. Qu'est-ce que la confirmation.

R. La confirmation est un sacrement qui nous donne le St Esprit avec l'abondance de ses grâces, pour nous rendre parfaits chrestiens.

D. hec Baptisé la grand nécessaire pour aller ensembe bon dié?

R. Oui : Baptisé là lébien nécessaire même

D. hec tout le monde ipeut Baptisé l'un à l'autre?

R. Oui tout le monde ipé Baptiser quand lé grand nécessaire.

D. Comment iffé pour Baptiser?

R. Pour Baptiser / y prend bon dileau / ivide sur la tête / après idit / mouin iBaptise à vous / pour bon dié le père, pour bon dié le fils pour Bon dié le St Esprit.

D. Qu'ouessa la confirmation

R. La confirmation un sacrement qui mête dans nou(te) (t̶ê̶t̶e̶) le bon esprit de Bon Dié pour nous vini (e̶n̶c̶o̶r̶e̶ p̶l̶u̶s̶) bien bon chretiens

X

D. Qu'est ce que la penitence *(sic)*?

R. La penitence est un sacrement qui remet le péché commis après le Baptème *(sic)*.

D. Que faut-il faire pour obtenir le pardon de ses péchés dans le Sacrement de penitence ?

R. Pour obtenir le pardon de ses péchés dans le Sacrement de penitence, il faut: avoir une grande douleur de ses péchés et être bien résolu de ne plus les commettre; les confesser tous sans en cacher aucun; faire la penitence qui est imposée et recevoir l'absolution.

D. Si on cachait quelques péchés la confession serait-elle bonne?

R. Non: Si on cachait volontairement un seul péché mortel la confession serait nulle et sacrilège.

D. Que faut il faire pendant que le prêtre donne l'absolution?

R. Pendant que le prêtre donne l'absolution il faut renoulever *(sic)* la douleur de ses péchés, en faisant de tout son cœur un acte de contrition.

D. Faites un acte de contrition.

R. Mon Dieu j'ai un grand regret &c.

D. Qu'ouessa là penitence / hac faire aller confesse

R. la Penitence / aller confesse, insacrement qui tire toutes péchés sac nous là fé / quand nous là fini Baptiser

D. Qu'ouessa iffaut faire pour gagne grâces pour toute noute pechés

R. Iffaut / pour gagner pardon noute faute, que nous nanan chagrin dans le cœur pour sac nous laffé de mal. Iffaut demander grâce bon dié / promet alli mon ifferappi / aller confesse, accoute bien sac prêtre va dit à nous faire / pour nous fé et gagne le pardon avecle prêtre.

D. Si nous y cassiette un péché par esprès hec nous va gagne grâce avec Bon Dié?

R. Non: contraire / si nous y cassiette un Sacrement / nous va faire un pli grand faute que toutes ensembs

D. Qu'ouessa iffaut faire pandant [*surcharge de* pardon] que prêtre y après pardonne à nous

R. Quand prêtre y après pardonne à nous / iffaut que nous y magine bien le bon dié pour demande alli grâce avic grand douleur dans le cœur pour toutes noute fautes.

D. fé va un prière pour Dire vous nanan grand chagrin à cause voute péchés et que vous ifféra pli (~ pi)

R. Mon Dié moin lé bien chagrin pour toutes péchés que moin laffé, moin va faire sac moin y pourra avec votre sicours pour fait pli péché.

XI

D. Qu'est-ce que l'Eucharistie?
R. l'eucharistie est un sacrement qui contient reellement *(sic)* le corps le sang l'âme et la divinité de notre Seigneur Jesus christ, sous les apparences du pain & du vin.

D. qu'entendez vous par les apparences du pain et du vin?
R. Par les apparences du pain et du vin j'entends la couleur, la figure et le goût du pain & du vin.

D. N'y a t-il plus de pain ni de vin dans l'Eucharistie?
R. Non: Il n'y a plus de pain ni de vin dans l'Eucharistie: le pain et le vin sont changés en corps et en sang de notre Seigneur Jesus-christ.

D. Pourquoi Jesus christ a institué l'eucharistie?
R. Notre Seigneur Jesus christ a institué l'Eucharistie pour être la nourriture de nos âmes par la communion, et pour continuer à la Ste messe le sacrifice qu'il a offert pour nos péchés sur la Croix.

D. Qu'est-ce que communier?
R. Communier, c'est recevoir le corps le sang l'âme & la divinité de notre Seigneur Jesus christ, sous les apparences du pain & du vin.
D. Quelles sont les dispositions necessaires pour communier?
R. Pour communier, il faut être en état de grâce et à jeûn depuis minuit.

D. Quel péché commettrait celui qui communierait en état de péché mortel?
R. Celui qui communierait en état de péché mortel ferait un horrible sacrilège.

D. Qu'est-ce que la messe?

D. Qu'ouessa l'Eucharistie ?
R. L'Eucharistie un sacrement qui nannan tout de bon même / li corps li sang l'âme et ligrand Siprit (liprit?) de noute Seigneur Jesus christ cassiette dans Dipain et dans divin (sous les apparences du pain et du vin).
D. Qu'ouessa iveut dire cassiette dans Dipain & dans Divin?
R. mouin y dit / ca même nous y voué Dipain ensemble Divin Sa empêche pas BonDié par son grand Siprit la té sa son corps (~~sambe dans dipain la~~ / ~~ensemble dans divin~~) / sa même y nourri noute bon siprit ou notre âme
D. Hec dans l' Eucharistie là / dipain avec divin même / sac nous yvoué là?
R. Non: infoi que Prêtre la parlé dans la messe comme Jesus christ la montre à zôte / dipaïn ensemble divin la vini Tout de bon même / li corps li sang l'âme et le grand siprit de Jesus christ.
D. hac faire bon dié la fait sacrement l'Eucharistie?
R. Jesus christ notre Seigneur la fait l'Eucharistie pour tienbo noute ^bon Siprit / pour fé profite noute raison ^par ^la ^communion ~~comme manger y fait profite~~ noute corps; après sa / pour tous li jour quand y dit la messe ~~Bon dié~~ ^nous y ^rappelle sac Jesus christ (~~fait~~) comme homme la souffri pour noute pechés.
D. Qu'ouessa ivé dire communion?
R. Communion y vé dire aller arcevoir li corps, li sang, l'âme & la divinité ou grand Siprit de bon Dié qui lé cass(*illisible*)
D. Comment yfaut que illé pour nous arcevoir le Bon dié quand pour comminer?
R. Quand nous y sava pour arcevoir le bon dié / iffo que nous la fini dit toute noute péchés avec prêtre, que na point rien qui gêne noute cœur / après sa / que nous (~~y~~) ^la ^pâs ^mangé arrien dipi minuit jusqu'atemps nous lafini arcevoir le bon Dié.
D. Qui péché va fé sac iva arcevoir le Bon dié avec grand faute dans le cœur?
R. Sac isava arecevoir le bon dié avec un grand pêché dans le cœur / sa un grand malheur même / vaut mieux na pas fé rien, son faute pli fort encore.
D. Qu'ouessa la messe?

R. La messe est un sacrifice dans lequel Jesus christ s'offre à Dieu son père, comme victime pour nous, par le ministère des prètres, pour représenter et continuer le sacrifice qu'il a offert sur la croix?

D. Le sacrifice de la messe est il le même que celui que Jesus-christ a offert sur la croix?

R. Oui: le sacrifice de la messe est le même que celui de la croix: il ne diffère qu'en ce que Jesus christ est mort sur la croix, tandis que sur l'autel il ne meurt plus.

R. La messe / Jesus christ la fait sa / pour demande noute grâce tous li jour et pour fait voir bon dié sac li la souffre pour nous sur la croix à cause noute péchés.

D. hec la messe légal comme quand Jesus christ la demande noute grâce quand li lémort sur croix?

R. Oui: la messe légal même / comme quand li demande noute grâce pendant Jesus christ lété sur la croix. Seulement (Soulement?) à la messe li mort pas comme li lé mort si la croix

XII

D. Qu'est-ce que l'extrême onction?

R. L'Extrême onction est un sacrement établi pour le soulagement spirituel et corporel des malades.

D. Qu'est-ce que l'ordre?

R. L'ordre est un sacrement qui donne le pouvoir de faire les fonctions ecclesiastique *(sic)* et la grâce pour les exercer saintement.

D. Qu'est-ce que mariage?

R. Le mariage est un sacrement qui donne à ceux qui se marient la grâce de vivre ensemble chrétiennement et d'élever les enfants dans la crainte de Dieu.

D. Qu'ouessa l'extrême onction?

R. L'extreme-onction / un sacrement que Bon dié lafé(ait) pour soulage l'espri & li corps du monde sac lé malade.

D. Qu'ouessa l'ordre?

R. L'ordre / un sacrement qui donne le droit fait le métier de prêtre avec le secours de bon Dié pour bien faire son divoir.

D. Qu'ouessa mariage

R. Mariage / un sacrement qui fait / pour demande bon dié / pour bien vivre tranquille ansemble et pour gagne le secours de bon dié / pour montre le bon esprit aux enfants.

2.16. Analyse grammaticale du corpus créole

Sur le plan méthodologique, ce chapitre tente d'établir la liste des unités et classes grammaticales en décrivant leur fonctionnement en stricte synchronie, c'est-à-dire selon les règles réellement attestées dans le corpus.

L'analyse plus complexe de la phrase et des relations entre mots et phrases dépasse le cadre premier de l'inventaire des classes d'unités. C'est pour cette raison que nous l'avons gardée pour la troisième partie de l'étude.

Quand l'explication grammaticale à l'aide des seules données du corpus créole de Bourbon s'avère impossible parce que lacunaire, la description linguistique aura recours à la comparaison avec les traits déjà identifiés en créole réunionnais actuel pour essayer de démêler les cas confus ou ambigus.

Notre description détaillée a recherché dans le corpus créole ce que l'on peut saisir des règles phonologiques et syntaxiques que le traducteur a utilisées à partir de sa compétence linguistique. L'analyse phonologique ou celle de la prononciation se définit comme l'étude des consonnes et des voyelles spécifiques au système de ce corpus. On présentera le système verbal, c'est-à-dire le noyau verbal et ses modalités, puis les différentes classes grammati-

cales (le verbe, le nom et les indicateurs nominaux, pronoms, les prépositions, les adjectifs, les adverbes). Nous indiquerons pour chaque unité phonologique et syntaxique ses caractéristiques morphologiques ou celles qui
touchent à la variation de la forme du signifiant.

La constitution du lexique a rencontré la question du traitement automatique des locutions figées et de l'existence d'un nombre important d'items
restés en français dans un texte créole conçu pour une pratique orale de la
catéchisation. En présence de ce genre de texte bilingue, l'analyse des procédés de traduction s'imposait. Toutefois, elle dépassait l'analyse intrinsèque et
autonome du corpus créole, trouvant sa place dans une approche contrastive des langues en présence. Les strates linguistiques impliquées dans ce
genre d'investigation ont nécessairement conduit à une étude dynamique des
corpus attestés. Ce point sera abordé en troisième partie.

2.17. La reconstruction phonologique
à partir d'un manuscrit ancien

La méthode que l'on peut adopter pour le traitement linguistique d'un
manuscrit datant de 1844 n'est pas directement comparable à celle que l'on
applique pour décrire en synchronie la phonologie du créole réunionnais
moderne (1900-1997), dans sa tradition orale. Dans ce dernier cas, on avait
commencé par transcrire et noter de façon très serrée les enregistrements
oraux collectés sur le terrain[7]. On s'est servi aussi longtemps que possible
des signes de l'Alphabet Phonétique International, des symboles déjà propo-
sés par les dialectologues et créolistes du terrain[8]. Pour visualiser les autres
spécificités phoniques attestées dans la diversité des usages, on n'a pas hésité à recourir à d'autres caractères typographiques disponibles sur certains
logiciels de traitement de texte[9].

Face à un manuscrit ancien, le linguiste se demande d'abord en quoi les
témoignages graphiques permettent une interprétation phonologique[10]. Il
suit la correspondance entre graphie et phonie, écriture et prononciation.
Cette question de linguistique générale a déjà été posée pour la description
phonologique du français[11] à la fin du XVIIe siècle[12] et pour le gallo à la fin
du XIXe siècle[13]. Elle se retrouve de façon particulière dans l'analyse de ce
manuscrit, car le travail du phonologue est tributaire de la façon dont le traducteur a noté ce qu'il entendait ou voulait écrire de ce créole parlé. Il est
utile de rechercher la valeur que l'auteur a accordée aux lettres et diacritiques empruntés à l'alphabet français.

---

[7] STAUDACHER-VALLIAMEE G., 1989a.

[8] CARAYOL M., 1977.

[9] STAUDACHER-VALLIAMEE G., 1989b, — 1990, — 1991a.

[10] WALTER H., 1991.

[11] MARTINET A., 1989, pp. 30-42.

[12] COHEN M., *Le français en 1700 d'après le témoignage de Gile Vaudelin*, Bibliothèque de l'École des
Hautes Études, fasc. 289, Paris, 1946.

[13] WALTER H., 1989.

2.18. Écriture alphabétique et prononciation du créole

L'auteur s'est servi des lettres de l'alphabet français composé de six voyelles orales, complétées par des signes diacritiques que sont les accents aigu, grave, circonflexe. L'identification de l'accent circonflexe semble claire dans < âme, liboûte, rinqu êne >. Cependant, le scripteur n'a pas fait preuve de régularité dans l'écriture de ces mots puisqu'on inventorie aussi < rinquène, samème, iconné >. Notre lecture a noté par ailleurs un signe au contour graphique plus flou, placé au-dessus des voyelles < a, e, o >. On pouvait se demander s'il correspondait davantage à l'accent grave qu'à l'accent circonflexe. Nous avons opté pour la seconde solution < embête, gêne >. L'écriture des consonnes s'est faite à l'aide de dix-neuf signes < b, c, d, f, g, h, j, k, l, m, n, p, q, r, s, t, v, x, z >. La lettre < w > n'a pas été utilisée, alors que < j, x > sont attestés. On identifie également un certain nombre de consonnes graphiques doubles à l'intérieur de mots < cc, pp, bb, ff, ss, tt, ll, nn > et une utilisation du tréma au-dessus du < i > dans < dipaïn > "pain". Levavasseur n'a laissé aucune indication sur le lien qu'il a voulu marquer entre le son et la lettre en traduisant son corpus. Aussi, pour passer d'une graphie codifiée à l'aide de l'alphabet français vers la phonie créole, le phonologue procède de manière inductive et déductive en se servant de ce qu'il sait déjà du système phonologique créole actuel, tout en comparant le manuscrit français de Bourbon avec la version créole adjacente. Pour rester logique, la recherche de règles d'écriture alphabétique devait également identifier les exceptions, lacunes et incohérences dans l'emploi des signes graphiques. On ne sait pas quelle fonction Levavasseur a accordée à l'apostrophe dans le mot créole (ex.: < l'Ascension >).

Les difficultés rencontrées dans l'identification des voyelles et des consonnes du corpus sont dues aux irrégularités et obscurités observées dans l'écriture (cf. 2.12). L'auteur n'a pas toujours soigné, par exemple, la différence d'écriture entre < e > et < i > pour l'indicateur nominal défini (ex.: < li père, le fils, li >) alors que l'on distingue entre les deux voyelles en syllabe initiale de mots comme < espère > "j'espère" < imagine > "pense".

Pour l'indicateur nominal < la >, l'auteur hésite entre la forme figée < lafoi > et la forme discontinue < la foi >. On observe que l'article indéfini peut être attaché au nom (ex.: < incorps >) ou séparé (< in âmc >).

En règle générale, les lettres et groupes de lettres < -r, -m, -gne, -te, -tre, -nde, -ble > attestent une écriture relâchée, donc plus difficile à identifier en finale de mot comme en finale de phrase. L'examen attentif des mots en [y], [i] [o] et [u] révèle une graphie fluctuante (ex.: < si la croix, sur la croix > "sur la croix", < noute grâce, nout grâce, notre grâce > "notre grâce"). L'analyse phonologique proprement dite commencera par inventorier les mots dans lesquels les voyelles et les consonnes attestent une forme stable; on traitera dans un chapitre à part de la fluctuation ou de l'hésitation entre deux formes écrites du signifiant. La distribution des phonèmes dans les mots sera étudiée dans le chapitre consacré au rapprochement morphologique des deux langues en présence.

2.19. Méthode et conventions de présentation des phonèmes

Une méthode d'investigation fonctionnelle se doit de rappeler que l'étude de la prononciation est tributaire de l'écriture du traducteur. Par définition, un manuscrit ne permet pas de vérifier la valeur phonétique des lettres utilisées pour écrire les sons en usage à l'époque. Le caractère fermé du corpus religieux explique aussi pourquoi le phonologue n'est pas sûr d'y trouver des paires minimales parfaites pour la totalité des consonnes et des voyelles dans les trois positions. Malgré ces difficultés, notre travail a tenté de voir s'il était possible d'identifier des phonèmes, d'en présenter les pertinences à l'intérieur de tableaux. Quand les paires minimales étaient imparfaites, mais que les positions étaient les mêmes, on pouvait considérer que les différences de contexte ne pouvaient pas être tenues pour responsables de la différence d'aperture qui distingue / a / de / e / par exemple[14].

Les oppositions vocaliques et consonantiques sont regroupées sur la base de leurs traits pertinents à l'intérieur d'un tableau vocalique et consonantique où les phonèmes rares sont placés entre parenthèses (y), (ñ) tandis que les variantes combinatoires et libres sont indiquées entre crochets [j], [r, ʀ]. Notre étude formule l'hypothèse qu'il existait dans ce créole une voyelle centrale < e > / ə / qu'elle note à l'aide des deux points au-dessus de la voyelle / ë /. Les occurrences attestées plaident également en faveur d'une opposition entre une voyelle antérieure / a / et une voyelle postérieure / ɑ /, notée par l'accent circonflexe / â /. L'écriture de la nasale apicale / n / en finale absolue indique une réalisation longue que nous signalons en plaçant l'apostrophe en haut de la consonne nasale [n']; ʃ et ʒ correspondent aux chuintantes sourde et sonore. Le tilde marque la nasalité / ã /.

2.20. Tableau 1 – Les voyelles orales et nasales

8 VOYELLES ORALES				3 VOYELLES NASALES	
i	(y)	u		ẽ	õ
e	(ə) (ø œ)	o			
a	ɑ			ã	

2.21. Tableau 2 – Les consonnes orales et nasales

Finale absolue: 17 CONSONNES

p	f	t	s	ʃ	k
b	v	d	z	ʒ	g
m		n [n']		(ɲ)	
				l [r, ʀ]	

---

14 WALTER H., 1991.

Non finale: 17 CONSONNES

p	f	t	s	ʃ		k
b	v	d	z	ʒ		g
m		n		(ɲ)		

l [r, ʀ]

2.22. Comment lire ces tableaux phonologiques ?

Le système des voyelles regroupe huit voyelles orales: / i, (y), u, [e, ɛ], ə, [o], a, ɑ / et trois voyelles nasales / ã, ẽ, õ /.

Le système consonantique se compose en toute vraisemblance de quinze consonnes orales / p, f, t, s, ʃ, k, b, v, d, z, ʒ, g, l, ʀ / et de deux consonnes nasales attestées dans les trois positions / m, n / alors que (n', ɲ) présentent une distribution lacunaire. Notre description se contentera de poser le problème des consonnes doubles sans conclure à leur existence phonologique réelle. Les mots créoles apparaissent entre flèches < âme > tandis que la traduction française est placée entre guillemets "âme". Pour ne pas confondre analyse phonologique et morphologique, on mentionnera ici les oppositions vocaliques fluctuantes ou instables. Nous étudierons dans une étape ultérieure la distribution des phonèmes dans l'étymon (ex. < esprit, siprit, liprit, linsprit > "l'esprit", < divoir > "devoir") en comparant les mots créoles et français du manuscrit. Cette approche supplémentaire contribuera à cerner les différences entre les deux systèmes.

Les graphies ambiguës et/ou difficiles à déchiffrer sont assez rares. Elles ont été évoquées avec la question de la lisibilité du manuscrit (cf. 2.10). Nous constatons que tous les traits phonologiques identifiés dans le système de ce corpus sont assez proches du système français. Il existe au moins deux explications possibles à cette similitude. La première serait imputable à l'attitude conservatrice du missionnaire, qui n'aurait pas osé reproduire dans une écriture religieuse la prononciation en usage, par exemple, dans le créole commun et les variétés régionales notées par V. Focard (cf. 2.17). La deuxième explication serait dictée par la situation linguistique du traducteur lui-même, qui reproduirait ici son propre système phonologique influencé par celui du français que le missionnaire pratiquait également. Les données collectées ne nous permettent pas de trancher sur ce point d'évaluation.

2.23. Pour une opposition / a / ~ / ɑ /

La présence des mots < âme > "âme", < grâce > "grâce" nous a amenée à vérifier l'existence dans le corpus d'une voyelle de grande aperture [ɑ] différente de la voyelle antérieure [a]. Cette vérification était d'autant plus justifiée que le mot français "Pâques" s'écrivait dans le corpus créole < Paques >. On pouvait se demander si le scripteur avait cherché un signe différent pour noter une opposition entre une voyelle antérieure / a / et une voyelle postérieure / ɑ / en non finale (ex. < place > "place" ~ < grâce > "grâce"). À l'initiale absolue, on relève < âme > "âme", en face de < aquel > "laquelle". Ces exemples permettent de supposer une opposition entre deux habitudes articulatoires distinctes. On distingue < la > "marqueur de l'accompli" de < là > "là", adverbe de lieu. La différence d'écriture dans le dernier exemple peut être attribuée à une influence de la graphie française plus qu'à une distinction entre deux phonèmes vocaliques. Les occurrences de / ɑ / sont limitées dans le corpus aux mots cités, alors qu'à l'initiale absolue, les mots en / a / sont plus nombreux : < à, à cause, àzote, accoute, accoutume, Adam, adorent, afaire, aller, alli, amouin, apôtres, après, aspère, avec, avoir, avous >. Dans les autres positions, / a / est attestée dans les mots suivants : < hac faire > "pourquoi", < chagrin > "triste", < papa > "père", < légal > "semblable", < place > "place", < malade > "malade", < malheur > "malheur", < oussa > "où", < va > "futur ", < pas > "pas".

Devant la consonne [r], seule la graphie < a > apparaît dans < arcevoir > "recevoir", < arrien > "rien", < mariage > "mariage", < par > "par", < pardonne > "pardonner", < parlé > "réprimander", < partout > "partout". Aucun signe graphique ne précise la valeur articulatoire de la voyelle < a > devant < r >. Ce que l'on sait toutefois du créole réunionnais actuel où < a > se réalise [ɑ] devant [r] permet de supposer l'existence d'une opposition de timbre entre les deux voyelles / a / ~ / ɑ /. On voit mal en effet comment les étymons français comme < **re**cevoir > "arcevoir" et < **r**ien > "arrien" ont pu changer en créole de Bourbon sans une modification du timbre vocalique. Même si le scripteur n'a pas utilisé l'accent circonflexe, on devrait envisager une opposition entre les deux voyelles de grande aperture.

Devant consonne nasale, le trait de nasalité est neutralisé au profit de la voyelle orale : < manière > "manière", < jamais > "jamais". Devant consonne nasale palatale, seule la voyelle orale est attestée dans < gagne > "obtenir". Devant consonne orale, le trait de nasalité est maintenu dans le mot < manque > "trompé".

2.24. Les voyelles antérieures / [e ε] /, / [ø œ] /

Ces voyelles s'écrivent < é > dans < démon > "démon", < è > dans < baptème > "baptême", < ê > dans "prêtre", < ai > dans < aime > "aime", < aide > "aide", < er > dans < métier > "métier". À la finale absolue, les graphies < è, ai, ê > ne sont jamais utilisées.

Il existe en réunionnais actuel une voyelle antérieure non arrondie /[e ε]/ se réalisant sous forme de deux variantes combinatoires, soit /[e]/ en syllabe ouverte comme dans < église > "église", < obéissance > "obéissance", alors qu'en syllabe fermée, elle se réalise /[ε]/ comme dans < perde > "perdre". Nous avons donc vérifié si la dynamique était la même dans le corpus de 1844. En syllabe ouverte, la variante fermée /[e]/ était notée à l'aide de l'accent aigu dans < dézièm > "deuxième", < continié > "continuait", < éné > "né", < illé > "être". La variante plus ouverte /[ε]/ est notée en syllabe fermée < e > dans < personne > "personne", < vierge > "vierge" et

< è > dans < prière > "prier", < mète > "mis", < embète > "trompé", < empèche > "empêche". On peut donc conclure à l'existence dans le corpus du phonème vocalique / [e ɛ] /.

En finale couverte, le corpus contient des mots en [œ] < peur > "peur", distinct de / [ɛ] /, mais uniquement devant / r /: < peur > "peur" ~ < faire > "faire", < bonheur > "bonheur" ~ < manière > "manière", < malheur > "malheur" ~ < mystère > "mystère". On doit considérer qu'il existe une op-position / e / ~ / œ / uniquement en finale couverte devant / r /. Nous n'avons pas retenu dans l'analyse phonologique le mot "cœur" dont la graphie est la même en français et en créole; le scripteur utilise un signe qui lui est parti-culier où le *e* est inclus dans le *o*.

On relève par ailleurs des mots en < eu > correspondant à la réalisation [ø], voyelle distincte de / [e] /. Les occurrences sont attestées à l'initiale < esperance > "espérance" ~ < eucharistie > "Eucharistie", en finale abso-lue < mieux > "mieux" ~ < vié > "vieux". Elles montrent une opposition entre deux habitudes articulatoires différentes. Mais en position non finale, les attestations sont incomplètes, car le corpus indique en face de < bien-heureux > "bienheureux" des mots < vendredi, exprement, racheté > qui nous obligent à réfléchir à la valeur articulatoire de cette voyelle dans cette position et ce contexte.

2.25. La lettre < e > et un phonème vocalique / ə / ?

Une voyelle notée < e > remplit plusieurs fonctions dans le système. Une influence de la graphie française est possible dans les mots < pape, obéis-sance, necessaire, pénitence, prière, symbole, Eucharistie, esperance, croire, encore, la faute >. En fin de mot après consonne orale, < e > indique que la consonne se prononce : < mange, gagne, imagine, accoutume, aime, parle, accoute, empêche, embête, soulage, confesse, mirite, toute, liboute >. Elle marque aussi l'oralité de la consonne finale < la terre, touche, imagine, ensemble, demande, monde >.

Après une voyelle orale suivie d'une consonne nasale < même >, < e > indique l'oralité de la voyelle. Pour < comme, pardonne, donne >, il est dif-ficile de décider si on a affaire à une voyelle nasale ou orale suivie d'une consonne nasale qui se prononce.

En finale de mots comme "votre", "notre", "capablc", "ensemble", du français, les groupes consonantiques sont instables dans la graphie créole < voute, note, notre, capabb, capable, capabe, ensemble, ensemble >.

À l'intérieur < venir, arcevoir, revenir, exprement, sera, vendredi, iffe-rapi >, ainsi qu'en finale de mots < que, parce que > on ne peut pas considé-rer que < e > garde cette valeur, car la voyelle se prononce. Mais le corpus écrit seul ne permet pas d'en préciser la valeur articulatoire. On observe ce-pendant que dans ces deux positions, le traducteur a noté par ailleurs les voyelles < é > comme dans < péché >, < fé > ainsi que < è > comme dans < prière> et < manière >. S'il avait voulu accorder la même valeur phoné-tique à la lettre < e >, il aurait pu le faire. On peut donc considérer que dans ces deux positions, la voyelle est centrale et se note comme [ə] en réunion-

nais moderne < racheté, revenu >. La voyelle centrale [ə] distincte de / e /
/ ø / et de / œ / fonctionne comme un phonème vocalique aussi rare que / ø /
et / œ /.

2.26. L'opposition / i / ~ / (y) /

La voyelle antérieure arrondie fermée / y / s'écrit < u > comme dans < jusqu'àtant > "jusqu'à ce que" à l'initiale où elle s'oppose à / i / attestée dans
< dileau > "l'eau", < dipi > "depuis", < divoir > "devoir", < ditout > "du
tout". La voyelle / i / s'écrit < i > dans < imagine>, < y > dans < y après
pardonne à nous > , < ie > dans < mielleur >.
Les occurrences de / y / sont rares et n'entrent que dans deux paires en finale: < revenu > "revenu" ~ < vendredi > "vendredi"; < Jésus > "Jésus"
< ici > "ici". La voyelle est instable. On note < accoutume et accoutime >
pour "habituer", < continié, continué > pour "continuer", < communier >
et < comminier > pour "communier". Dans ce cas, /i/ se réalise sous forme
de consonne palatale orale [j] s'écrivant aussi < ll > dans < mielleur >
"meilleure".
On relève dans le corpus créole < jige > pour "juger", < dipain, divin >
pour "du pain, du vin". Le mot "plus" se traduit en créole < pli, plisse, plus,
pi >. La tendance semble être à la disparition de l'opposition phonologique
entre / i / et / y / qui fonctionne comme une variante libre de / i /.

2.27. L'opposition / o / ~ / u /

La voyelle [o] s'écrit < au, eau, o, ô, ò >. La voyelle [u] s'écrit < ou, où >.
Le corpus écrit ne précise pas la valeur articulatoire de / o /. Si on s'en tient
à ce que l'on sait du créole actuel, on supposera que / o / se réalise [o], voyelle postérieure arrondie, en syllabe ouverte dans < gros >, < iffo >. En syllabe fermée, elle se réalise [ɔ], voyelle postérieure arrondie intermédiaire entre
[o] et [a] comme dans < chose >, < vot >.
L'opposition / o / ~ / u / apparaît dans < aussi > "aussi" ~ < oussa > "où",
< itouche > "touche" ~ < à cause > "parce que", < acoute > "écoute" ~
< àzôte > "eux". Seule la voyelle orale [o] apparaît devant consonne nasale
dans < connaît >, < bonheur > "récompense". Les autres occurrences de
/ o / et de / u / sont: < à cause >, < beaucoup >, < comme >, < donne >,
< promet >, < profite >, < trouvent >, < toujours >, < touche >.

2.28. Les voyelles nasales

La voyelle nasale / ã / s'écrit < an, en, em, ent > dans < mange >
"mange", < ensemble > "avec", < comment > "comment" , < embète >
"tromper" , < empêche >. Elle s'oppose à la voyelle orale / a / devant
consonne orale: < appelle > "appelle" ~ < embête > "trompe", < accoute >
"obéir" ~ < encore > "encore", < chagrin > "chagrin" ~ < tranquille >
"tranquille", < lafe > "a fait" ~ < l'enfer > "enfer", < assez > "suffit" ~
< quança > "quand", < çà > "çà" ~ < sang > "sang". Devant consonne
nasale / m /, / n /, seule la voyelle orale est attestée dans < manière > "maniè-

re" < âme > "âme".

La voyelle / õ / s'écrit < on, ons, ont >. Elle s'oppose à la voyelle orale / o / dans < faut > "faut" ~ < son > "son, sa", < démon > "démon" ~ < tienbo > "tenir", < l'autre > "l'autre" ~ < montre > "montrer". Devant consonne nasale, il est difficile de dire si nous avons affaire à une voyelle orale [o] suivie d'une consonne nasale longue [nn] ou à une voyelle nasale [õ] suivie d'une consonne nasale [n] < bonne >, < donne > < pardonne >, < comme >. [bõn'] ou [bɔn], [dõn'] ou [dɔn], [kõm'] ou [kɔm], [pardõn'] ou [pardɔn].

La voyelle / ẽ / s'écrit < in, ain, int, en > dans < rinqu > "ne que", < main > "main", < point >, "pas", < chretien >"chrétien". Elle s'oppose à / e / en contexte oral: < vyé > "vieux" ~ < vient > "vient", < jamais > "jamais" ~ < demain > "demain", < mèt > "mis" ~ < rinqu > "seulement", < perdre > "perdu" ~ < sainte > "sainte".

2.29. Inventaire des phonèmes consonantiques

Le système rassemble dix-sept phonèmes consonantiques: / p, b, f, v, t, d, k, g, s, z, ʃ, ʒ, l, m, n, r, ɲ/. Nous présentons chaque phonème placé entre barres obliques en indiquant la graphie entre flèches avant les exemples. Le lecteur trouvera au §2.32 les remarques relatives à la question des géminées graphiques visibles dans les exemples.

/ p /	< p >	papa, péché, père, prêtre, pape, appelle, apôtre, aspère, empêche, capabe, capable
/ b /	< b >	besoin, embète, baptème, baptiser, bien, bon, liboute, symbole, ensemb, ensemble
/ f /	< f >	fini, fé, faut, souffr, chef, àfaire, hacfaire
/ v /	< v >	vini, vé, veut, voulli, avec, avic, volonté, arcevoir, voué, lève, suivr
/ t /	< t >	tire, tienbo, partout, accoute, arrète, toute(s)
/ d /	< d >	dire, dis, divoir, démon, donne, pardonne, demande, monde
/ s /	< s, c, ç >	sac, ca, seigneur, saint, confesse, sava, place, içi, soulage
/ z /	< z, s >	zot, àzôte, à cause, chose
/ ʃ /	< ch >	chose, chagrin, chef, bouche, péché
/ ʒ /	< j, g >	jaloux, jamais, imagine, gêne, jige, toujours, mange, manger, soulage, mangé
/ k /	< c, ch >	croire, secours, sac, chrétien, cassiette, à cause
	< qu >	laquel, a quel, quança, quand, qu'ouessa
/ g /	< g >	grâce, gros, grand, légal, l'église
/m/	< m, mm >	même, mème, mèm, maman, mais, mange, comme, comment, imagine, mariage, marie, manière, commence, messe, communion, communier, âme
/[n, n']/	< n, nn >	on, en, un, inn, êne, notre, nout, not, manière, mange, bonne, bon, son, pardonne

/ ɲ /	< gn >	gagne
/ r /	< r, rr, re >	arcevoir, arrien, rien, revenu, raison, mariage, marie, manière, croire, voir, dire, ventre, sivre, sivr, nourri, maître

Plusieurs consonnes ne se prononcent pas en finale de mot, le scripteur reste sous l'influence de la graphie française : < jamais, adorent, content, saint, chretiens, tous, point, seulement, choses, comprend, comment, croix, bienheureux, dix, bonheur >.

La liste ci-dessus montre qu'à la finale toutes les consonnes – sauf g – sont employées dans des groupes consonantiques dont les réalisations sont cependant instables : < capabe, capable > "capable" < ensemb, ensemble, ensembe > "ensemble, avec", < souffri > "souffrir", < lève > "se lever", < suivr(e) > "suivre", < prêtr(e) > "prêtre".

2.30. L'opposition entre sifflantes et chuintantes / s, z, ʃ, ʒ /

Les consonnes / s / ~ / ʃ / s'écrivent respectivement : < s, c, ç > et < ch > comme le montre l'inventaire placé ci-dessus. On peut établir une opposition à l'initiale et à la finale < sac > "celui qui" ~ < chef > "maître", < sava > "allons" ~ < chagrin > "regret", < place > "place" ~ < bouche > "bouche". À l'intérieur, on relève < péché > en face de < cassiette >. Les mots en [s] < sac, seigneur, saint, confesse, sava, place, içi, soulage > sont plus fréquents que les mots en [ʃ] limités à quatre occurrences < chose, chagrin, chef, bouche >.

Pour les consonnes sonores correspondantes / z / ~ / ʒ /, on note une occurrence de / z / attestée dans < zote > "autres" où elle s'oppose à / ʒ / dans < gène, jige >. On relève en finale < chose > "chose" ~ < mange > "manger". En non finale, les occurrences de / ʒ / sont plus fréquentes < jaloux, jamais, imagine, gène, jige, toujours, manger, soulage >.

2.31. L'opposition / r / ~ / Ø /

La consonne / r / s'écrit < r, rr >. On l'identifiera par rapport à son absence, sans pouvoir dire à quoi correspond dans le manuscrit l'articulation notée < r >. Rien dans la lettre choisie par l'auteur ne permet de distinguer entre une variante uvulaire et une variante vélaire comme en réunionnais contemporain. On relève < rappelle > ~ < appelle >, < rivé > ~ < ife >, < rinqu > ~ < inne >, < père > ~ < pé >, < l'amour > ~ < à nous >, < ventre > ~ < mont >, < venir > ~ < vini >, < vivr >, < sivre > ~ < vive >, < parlé > ~ < allé >, < grand > ~ < quand >, < nora > ~ < noël >.

2.32. Les occurrences de géminées graphiques

Le corpus présente des géminées graphiques qui ne correspondent pas toutes à celles du français. Le nombre d'occurrences permet d'établir une liste présentant d'abord les exemples créoles, puis les distributions semblables au français. On observe qu'elles traduisent une influence du français dans l'écriture créole. Dans les exemples < obéissance, homme, ressuscité,

rappelle, confesse, commence, aussi, messe, assez >, l'auteur a manifestement choisi de ne pas s'écarter des habitudes orthographiques du français.
Dans les autres cas (< ss, cc, ff, ll, rr, nn >), il a visiblement cherché à noter
une différence entre les deux idiomes en présence : < oussa, cassiette, ossi,
qu'ouessa, plisse, issay, toussa, accoute, accoutime, iffo, ifferapi, iffaut, iffé,
voulli, alli, illé, arrien, inne >.

2.33. Les oppositions fluctuantes ou instables

La description du corpus montre que certains mots se réalisent parfois
avec un phonème, parfois avec un autre, même si ces phonèmes sont bien
attestés par ailleurs. Les oppositions instables sont vocaliques / e / ~ / ə /, / e /
~ / i /, / o / ~ / u /.

On relève < sacrément > et < sacrement > pour "sacrement", < vé > et
< veut > "veut", < pé > et < peut > "peut", < secours> < sicours > pour
"secours", < merite > et < mirite > pour "mériter", < devoir > et < divoir >
pour "devoir", < ledroit > et < lidroit > pour "droit", < légal > et < ligal >
pour "semblable", < vote > et < voute > pour "votre", < note > < noute >
pour "nôtre". Pour "ne que", on relève < seulement > < soulement > < sormant >.

L'opposition / e / ~ / ẽ / est instable : < espri > et < insprit > "esprit".

D'autres exemples illustrent l'hésitation entre plusieurs réalisations :
< un > et < in, im > pour "un", < inn >, < inne >, < êne > pour "un, une".
Nous nous contentons de signaler la lecture difficile de groupes consonantiques dans certains verbes comme < souffr(e), souffr > "souffre", < suivr,
sivr(e) > "obéir".

2.34. Bilan phonologique partiel : Questions non résolues

Notre étude phonologique se demande à quoi correspond dans le manuscrit l'unique graphie < r > qui ne permet pas de vérifier l'existence de
variantes combinatoires ou libres comme en réunionnais contemporain[15].

Le corpus ne fournit pas de réponse sur la réalisation postérieure de la
voyelle / ɑ / devant / r / ni sur une éventuelle longueur vocalique devant / s /
comme dans < place > "place", < plisse > "plus". Il n'est pas possible de
préciser la valeur articulatoire de voyelles devant / r / à l'initiale et à l'intérieur.

Le manuscrit ne permet pas de vérifier une éventuelle corrélation de longueur pour / i : / en finale absolue dans < pli, pi, voulli > et finale couverte
par < m, n, r, v > dans < accoutime, imazine, tire, suiv >, ni devant la
double consonne < ss > dans < plisse >. On ne sait pas si la double consonne indique la longueur consonantique dans < inn > [ẽn:] ou alors une longueur vocalique [i:n], de la même façon qu'on a une longueur vocalique
dans < accoute > [aku:t] "obéir" qui correspond à l'accent tonique final du
français "écoute" [ekút].

L'identification phonologique des sons [w] et [j] n'est pas facile. Le son

---

15 CARAYOL M., 1977, p. 230.

[w], variante non syllabique de / u /, en combinaison avec [a] s'écrit < oi > dans < croire > "croit", < croix > "croix", < loi > "loi". Il s'écrit < ou > avec les autres voyelles comme dans < voué > "voir", < quouessa > ou < qu'ouessa >, < mouin > et [o] dans < moin >, < point >. Les oppositions / u / ~ / w / et / i / ~ / j / ne sont pas attestées. La consonne palatale orale [j] s'écrit < i > devant voyelle < dié > "Dieu",< tié > "tuer"< continié > "continué", < tienbo > "tenir", < vierge > "vierge", < mieux > "mieux", < communion > "communion". On trouve < ll > dans < mielleur > [mi jœr] "meilleur".

Pour les consonnes nasales, deux hypothèses peuvent être envisagées. Si on considère que < e > en fin de mot indique que la consonne précédente se prononce, alors il faut également se poser la question de la valeur phonologique pour la succession de consonnes nasales en finale < inne, êne, même, comme >. Cette question est à mettre en relation avec les autres attestations de consonnes doubles. L'analyse phonologique à partir de corpus écrit rencontre pour la nasalité comme pour les autres traits de longueur consonantique et vocalique la question épineuse des critères formels et fonctionnels de segmentation. Pour la forme < nanan > "il y a", on n'est pas sûr de la prononciation [n a n ã] ou [n ã n ã].

2.35. Phrases écrites.
Prédicats verbal, nominal, adjectival, adverbial

L'analyse syntaxique a servi à fixer la valeur des différents types de phrases, quelles que soient les irrégularités de la ponctuation manuelle. Le corpus atteste l'existence d'une phrase assertive employée aussi à la forme négative < Bon dié sac la fé li ciel, la terre. Mouin y croire en un seul Dié. Non! Dié n'a point licorps, li liprit, ni pé pa voir alli, ni pé pa touche alli. Non : n'a pas capabe – nous nanan bisoin croire seulement >, interrogative globale, ex. : < hec bon Dié nanan un corps comme de monde? >, partielle < Qu'ouessa Bon Dié, qu'ouessa li la fé? >, injonctive < dis va comment les apôtres la parlé >.

On pouvait partir de la définition de la phrase simple comme d'un énoncé minimum à deux termes, où celui qui désigne normalement un état de choses ou un événement sur lequel on attire l'attention, reçoit le nom de prédicat, et l'autre, dit sujet, désigne un participant[16]. Dans le système du corpus, comme dans celui du créole réunionnais actuel, l'emploi prédicatif est assuré, non seulement par le verbe < nous nanan bisoin croire seulement >, mais aussi par un nom < Li père la bon Dié? >, un adjectif < zote trois ligale pour toute même > , un adverbe < li St Esprit bon dié même encore? > (cf. 2.51).

En identifiant les unités grammaticales dans leur rapport syntaxique de détermination, de dépendance, selon le critère de compatibilité et d'exclusion mutuelle, il a été possible de cerner les traits constitutifs et définitoires du système verbal et des différentes classes grammaticales ou parties du discours dans leur lien contrastif au corpus français correspondant.

---

16 MARTINET A., 1989, pp. 53-64.

2.36. Le système verbal

On peut entendre par système verbal l'ensemble des règles selon lesquelles s'organisent les relations grammaticales entre l'unité verbale et ses marques de temps et d'aspect. On parle pour le créole de syntagme ou groupe verbal à formes périphrastiques constituant des marques antéposées au verbe. On les appelle encore "marqueurs pré-verbaux". Dans le corpus de Levavasseur, le marqueur aspectuel, pour la valeur non passé de l'accompli, s'écrit le plus souvent < i >, plus rarement < y >. Levavasseur a parfois fait preuve d'originalité orthographique en reliant marqueur et verbe en un seul mot. Ces unités figurent en italique dans les exemples.

Ex.: < Comment nous *y connaît* toussa que nous *ivient* de dire là? > "Où sont contenues les vérités que nous venons de voir?", < Avoir la foi *ivé* dire que nous *icroire* toussa que l'église *idit* parce que bon dié mème la dit à nous, *iffo* croire > "Avoir la foi, c'est croire tout ce que l'Eglise croit parce que c'est Dieu qui l'a enseigné".

Une comparaison avec les syntagmes verbaux du français montre que les verbes créoles ne se conjuguent pas. Ex.: < mouin *y croire* en un seul Dié > "Je crois en Dieu". On trouvera cependant sous la plume de Levavasseur des influences graphiques conditionnées par les règles du français < t, ent, re > alors que dans les exemples relevés ci-dessous < ent > ne correspond pas à la marque morphologique d'un présent de l'indicatif au pluriel, mais bien à une valeur aspectuelle de l'accompli < *la trouvent, la content* > "ont rencontré, a raconté".

Ex.: < Nous *y connaît* toussa là à cause 1rs Pretres qui *la trouvent* Jesus christ qui *la content* à nous comment Jesus christ limême *la parle* à zôte pour zote *croire* sa*cle* necessaire >.

2.37. Tableau 3 – Les syntagmes verbaux

Classe I ASPECT	Classe II TEMPS	SYNTAGMES VERBAUX	TRADUCTION FRANÇAISE
NON ACCOMPLI	Ø	y croire, isivre, imagine	croit, obéit, connaît, pense à n'aime plus
	passé	la té , laté, lété	était
	futur	va sava, ifféra pi, va vini	ira, ne fera plus deviendra
	conditionnel	na pas té mort	s'il n'était pas mort
ACCOMPLI	Ø	la fé, la souffre, la parlé, la montre, la demande	a créé, a souffert, a sermonné, a enseigné , a demandé
	passé	lavé dit	avait dit
	conditionnel	nous n'aura pas gagne	n'aurions pas obtenu
TERMINATIF	Ø	la fini di, nous la fini baptiser	a déjà dit, est déjà baptisé
	récent	sac nous ivient de dire	ce que nous venons de dire
PROGRESSIF	Ø	i après pardonne	est en train de nous donner l'absolution

2.38. Commentaires du tableau 3

Une lecture verticale du tableau indique de gauche à droite quatre colonnes regroupant respectivement les classes des modalités aspectuelles et temporelles. Elles sont suivies d'exemples relevés avec la traduction correspondante. Certains exemples comme le non accompli, l'accompli du conditionnel, ainsi que le progressif non passé sont uniques dans le corpus. Le chiffre 0 correspond au non passé ou présent. L'existence de cinq modalités aspectuelles – non accompli, accompli, terminatif, terminatif récent, progressif – et de quatre modalités temporelles – non passé ou présent, passé, futur, conditionnel – ne signifie pas que ces formes aient été les seules en usage dans la communauté au moment où Levavasseur a proposé sa traduction. Nous touchons ici aux limites d'un travail fondé sur des corpus écrits ne permettant pas de faire la différence entre distribution lacunaire et absence réelle d'attestation. On se contente alors de noter les attestations plus complètes pour le non accompli, puisque le corpus fournit des exemples pour quatre temps (non passé, passé, futur, conditionnel). On souligne aussi les marques aspectuelles les plus fréquentes pour le non passé du non accompli (traditionnellement appelé le présent) et dans une moindre mesure

le futur du non accompli. Le progressif s'exprime à l'aide d'un double marqueur < i/y après pardonne à nous >. L'intérêt de cette forme, c'est qu'elle
combine le marqueur du non accompli < i/y > employé dans < ivient, i
appelle, y comprend > et < après >, véritable marqueur aspectuel pour le
progressif.

Le conditionnel passé est syntaxiquement marqué à l'aide de < n'aura
gagne >, alors qu'au non passé, le conditionnel s'exprime à la forme négative par < na pas té mort > où le négateur < pas > conditionnait la forme
< na, n'a >, puisqu'en l'absence de négation, la forme diffère < la té mort >
"était mort".

À l'accompli, le verbe atteste le plus souvent une forme unique < la fé, la
mète, la dit, la donne, la demande >. Dans ce cas, il est déterminé par un
participant, remplissant la fonction de complément d'objet direct (ex. : la fé
amouin, la mète amouin dans le monde, la donne la permission), d'objet
indirect (ex. : la parl azòt, la content à nous "nous a raconté", la montr à
zote, la embète père Adam) ou de circonstanciel (ex. : la souffre pour nous,
la monte au ciel). Quand le verbe est intransitif ou non déterminé, il atteste
une forme longue (ex. : la parlé, n'a pas commencé, iffaut demander). Ces
exemples sont plus rares, parce que les verbes du corpus sont le plus souvent
employés au non passé. Certains verbes de la base lexicale française attestent une double forme < la promet, la promis à nous sa > ou une forme plus
proche du français < la coutimé fé, la voulli > même si la variation existe sur
ce point < la revenu, la arvenu, lé venu >.

Le futur s'exprime le plus souvent à l'aide de la modalité préposée *va*,
mais l'on relève quelques formes en *-ra* < iffera pi >. "Ne reviendra t-il pas
un jour sur la terre?" < Hec li va revenir encore un autre jour sur la terre? >.
"Oui : notre seigneur reviendra un jour sur la terre" < Oui li va vini in
jour >. "Quelle sera la récompense des bons?" < Qui bonheur va gagne sac
lé bon? >. "Quelle sera la punition des méchants?"< Qui malheur va rivé
pour sac la té mauvais? >.

2.39. Liste des verbes[17]

\lxc accoute	\lxc appele	\lxc comprend	\lxc demande	\lxc empèche
\frç écoute	\frç appeler	\frç comprend	\var demander	\frç empêcher
\lxc acont	\lxc arcevoir	\lxc confesse	\frç demande (-ons)	\lxc fé
\frç raconter	\frç recevoir	\frç confesser		\var fait, fait, fais
\lxc adorent	\lxc arrèter	\lxc connaît	\lxc dit	\frç créé, fais
\frç adorent	\frç 0	\lxc iconné	\var dire	
\lxc aide	\lxc aspère	\frç connaissons	\frç 0	\lxc fini
\frç aider	\frç espère	\lxc content	\lxc dis-va	\frç toujours été
\lxc aime	\lxc cassiette	\frç raconté	\frç récitez	\lxc gène
\frç aime	\frç cachons	\lxc continié	\lxc donne	\frç gène
\lxc alan	\lxc commenc	\frç 0	\frç donnera	\lxc gagne
\var aller	\frç commencé	\lxc croire	\lxc embète	\var gagner
\frç aller		\frç 0	\frç trompé	\frç obtenir

17 Dans les listes d'unités présentées ici, nous avons utilisé les abréviations proposées par le logiciel Shoebox : lxc = item lexical, frç = français, 0 indique l'impossible coïncidence d'un mot français avec un mot
créole, var = variante.

\lxc iBaptise
\frç baptise

\lxc icroire
\frç croyons

\lxc idit
\frç dit

\lxc idoit
\frç devons

\lxc iffera
\var ifferapi
\frç ferai,
   ne ferai plus

\lxc iffo
\frç doit-on

\lxc illé
\frç faire

\lxc imagine
\frç penser à,
   plus secrètes
   pensées

\lxc imontre
\frç enseigne

\lxc issay
\frç mettre à
   l'épreuve

\lxc ivé
\var iveut
\frç veut,
   signifie

\lxc ivide
\frç verse

\lxc ivoué
\frç voyons

\lxc jige
\frç juger

\lxc lafé
\var laffé
\frç a fait

\lxc mète
\frç crée

\lxc mangé
\var mangé,
   mange,
   manger
\frç manger

\lxc manque
\frç désobéir

\lxc monte
\frç monté

\lxc montre
\frç montré

\lxc né
\frç né

\lxc nanan
\frç a

\lxc na-point
\frç n'a pas

\lxc nourri
\frç nourrit

\lxc pardonne
\frç pardonner

\lxc parlé
\frç réprimande

\lxc perde
\frç être damné

\lxc perdre
\frç perdre

\lxc prend
\frç prend

\lxc prière
\\frç prier

\lxc profite
\frç nourrir

\lxc promet
\frç promettre

\lxc promis
\frç promis

\lxc réssuscité
\frç ressuscité

\lxc rappelle
\frç se rappeler

\lxc reste
\frç est

\lxc revenu
\var arvenu
\frç revenu

\lxc va rivé
\frç se produire

\lxc va sava
\frç ira

\lxc sera
\frç sera

\lxc servi
\frç servira

\lxc sivre
\frç obéir

\lxc souffre
\frç souffrir

\lxc soulage
\frç 0

\lxc tienbo
\frç tenir

\lxc tire
\frç efface

\lxc touche
\frç toucher

\lxc trouve
\var trouvent
\frç trouvent

\lxc vini
\var venir
\frç devenions

\lxc vient
\frç viennent

\lxc vive
\var vivre
\frç vivons,
   vivre

\lxc voir
\var voué
\frç voir,
   voyons

\lxc voulli
\frç voulu

2.40. Le verbe en corpus écrit: syntaxe, morphologie et traduction

L'analyse syntaxique a identifié l'unité verbale sur la base de son emploi prédicatif. C'est le paramètre que nous avons indiqué à la machine pour qu'elle nous donne la classe des items verbaux dans l'ordre alphabétique (cf. Introduction 23). Toutefois, ils ont été stockés dans la forme écrite choisie par le traducteur, car on ne pouvait pas, à l'instar de la méthode traditionnelle du français, choisir la forme infinitive ou non conjuguée pour présenter les unités verbales. Le fonctionnement des verbes à l'accompli ainsi que l'influence de l'écriture instable ont attiré l'attention sur la plus grande fréquence de verbes à forme unique tout en soulignant l'existence de certaines fluctuations. Il était donc nécessaire de vérifier ce qui relevait de la morphologie et ce qui ressortissait à la syntaxe. Le système du corpus ne fonctionne pas à l'aide de l'infinitif ni de la conjugaison, malgré les variations de la forme du signifiant verbal. Ils fonctionnent à l'aide d'une base verbale unique < pou zot croire > "afin qu'ils croient", < mouin y croire > "je crois". En observant la forme du verbe après la préposition "pour", on note < pour souffre, pour fait, pour faire, pour gagne, pour nous allé, pour issay, pour nou vini, pour jige > ce qui montre bien que l'infinitif n'est pas un monème dans le système. Après l'auxiliaire prédicatif < iffo > "il faut", < idoué > "doit" le verbe conserve sa forme unique (ex.: Nous idoué pas *la peur* alli "C'est mettre en Dieu toute sa confiance").

Tous les cas de variation enregistrés dans le système verbal touchent la forme écrite du signifiant verbal: < dire, dit > "dit", < nana, anan, nanan > "avoir", < i fo, iffo, i faut > "il faut", < idoué, idoit > "doit", < voué, voit > "voit", < parl, parlé >, < commence, commencé >, < demande, demander >, < gagne, gagner > "obtenir", < promet, promit > "promis", < revenu, arvenu > "revenu", < conné, connaît, connait > "savoir", < lé, illé >, < lété, laté, la té, lé té > "était", < vé, veut > "veut", < voulli > "voulu", < pé, peut > "peut", < aller, sava > "aller". L'étymon < faire > offre un bon exemple de vestiges orthographiques du français expliquant la coexistence de formes française et créole pour [fe] < fais, fait, faire > alors que le verbe créole ne se conjugue pas. La forme figée et créolisée < fé, iffé > reste la plus fréquente. Au futur, < va fé > et < ifferapi, i ffera pi > sont attestées.

En ce qui concerne l'écriture, Levavasseur a choisi de présenter en une seule unité certains verbes et leur marqueur aspectuel < i >: < iBaptise, iconné, icroire, idit, idoit, idoué, iffera, ifferapi, iffo, illé, imagine, imazine, imontre, issay, ivé, iveut, ivide, ivoué >.

Le stockage lexical s'est avéré difficile parce qu'il a fallu choisir une première forme pour l'item verbal et indiquer les autres variantes graphiques sans pouvoir dire quelle était la forme canonique du mot.

Il n'a pas été possible de gérer ni de présenter tous les items verbaux avec leur marqueur aspectuel et temporel puisque Levavasseur lui-même ne l'a pas fait pour l'ensemble des verbes. La traduction automatique a été freinée par les locutions verbales figées créoles correspondant à une unité lexicale du français: < trouve liboûte, mète à vous dans le monde, donne la main, issay son obéissance son lespri, gagne noute grâce, fé péché, aller ensemble bondié, fé profite noute raison, fé profite le corps >.

L'item verbal apparaît d'abord dans sa version créole (lxc = lexique créole) à laquelle succède la traduction (frç = français) quand une correspondance mot à mot est possible. L'item verbal < fini > apparaît dans la phrase < i fini pas non plus jamais > traduisant "a toujours été". Il en résulte une traduction littérale impossible, signalée par un signe 0 dans la liste. Certains verbes (cf. < gagne >) ne veulent rien dire s'ils sont présentés seuls. La pratique orale du catéchisme ainsi que la méthode qui consiste à introduire un concept d'abord en français avant d'en donner la traduction explicative en créole, permettent de comprendre l'existence de groupe verbal à l'infinitif dans le texte créole (ex.: Avoir la foi). Un nombre limité de verbes créoles sont toutefois identiques à l'étymon français dans leur forme et sens (ex.: < adorent, aiment, aide >).

2.41. Liste des noms[18]

\lxc âme	\lxc apôtres	\lxc baptême	\frç faut	\var qui
\var l'àam, àm	\var apotres,	\var Baptisé	\lxc bon-dié	bonheur
\frç âme	apôtres	\frç baptême	\var Dié, Dieu	\frç bonheur,
\lxc adam	\frç apôtres	\lxc bisoin	\frç Dieu	récompense
\frç Adam		\var besoin		\lxc bouche
			\lxc bonheur	\frç bouche

---

18 *Cf.* Note ci-dessus.

\lxc chagrin
\frç douleur
\lxc charité
\frç charité
\lxc chef
\frç maître
\lxc chose
\var choses
\frç qqc, chose
\lxc christ
\frç christ
\lxc ciel
\var liciel
\frç ciel
\lxc commande
ments
\var com-
mandts,
condements,
commandants
\frç commande-
ment
\lxc communion
\frç communion
\lxc confiance
\frç confiance
\lxc confirma-
tion
\frç confirma-
tion
\lxc corps
\var licorps
\frç corps
\lxc cœur
\var licœur
\frç cœur
\lxc croix
\var lacroix
\frç croix
\lxc démon
\frç démon
\lxc diable
\frç diable
\lxc dileau
\frç eau
\lxc dipain

\frç le pain
\lxc divin
\frç le vin
\lxc divinité
\frç divinité
\lxc divoir
\var devoir
\frç devoir
\lxc douleur
\frç douleur
\lxc droit
\var lidroit
\frç droit
\lxc enfant(s)
\frç enfant
\lxc faute
\frç faute
\lxc fils
\frç fils
\lxc fruit
\frç fruit
\lxc grâce
\var grace
\frç grâce
\lxc homme
\frç homme
\lxc jaloux
\frç jalousie
\lxc Jésus
\var jesus
\frç jésus
\lxc jour(s)
\frç jours
\lxc lacharité
\frç charité
\lxc lacroix
\frç croix
\lxc lafaute
\frç la faute
\lxc lafoi
\frç la foi
\lxc laloi
\frç loi
\lxc lamain
\frç aide

\lxc lamesse
\frç messe
\lxc l'amour
\frç l'amour
\lxc laprière
\frç prière
\lxc l'Ascension
\frç l'Ascension
\lxc laterre
\frç la terre
\lxc ledroit
\frç droit
\lxc l'église
\lxc l'Eglise
\frç l'Eglise
\lxc l'enfer
\frç enfer
\lxc liboûte
\frç 0
\lxc lincarnation
\frç l'incarna-
tion
\lxc lisang
\frç sang
\lxc lipri
\var sipri,
lisprit,
linsprit,
insprit, esprit
\frç esprit
\lxc l'ordre
\frç ordre
\lxc métier
\frç métier
\lxc maître
\frç maître
\lxc mal
\frç mal
\lxc manière
\var qui
manière
\frç manière,
comment
\lxc mariage
\frç mariage

\lxc Marie
\frç Marie
\lxc messe
\frç messe
\lxc minuit
\frç minuit
\lxc mirites
\var mérites
\frç mérites
\lxc monde
\var mond
\frç monde,
ceux
\lxc mystère
\var mistère
\frç mystère
\lxc necessaire
\frç nécessaire
\lxc obéissance
\frç obéissance
\lxc péché
\frç péché
\lxc gros péché
\frç péché mor-
tel
\lxc petit péché
\frç péché vé-
niel
\lxc pénitence
\frç pénitence
\lxc Père
\frç père
\lxc papa
\frç père
\lxc pape
\frç pape
\lxc paradis
\frç paradis
\lxc pardon
\frç pardon
\lxc permission
\frç pouvoir
\lxc personne
\var personnes
\frç personnes

\lxc peur
\frç avoir peur
\lxc place
\frç place
\lxc prêtre
\var pretre,
pretres
\frç prêtre
\lxc qualité
\frç vertu
\lxc Rédemp-
tion
\frç rédemption
\lxc racheté
\frç des rachetés
\lxc raison
\frç esprit
\lxc sacrement
\var sacrément
\frç idem
\lxc Saint
\frç Saint
\lxc secours
\var sicours
\frç secours
\lxc seigneur
\frç seigneur
\lxc symbole
\frç symbole
\lxc tête
\frç tête
\lxc temps
\frç temps
\lxc trinité
\frç Trinité
\lxc vendredi
\frç le Vendredi
Saint
\lxc ventre
\frç sein
\lxc vierge
\frç La vierge
\lxc volonté
\frç volonté

2.42. Caractéristiques syntaxiques du nom

Les unités de cette classe ont été réunies sur la base de leur aptitude à fonctionner comme noyau déterminable par des indicateurs nominaux (défi-nis, indéfinis) des pronoms (démonstratifs, possessifs), des adjectifs. L'identification et la classification des noms créoles se sont heurtées au caractère hétérogène et instable de certaines unités lexicales.

La première difficulté tenait à la pratique du catéchisme pour laquelle le missionnaire avait choisi de commencer sa leçon créole par une notion introduite en français faisant ensuite l'objet d'une explication et traduction en créole. Cette méthode explique l'entrée de noms français dans le texte créole, ce qui n'est pas sans poser de problème pour la reconstitution même du lexique bilingue. Si l'on s'en tient, comme dans le cadre de cette description, à une première saisie strictement synchronique des noms avant de les rapprocher du lexique réunionnais actuel, on en arrive à distinguer plusieurs types de noms.

Dix noms fonctionnent comme des noms propres, prennent le plus souvent une majuscule et s'emploient avec un déterminant figé < La Vierge Marie, Notre Seigneur Jésus-Christ, les Saints, La Trinité, Le Père, Le Fils > ou sans déterminant < Adam, Dieu, Prêtre >.

On rangera dans un groupe à part les trente-trois concepts religieux et noms abstraits présentés à l'époque en français: < l'âme, les apôtres, Baptisé, bienheureux, bonheur, charité, commandements, communion, confiance, confirmation, le Démon, le Diable, divinité, l'Esprit, La Grâce, L'Ascension, l'Espérance, l'Eucharistie, l'extrême-onction, l'Incarnation, mérites, péché originel, péché véniel, péché mortel, obéissance, pénitence, permission, la Rédemption, Ressuscité, racheté, sacrement, symbole, volonté >. Certains noms sont précédés d'indicateurs nominaux selon l'usage français < L'Ascension, l'Espérance, l'Eucharistie, l'extrême-onction, l'Incarnation, la Rédemption >.

Le figement du signifiant en un seul mot en créole est clair pour les exemples comme < dipaïn, dileau, divin > correspondant aux mots français "le pain, l'eau, le vin".

D'autres noms comme < la-croix, la-faute, la-charité, la-prière, la-main > apparaissent seuls ou précédés de < la > pour former une seule unité lexicale. L'écriture des noms nous a amenée à vérifier si l'unité < la, l' > correspondait à un article défini de genre féminin ou alors à un vestige formel, syntaxiquement démotivé comme en réunionnais moderne (< laravine > "ravine"). On constate que l'opposition masculin/féminin n'est pas pertinente pour l'ensemble des groupes nominaux du système. On relève en effet < la bonne vierge >, < la dézièm personne > , < la miellleur prière >. Mais le corpus atteste aussi < un chose, bon dileau, grand faute, un pli grand faute, son faute >. L'accord au féminin ne se fait pas pour l'adjectif attribut, épithète, ni sur le pronom possessif, ni sur les indicateurs nominaux indéfinis < inne bon Dié, in âme >.

Ex.: Dans sa trois personnes là hei nanan *inne* sac li pli *vié*? Sa *un chose* que. Pour Baptiser y prend *bon dileau*. *Son faute* pli *fort* encore. Avec *grand faute* dans le cœur. Vous va faire *un pli grand faute* que toutes ensemble.

On relève enfin un certain nombre de synthèmes dans lesquels la relation syntaxique ne s'exprime que par le sens et l'ordre des constituants qu'aucune préposition, ni déterminants n'accompagne < péché papa Adam >

< enfants l'Eglise >.

Le corpus offre quelques exemples de noms propres, par exemple < Dié >, mais la plupart des items nominaux doivent être considérés comme des noms communs. < Papa Adam, Maman bon Dié > fonctionnent comme des synthèmes. Du fait de leur valeur religieuse, sacrée ou institutionnelle, ils s'écrivent le plus souvent avec une majuscule. < Jésus Christ, Seigneur, Pape, bon Dié, Démon, Paradis, l'Enfer, l'Eglise, Vierge >, mais la fluctuation est très forte sur ce point.

Parmi les noms sans valeur religieuse, on trouvera les parties du corps < bouche, corps, licorps, la tête, la main, licœur, lispri, le sang, le ventre >. Un petit nombre sert à désigner l'espace < la terre, li ciel, le monde >. On accordera une attention particulière à l'item < monde > qui atteste ici deux sens "monde, univers", "gens". Dans le deuxième sens, il se met au pluriel < le monde, tout le monde, les zote monde >, < Qui la fé à vous, la mète à vous dans le monde? > "Qui vous a crée mis au monde", < Le monde capabb trouve liboûte mystère là? > "Peut-on expliquer ce mystère?", < mouin y aime aussi tout le monde > "Et j'aime aussi mon prochain", < Comment nous iconné quand nous y aime bien le bon dié et tous les zote monde? > "Comment pouvons [nous] connaître si nous aimons Dieu par dessus le prochain?", < et aux bons mondes qui lé mort > "et aux saints qui sont dans le ciel?", < à bonne vierge et aux bons monde qui lé ensemble bon Dié > "à la Sainte-Vierge et aux saints qui sont dans le ciel", < pour soulage l'ispri & licorps du monde sac lé malade > "pour le soulagement spirituel et corporel des malades".

2.43. La classe des actualisateurs du nom

Cette classe inclut les unités placées en tête du nom ainsi actualisé. Les Grammaires les appellent traditionnellement les déterminants du nom.

Le corpus créole permet d'y ranger les pronoms personnels, démonstratifs et possessifs ainsi que les indicateurs nominaux (défini/indéfini), car la plurifonctionnalité qui caractérise ces unités invite à une réflexion sur la définition de l'article et les critères justifiant l'application de cette notion grammaticale au système du corpus.

Les oppositions de définitude et de nombre (singulier/pluriel) sont pertinentes dans le système du corpus < l'âme, in âme, corps, licorps, in corps, corps > alors que l'opposition de genre ne l'est pas nettement (cf. 2.41).

On relève pour le singulier un indicateur nominal défini < le > dans < le ventre, le jour, le père Adam >. Pour le pluriel, l'indicateur nominal est < les >. Le corpus contient des formes amalgamées probablement héritées du français < au, des > ainsi que des noms s'écrivant avec l'apostrophe dont on ignore la valeur fonctionnelle dans < l'amour, l'enfer, l'église, l'Eucharistie, l'ordre, l'extrême-onction >. Les occurrences du corpus, limitées sur ce point, ne fournissent pas pour tous les noms figés des exemples où ces noms sont employés sans ou avec d'autres déterminants. On relève < in corps, in âme, monte au ciel, dans li ciel, grand maître, limaître >.

L'indicateur nominal s'exprime au singulier à l'aide d'une seule unité grammaticale dont la forme écrite varie < inne bon Die seulement >, < un bon Dié >, < un fruit >, < in péché >.

Certains noms s'emploient sans déterminant ou avec un déterminant zéro. Ils fonctionnent alors comme des noms propres: < sac prètre va di anou fé, avec bon dié, avec prètre >. On note le déterminant zéro après les adjectifs < toutes, même > dans < toutes chrétiens >, < nanan même esprit > ainsi qu'après la préposition < à cause > dans < à cause péché de notre papa du monde >, < dan bon dié là >, < combien nanan bondié? >.

Des noms comme < liciel, liboûte, licorps, licœur, dipain, divin, dileau > sont employés sans déterminant avec une valeur définie. Dans le texte < li > peut être détaché du nom < li ciel, li maître > alors que dans la forme écrite < di > ne constitue pas une unité séparée qui serait syntaxiquement indépendante du nom. Compte tenu de sa valeur définie "le pain, le vin, l'eau", nous sommes obligés de considérer que < di > remplit la même fonction que < li, la >. Ils correspondent aux différentes formes d'une même unité grammaticale que nous appelons indicateur nominal.

2.44. La classe des pronoms démonstratifs.
Chevauchement et transfert

La forme écrite des occurrences attestées dans le corpus rend difficile l'identification d'unités devant appartenir à une seule classe grammaticale. On inventorie cependant cinq unités: < ssa, la...là, ci...là, sa... là, li...là >.

La forme écrite de l'unité simple < sa > "cela" varie < ça, çà >. Elle fonctionne en tant que pronom démonstratif "cela" avec valeur neutre, défini et indénombrable. Elle est employée en fonction sujet, objet et circonstanciel. En tant que telle, sa forme écrite ne varie pas et occupe la même place que tout sujet < sa y appelle >, objet < li même la promis à nous sa > et circonstanciel < à cause sa même > "c'est pour cela que", < sa meme i nourri >. Les exemples indiquent que < sa > peut être déterminé par < même >. On relève également la forme < après sa > pour laquelle on se demande si nous avons affaire à une ou deux unités grammaticales "après, ensuite" ou "après cela". Dans le premier cas, < sa > renforce l'assertion comme l'interrogation < kissa > "qui çà". Dans le deuxième cas, < sa > fonctionne comme pronom anaphorique.

Le système atteste un autre emploi de < sa > imbriqué dans une structure anaphorique où < sa > s'intercale entre le groupe nominal sujet dont il reprend la fonction et le prédicat < l'Eglise, sa i vé dire >.

Il arrive cependant que < sa > fonctionne lui-même en prédicat pronominal à valeur d'identification < la prière-là, sa quand > < baptême ou Baptisé sa un sacrement qui > < un sacrement sa un chose que >. Cette unité syntaxique est toujours attestée en réunionnais actuel.

Les démonstratifs comptent deux autres unités complexes < ci jour là > "ce jour-là", < dans sa trois personnes là > "des trois personnes", < sa mystère là > "ce mystère". Elles correspondent à une entité définie, déjà mentionnée. L'existence dans le corpus d'autres groupes nominaux complexes où le nom est déterminé par < li > renforcé par une unité postposée < là > à valeur déictique nous amène à poser l'identité grammaticale de < là > dans < li Père là > "le Père" , < li Fils là > " le fils" < laprière là >"la prière".

Il existe donc dans le corpus un actualisateur nominal < là > postposé au nom et qui combine le trait défini et monstratif puisqu'il peut s'employer seul < Baptisé là, sa > "le baptême". On note enfin que l'unité < le monde > fonctionne comme pronom démonstratif à valeur d'antécédent du pronom relatif < sac > dans l'expression < le monde sac lébons > "ceux qui sont / les bons".

2.45. La classe des pronoms personnels

On relève onze pronoms personnels, car la forme de cette unité grammaticale diffère suivant sa fonction syntaxique. Au nominatif en fonction sujet, les pronoms personnels sont < mouin > "je", < vous > "vous", < li > "il/elle", < nous/ni > "nous", < zote > "ils". Dans tous les autres cas (en fonction objet direct, indirect), le pronom commence par < a, à > comme dans < amouin, à moin, à li, alli, ali, à zote, à nous, à vous >. Le corpus n'atteste pas d'emploi du pronom personnel français de la deuxième personne du singulier "tu", ni celle du pluriel < zot >. On relève un pronom unique < avous, vous > ayant une valeur de politesse, l'équivalent du vouvoiement français.

Ex. : < Qu'ouessa *avous* i comprend quand i dit > "Qu'entendez vous quand vous dites".

Dans le corpus, les pronoms < nous, vous, mouin > sont séparés de la marque aspectuelle i/y.

Ex. : < *Mouin y* croire en un seul Dié > "Je crois en un seul Dieu", < Comment *nous y* connait toussa que *nous y* vient de dire là? > "Où sont contenues les vérités que nous venons de voir?", < fé péché quand *nous i*sivre pas la loi de bon Dié > "Le péché est une désobéissance à la loi de Dieu".

2.46. La classe des pronoms possessifs

Dans ce corpus, les pronoms possessifs forment une classe de cinq unités, puisque le pronom de deuxième personne du singulier n'est pas employé < mon, son, noute/note, voute/vote, zote > et un adjectif < la note > "les nôtres". Ex.: < pour essaye son obeissance son esprit > "pour éprouver son obéissance", < pour perdre noute place dans li ciel > "pour être damné", < Mon dié mouin aspère avec grand confiance > "Mon Dieu, j'espère avec une ferme confiance", < vous va donne nous voute grâce > "vous nous donnerez votre grâce", < voutes péchés >. On remarque que "sa grâce" se traduit < son grâce >. La forme < noute > est fréquente < et dans noute sipri et par noute bouche > .

2.47. La classe des prépositions

Si on entend par préposition au sens traditionnel du terme une unité placée devant le nom ou son substitut et ayant pour fonction de relier un complément circonstanciel au verbe, alors on compte treize prépositions dans le système créole du corpus. On note des formes écrites diverses pour plusieurs d'entre elles : < à/a, a/à cause, avec/avic, après, dan/dans, de/du/di, dipi, ensemb/ensemble, par, pou/pour, sans, si/sur, dessi >.

< à/a, a/à cause, après, ensemb/ensemble, pour > se caractérisent par leur appartenance à d'autres classes grammaticales, leur plurifonctionnalité et leur polysémie[19].

La préposition < après > atteste une double fonction en tant qu'adverbe de temps < aprés sa > "puis" et en tant que composante du marqueur pré-verbal < quand prètre *y après* pardonne à nous >; < à cause > fonctionne comme préposition, conjonction de subordination au sens de "parce que". Elle fonctionne aussi comme particule adverbiale complexe < à cause sa même > "c'est pour cela" : < *à cause péché de notre papa 1er monde* père Adam > "à cause du péché d'Adam notre 1er père", < *à cause sa même* toutes chretiens y adorent lacroix ci jour là >, < *à cause* vous même la voul-li que nous icroire > "parce que c'est vous qui l'avez dit", < *à cause* limême la dit li va donne à nous sac nous nanan bisoin pour gagne noute bonheur dans le ciel > "et attendre de lui la vie éternelle et les graces pour y arriver, parce que Dieu l'a promis", < *à cause* tous litrois ligale pour toute > "par-cequ'ils n'ont qu'une seule et même Divinité". L'unité grammaticale < pour > sert de conjonction de subordination "pour que", de préposition exprimant le but, la finalité, la cause, mais aussi la représentation "au nom de" < pou bon Dié >.

Certaines unités se combinent avec des subordonnants pour former des conjonctions complexes < pour quand > < quand pour > "au moment de" < comme quand >. L'ensemble des traits grammaticaux communs à ces uni-tés figurent sur le tableau des unités plurifonctionnelles (cf. 2.50).

Sur le plan syntaxique, on constate que les prépositions dites spatiales s'emploient avec un verbe spatial concret < lamonte au ciel >, < pour aller dans Paradis >, < va venir sur la terre > ou abstrait < va sava avec le Diable >, < gagne grâce avec Bon Dié >. Dans ce cas, ils changent de sens "aller en enfer", "trouver grâce auprès de" < dans > marque aussi le parti-tif/ : < aquel dans toute la prière > "quelle est la plus ... de ...", < comme, par, pour > servent à former des groupes à valeur modale ou adverbiale < par son jaloux >, < par noute bouche >, < par exprès >, < pour toutes >.

L'emploi de la préposition < de > est aussi fréquent que son absence < à cause péché de >, < péché papa adam > "péché originel".

Dans le corpus, < sans, en > semblent correspondre à des calques du fran-çais < en versant, en mourant, sans faire sac i faut faire >.

2.48. La classe des adjectifs

Le corpus atteste un stock de vingt-sept adjectifs < gros, petit, grand, bon, mauvais, bien, mal, capabbe, vié, necessaire, autre, fort, contraire, tran-quille, mieux, mielleur, mort, seul, légale, même > servant le plus souvent à créer des concepts nouveaux suivant le nom, le contexte et les déterminants. Quatre items < bienheureux, vivant, chrétiens, saint > peuvent fonctionner

---

[19] STAUDACHER-VALLIAMEE G., 1996.

aussi comme substantifs, trois autres comme des nombres < deux, trois, dézieme >. Certains peuvent être employés comme adverbes < mal, bien > et déterminer un autre adjectif < bien fort, bien bonne >. Les adjectifs qualificatifs s'emploient en fonction épithète < li grand chef >. Les formes comme < la bonne vierge, la mielleur prière > sont démotivées puisque l'adjectif attribut ne connaît pas l'accord au féminin (ex.: < sa un chose que >, < son faute pli fort encore >, < avec grand faute dans licœur > < dans sa trois personnes là hec nanan inne sac li pli vié >.

Nous mentionnons la valeur adjectivale de l'unité grammaticale plurifonctionnelle s'écrivant < toute, toutes, tous >. L'examen de la forme écrite de cette unité indique la prononciation de la consonne [t] en finale (cf. 2.29) et aucune différence syntaxique entre le singulier et le pluriel, même si on relève des formes en < s > < pour *toutes* péchés >. En effet, le pluriel français < la meilleure de toutes les prières > se traduit par un singulier en créole < dans *toute* la prière sac lé plisse bon >. On observe que le système des pronoms créoles fonctionne avec une seule unité < toute > correspondant au français < tous, toutes, tout > comme le montrent les exemples < pour *toutes* noutes fautes >, < dis - *toute* notre père! >. < nous *toutes* ivient >, < *toutes* chrétiens > < *toutes* péchés >, < nous va faire un pli grand faute que *toutes* ensemble >. Syntaxiquement, < toute > entre également dans des locutions figées à valeur adverbiale ou modale < tous litrois ligale pour *toute* > "en tout", < la té Bon Dié et homme toute ensemble > "à la fois".

On constate également que le nombre d'adjectifs est plus élevé en français. Pour les traduire, l'auteur a fait appel à d'autres procédés sémantico-syntaxiques dictés par les structures propres au système créole (cf. 3.5 à 3.12).

2.49. La classe des adverbes

On y trouve la liste des mots qui précisent, complètent le verbe. Nous avons traité les adverbes d'interrogation en même temps que les interrogatifs (cf. 2.50). Parmi les vingt unités relevées, on enregistre pour l'expression de la négation < arrien, rien, n'a point >, uniquement dans l'expression citée < la pas, pi, pi ditout >.

Pour l'expression du comparatif (supériorité), le système se sert de < pli fort, plisse bon, plu bon, plus que >. Les adverbes de temps sont: < toujours, encore, jamais >. La manière se marque à l'aide de < esprès, esprément >. La restriction quantitative et qualitative est assurée par < rinqu, seulement, sormant > "ne que". L'adverbe employé pour l'accompagnement est < ensembe, ensemble >. Quand l'adverbe modalise tout le prédicat ou le procès exprimé par le verbe, on note < même, mêm >.

Exemples: "Dieu est le créateur du ciel et de la terre et le souverain maître de toutes choses" < Bon dié sac la fé li ciel, la terre, *li même* grand maître toutes choses, sac nous ivoué *ensemble* sac nous ivoué pas, *limême* toujours limaître >, "Où est Dieu?" < *Oussa* qui reste bon Dié? >, "Dieu est au ciel, sur la terre, en tous lieux" < Bon Dié lé dans le ciel sur la terre *partout* >. "Le Baptème est il nécessaire pour être sauvé?" < hec Baptisé la grand nécessaire pour aller *ensemble* bon dié? >, "Le fils est-il Dieu?" < li fils la

Bon Dié *même* sa ? >, "Le St Esprit est-il Dieu ?" < li St Esprit bon Dié même *encore* ? >, "par nos propres forces" se traduit < par nous mèm >.

Morphologiquement, on a signalé que la forme écrite de certains adverbes n'est pas stable < aussi, ossi, ansembe, ensemble, ensemble, commen, comment, mèm, même, mêm, pas, pas, pi, pli, plisse, rien, rinqu, arrien, sormant, seulement, soulement >. Leur variation formelle va de pair avec leur changement de fonction, voire leur plurifonctionnalité en créole.

\lxc[20] ansemble	\lxc commen	\lxc exprèment	\lxc ou	\lxc rinqu
\var ensembe	\var comment	\frç 0	\frç ou, où	\frç ne que
\frç ensemble	\frç comment	\lxc jamais	\lxc pa	\lxc seulement
\lxc arrien	\lxc ditout	\frç ne jamais	\frç ne pas	\var sormant,
\var rien	\frç du tout	\lxc la	\frç ne plus	soulement
\frç ne-rien	\lxc encore	\var là	\lxc partout	\frç mais
\lxc aussi	\frç 0	\frç là	\frç en tous	\lxc toujours
\var ossi	\lxc esprès	\lxc mèm	lieux	\frç toujours
\frç aussi	\frç 0	\var mème,	\lxc pi, pli	
		même	\var plisse, plus	
		\frç bien	\frç plus que	

2.50. La classe des interrogatifs

On y trouve dix-huit pronoms interrogatifs suivant la place que l'on accorde à l'interrogatif "est-ce que" traduit de deux façons < hec, hei >, à "qu'est-ce que" traduit par < qu'ouessa, qouessa >. On relève < quança, quansa > "quand", < qui, quissa > "qui", < qui+nom > "quel" < a quel, laquel > "laquelle", < hac faire > "pourquoi", < combien > "combien, < comment > "comment". L'utilisation des adverbes et pronom interrogatifs dans 90 phrases interrogatives attestent l'importance de la syntaxe de l'interrogation dans ce corpus constitué d'une succession de demandes et de réponses.

On relève l'existence de synthèmes interrogatifs < qui manière, qui bon qualité, qui malheur, qui bonheur, qui jour > faisant partie des variables fixées pour l'explication grammaticale en créole ancien.

Certaines unités < qu'ouessa, hec > attestent une forte fréquence dans le discours. Les cinq interrogatifs les plus fréquents sont porteurs des questions relatives à l'identité, à la définitude, au sujet < quissa > "qui", < qu'ouessa > "quoi", à la situation dans l'espace < oussa > et le temps < quansa >. Ils attestent une morphologie créole distincte de l'orthographe française. Le son [s] s'écrit < ss >, une fois < ç >. Tous les interrogatifs sont traités comme des unités fonctionnellement et formellement figées : < hacfaire ou afaire > "pourquoi", < laquel, aquel, qui , hei, hec >.

2.51. Bilan partiel de l'étude grammaticale

Notre étude s'est fondée sur les classes ou catégories de la tradition grammaticale française pour se demander jusqu'où l'on pouvait décrire le corpus créole à l'aide de verbe, nom, pronom et article, préposition, adjectif et ad-

---

[20] WALTER H., 1989.

verbe. Nous avons dû introduire dans la classe des actualisateurs[21] du nom le terme d'indicateur nominal pour rendre compte des difficultés rencontrées dans l'identification de < li, la, le > dont les différentes fonctions ne recoupent pas celle assumée par l'article défini du français (cf. 2.42).

Le deuxième trait particulier à ce système créole tient dans le fait que la fonction prédicative peut être assurée par différentes unités grammaticales: le verbe < Bon Dié la *fé* amouin / la *mète* amouin dans le monde >, le nom < Li père *la bon Dié?* >, < li même *grand maître* toutes choses >, l'adjectif < le monde *capable* trouve liboûte mistère là? >, < à cause tous litrois *ligale* pour toute >, < zote trois *ligale* pour toute même >, < hec Baptisé *la grand nécessaire* pour aller ensemble bon dié? >, l'adverbe < son faute *pli fort* encore >, le pronom < Li péché Veniel ou petit péché *sa* sac ifé accoutume à nous fait péché jusqu'a tant que ifé gros péché mortel >.

Le troisième trait tient dans l'opposition verbo-nominale et la définition du verbe créole. Il atteste une structure de type périphrastique composée d'un noyau verbal et de marqueurs dits pré-verbaux parce qu'antéposés au noyau verbal, ils lui adjoignent les indices d'aspect et de temps. On a pu observer que le traducteur se sert de la négation et de la modalisation pour renforcer le système aspectuel du créole là où le français se sert de temps composés.

On constate que les différents types de phrase du créole actuel, à l'exception de la phrase exclamative, sont déjà attestés dans le système: déclarative, exclamative, impérative. Quelques exemples de phrase illustrent les particularités historiques de la négation (cf. 2.36).

La structure syntaxique des synthèmes nominaux ou noms composés figés n'est pas stable. L'auteur utilise aussi bien le synthème nominal que les groupes nominaux reliés par la préposition < de >. Ce trait peut résulter d'une influence du corpus français ou correspondre à un état réel du système créole qui aurait conservé les deux traits grammaticaux. Le traducteur a eu recours à une graphie différente pour noter certains noms figés comme < dipain >. Mais la règle n'est pas systématiquement appliquée pour < la >.

La classe des prépositions, comme celle des pronoms démonstratifs, est constituée d'unités polysémiques et appartenant à d'autres classes, ce qui nous a amenée à poser la plurifonctionnalité grammaticale comme un trait constitutif de ce système créole.

Dans le texte de 1842, on observe l'absence de certains grammaticaux. Le corpus n'utilise pas un seul nom en < z > comme dans < zafèr >. Seul < zote > est attesté. Le marqueur de pluriel < bann' > n'apparaît pas. Le système des pronoms personnels ne connaît pas les formes < mi > "je", < ni > "nous" < ou > "tu". Levavasseur note < nous toutes > "nous tous". On se demande s'il s'agit d'une forme intermédiaire entre le français < nous tous > et le créole moderne < nout' tout' >. On relève également l'absence d'emploi de la deuxième personne du singulier pour le pronom possessif et le pronom personnel < out', ou, aou > quand on observe par ailleurs l'emploi du < vous >.

---

[21] MARTINET A., 1989, pp. 53-64.

L'évaluation du système phonologique met en évidence les limites et l'apport du manuscrit de 1842. Dans ce corpus comme en réunionnais moderne[22], le système consonantique est relativement plus stable que le système vocalique, mais la forme écrite de sa présentation occulte l'identification possible de certains traits articulatoires bien repérés par les linguistes en tant que traits spécifiques à plusieurs créoles à base lexicale française[23].

Le système vocalique est plus exposé, car les voyelles moyennes /i (y) u/ sont rendues fluctuantes par la rareté et l'instabilité de la voyelle [y]. On est surpris qu'aucune opposition de longueur /i/~/i:/ n'ait franchement remplacé l'arrondissement [y]. Dans certains mots comme < plisse > < alli > le /y/ du français a déjà été remplacée par /i/. On se demande aussi pourquoi la voyelle centrale est attestée pour /ë/ alors qu'elle ne l'est pas pour /i/. Les occurrences de /ë/ sont plus fréquentes en syllabe initiale.

Les voyelles du deuxième degré sont surchargées sans que l'on puisse faire le départ entre les oppositions à distribution rare et celles qui relèveraient de l'influence du français dans le corpus écrit /e/~/ø/, /[e, é, è, œ]/.

La distribution des phonèmes dans les mots < licœur > "le cœur", < dipi > "depuis" < vini > "devenu" ainsi que les hésitations entre plusieurs formes pour une même unité < la té > , < lété > font ressortir les mécanismes du changement linguistique.

Le corpus de Levavasseur révèle un système partageant déjà avec d'autres créoles à base lexicale française certains traits définitoires. Comme eux, il s'est débarrassé de la distinction de genre, de la diathèse passive, de la réflexivité. Les changements grammaticaux accompagnent ces changements phonétiques comme le montre la plurifonctionnalité de < li >. Mais la nature du corpus – religieux, écrit – et les critères normatifs déterminant l'élaboration de la version créole ne permettent pas vraiment de séparer ce qui relèverait du fonctionnement réel du système et ce qui procède de l'influence graphique exercée par le français.

La distribution des chuintantes est lacunaire et les sifflantes sont faiblement attestées en certaines positions. Ces insuffisances posent le problème de la crédibilité ou de la représentativité du système ainsi noté. Il est difficile d'admettre qu'en 1842 < zote, àzote > soient les seuls mots en < z > du lexique (cf. 2.7.). Le phonologue a aussi du mal à supposer qu'à cette même époque la consonne notée < r > se réalisait toujours et uniquement comme une variante uvulaire du français insulaire. L'écriture des mots < arrien > < arcevoir > plaiderait plutôt en faveur d'une variante vélaire à l'articulation relâchée comme dans < pour >.

La même incertitude existe quant à la réalisation de la consonne nasale palatale < gagne > dont on sait qu'elle pouvait déjà correspondre davantage à une palatale nasalisée < nj >. On touche ici à la question de la consonne palatale orale [j] et de [w], variante non syllabique de la voyelle /u/. La lettre < w > n'est pas utilisée dans le texte créole; la lettre < y > est employée avec la valeur de < i >. Le corpus ne permet pas de conclure à une double valeur

---

[22] STAUDACHER-VALLIAMEE G., 1991a, p. 12.
[23] VALDMAN A., 1978.

articulatoire [u] et [w] pour la voyelle écrite < ou >.

La contrainte majeure tient dans le caractère fermé du corpus obligeant la description à envisager des lacunes dans la distribution et à inclure les facteurs aléatoires dans la formulation des hypothèses.

Un recours possible consiste à mettre à profit le rapprochement avec d'autres corpus anciens pour se prononcer, par exemple, sur la rareté des mots en [z] à l'initiale absolue dans ce corpus, alors que les attestations sont fréquentes ailleurs. On a du mal à s'imaginer qu'à cette époque, la consonne prothétique ne soit pas encore formée[24] dans le système créole. Ces remarques conduisent à une réflexion sur la notion de corpus fermé. Il serait plus juste de parler de corpus spécialisé comme on parle du vocabulaire spécialisé d'un lexique pour une langue donnée. Il désigne ici le corpus des concepts religieux que les missionnaires ont choisi de transmettre en créole. On comprend pourquoi il ne pouvait pas faire usage du vocabulaire culinaire, domestique, de la flore et de la faune. Comme le montre l'analyse des procédés de traduction, le corpus a mis à contribution les structures grammaticales, sémantiques et prosodiques communes[25] plus que la diversité des constituants lexicaux.

Les limites de la traduction apparaissent quand on observe la liste de concepts religieux figurant sous forme nominale en français dans le texte créole et pour lesquels l'auteur propose une traduction de type phrastique. Cet aspect du manuscrit explique pourquoi il est nécessaire, dans une troisième phase, de prendre en compte le caractère bilingue du corpus pour y déchiffrer les contraintes que les systèmes linguistiques en présence exercent l'un sur l'autre.

En effet, l'analyse intrinsèque des unités, des classes grammaticales, ainsi que la comparaison des systèmes du français et du corpus révèlent que le traducteur disposait déjà d'un noyau de règles grammaticales pour ce créole de Bourbon et que les deux systèmes linguistiques ne coïncidaient pas.

Aussi, la troisième partie de ce travail présentera le noyau des règles phonologiques, syntaxiques, morphologiques de manière constrastive, c'est-à-dire en les comparant avec celles du noyau français correspondant.

Une analyse approfondie tentera d'inventorier les traits et structures pertinents qui ont été mis à contribution dans divers domaines de la langue pour cette traduction.

Le texte de Levavasseur, partageant avec d'autres créoles des unités grammaticales, nous avons étendu la comparaison quand elle était possible à deux autres catéchismes inventoriés pour le créole de l'Ile de France (Maurice) et des Caraïbes (Martinique).

Les résultats obtenus à l'aide d'une méthode descriptive traditionnelle ouvrent la voie à une étude dynamique s'étendant à celle des structures de la phrase dans son rapport aux contraintes syntaxiques et sémantiques régissant le cadre plus large du texte bilingue à un moment de son usage.

---

[24] CHAUDENSON R., 1981, p. 102.
[25] STAUDACHER-VALLIAMEE G., 1994a.

CHAPITRE 3

Traduction et comparaison de systèmes linguistiques
(Bourbon, Ile de France, Martinique en 1842)

3.1. Grammaire et lexique au service de la traduction

Cette troisième partie considère l'opposition entre Grammaire et Lexique pour aborder les questions de traduction et de comparaison des systèmes de langues en usage dans divers milieux à Bourbon. Elle les rapproche ensuite des catéchismes créoles de l'Ile de France et de la Martinique publiés à la même époque.

La méthodologie fonctionnelle rappelle en effet que le Lexique d'une langue se définit comme un inventaire ouvert alors que toute Grammaire se définit comme un inventaire fermé. La notion d'inventaire ouvert et fermé indique qu'un système grammatical ne crée pas du jour au lendemain une opposition phonologique, une préposition ou une structure verbale, alors que son lexique peut être exposé de façon plus spontanée à des innovations, des emprunts ou des altérations.

L'opposition linguistique entre Lexique et Grammaire est clairement apparue quand il s'est agi de convertir le lexique créole de 1500 mots en 463 clés ou items de base pour constituer à l'aide du logiciel Shoebox[1] une base de données lexicale et grammaticale. En effet, la gestion automatique des unités lexicales dans un corpus bilingue a tout de suite constaté l'impossible correspondance d'un mot, d'une locution et d'une phrase à l'autre dans le corpus bilingue. Elle a également souligné la difficile gestion des spécificités structurelles du créole telles qu'elles se manifestent dans l'étude des procédés de traduction. Elle s'est heurtée au problème de l'appartenance de certaines unités à plusieurs classes syntaxiques. Elle n'a pas trouvé de solution satisfaisante au traitement des locutions figées. Elle doit se contenter d'hypothèses dans le traitement morphologique du manuscrit. Ces caractéristiques linguistiques tiennent aux contraintes inhérentes au texte religieux.

Il était donc nécessaire, mais insuffisant de s'arrêter à l'inventaire des classes grammaticales. Il importait aussi d'analyser les textes en présence pour tenter de définir les procédés de traduction mis en application par le missionnaire. Ce travail impliquait une approche comparative des systèmes

---

[1] *Cf.* 1.7.

linguistiques saisis à un moment historique de leur fonctionnement.

Les résultats de l'analyse du corpus créole confirment en effet que le système grammatical créole possédait déjà un noyau syntaxique autonome alors que le lexique religieux de 1842 ne répondait pas systématiquement aux besoins de la catéchisation exprimés en français.

Le premier volet de cette troisième partie s'attachera à montrer comment Levavasseur a su mettre à profit toutes les ressources du système linguistique sans pouvoir éviter dans les séances orales de catéchisation le passage obligé par les mots et les concepts religieux du français. Les unités et syntagmes restés en français sont la trace écrite des impossibles coïncidences entre systèmes français et créole. Notre étude a accordé une place importante à ces contraintes parce qu'elles contribuaient à mettre en relief les solutions linguistiques apportées par le missionnaire aux problèmes de traduction.

3.2. Les difficutés de traduction dans le texte français

Après avoir repéré dans la base de données créole les unités qui ne pouvaient faire l'objet d'une traduction terme à terme, nous avons essayé d'établir la liste des items du texte français susceptibles de gêner la traduction en créole parce qu'ils contenaient des spécificités grammaticales non équivalentes en créole de Bourbon. Ce domaine d'analyse repose en effet sur une appréhension des deux langues dans leurs différences.

Nous présentons les difficultés du texte français, non seulement à travers les item lexicaux, mais aussi à la lumière de l'unité ou structure grammaticale : < créer, être le Créateur, où est Dieu, le souverain maître, avoir la charité, c'est aimer, avoir le droit, de faire, nous sommes obligés de, nous avons besoin, de la Grâce et du secours, est né, la Rédemption, être sauvé, le péché, originel/véniel, coupable de, les bons, éternellement, avoir une âme, semblable à, puissante, ancienne, le Symbole des apôtres, choses, hommes, monde, prochain, un horrible sacrilège, communier, en état de, serait, être sauvé, délivrer de, suffit-il de, la récompense, la punition, la vertu, sera, a été, être, avoir, porter qqn à, par quels moyens, par nos propres forces, à l'aide de, éviter le péché, sous les apparences de, le Baptême, donner l'absolution, les vérités, faire un acte de foi, la couleur, la figure, le goût >. Cette approche un peu plus systématique nous a amenée à cerner de plus près les différences linguistiques entre les deux versions du catéchisme de Bourbon.

3.3. Différences linguistiques entre créole et français

L'examen des unités du français qui ont posé problème en traduction attire l'attention sur les techniques dont s'est servi le traducteur pour passer des contraintes du français à celles du créole. Nous avons essayé de sérier les difficultés de traduction en regroupant dans une liste à part les items du texte français devant faire l'objet d'une explication grammaticale avant d'être traduits.

La première difficulté est liée à l'emploi relativement fréquent dans le texte français du verbe être au sens de "être, exister, signifier". Ex. : être Dieu, être le créateur, être au ciel. Le corpus français atteste des emplois de la copule "être" à la forme infinitive (ex.: être né, être éternellement malheureux), mais aussi conjuguée au présent (ex.: est le souverain maître, quelles sont les vertus), au passé (ex.: étions nous perdus, si ne fut pas mort, quel a été), au futur (ex.: quelle sera la récompense), au passif (ex: être sauvé, nous sommes obligés) et dans les expressions figées (ex.: c'est aimer).

D'autres différences grammaticales sont marquées par l'emploi en français de l'article défini (*les* bons), indéfini (des), des prépositions (à, de, par, pour, sans, avec), dont la forme lexicale subsistait en créole, en prenant cependant un sens et une fonction différents. Les prépositions servent également à relier des groupes nominaux constitués d'unités lexicales n'existant pas en créole (ex.: avoir la charité, c'est aimer, avoir le droit de, nous sommes obligés de, nous avons besoin de ... et du ..., en état de, délivrer de, suffit-il de, à l'aide de, sous les apparences de, porter qqn à, par quels moyens, par nos propres forces).

Ces structures contiennent des mots du vocabulaire français que le lexique créole ne connaissait pas. Ils appartiennent à la classe du verbe (éviter, délivrer, porter, contenir), du nom (la couleur, le goût, la figure), des adjectifs (souverain, semblable à, coupable de, puissant, horrible). Ils pouvaient également correspondre à des concepts religieux et à des notions théologiques que le français exprime à l'aide d'un lexique n'existant pas en créole.

Une sous-classe est constituée de noms restés en français dans le texte et correspondant à des concepts religieux abstraits < vertu, péché, vérité, symbole, mystère, péché mortel, péché véniel, la Trinité, la Rédemption, la Résurrection, l'Espérance, la Foi, la Charité > ou alors à des actes religieux illocutoires < le Baptême, l'Eucharistie, l'Ordre, l'Extrême-Onction >. Nous avons accordé une place à part à la classe de noms à valeur religieuse figurant d'abord en français dans le texte et précédant une transposition en créole. Destinés à être répétés à haute voix et appris par cœur, ils ont fait l'objet d'une explication particulière en créole. On en trouvera l'étude détaillée avec celle des procédés de traduction.

3.4. Les procédés de traduction d'un point de vue fonctionnel

"L'étude des procédés de traduction n'est possible qu'une fois réalisée la description phonologique, syntaxique et morphologique du système proprement dit, car la traduction dans une langue donnée fait appel à toutes les ressources de ce système"[2]. Nous parlons dans un premier temps de procédés de traduction, car ils sont dictés par les ressources et les contraintes propres aux systèmes linguistiques en présence. Le terme même de "procédé" implique une approche en synchronie dynamique, car cette partie de l'analyse ne s'arrête pas à une observation *hic et nunc* des faits linguistiques. Elle n'est pas non plus entièrement détachée dans une approche diachronique, car les usages attestés dans le corpus prennent également toute leur valeur quand on les rapproche des autres corpus de la même époque et du créole réunionnais actuel.

---

[2] Discussion orale avec André Martinet lors d'une séance de travail en octobre 1995 à Paris.

Les procédés sont apparus de manière contrastive quand on a rapproché les corpus en observant de façon plus précise les raisons pour lesquelles l'analyse automatique ne pouvait établir une correspondance mot à mot, voire phrase à phrase pour constituer le lexique bilingue du catéchisme. Cette difficulté procédurale a obligé le descripteur à regarder de plus près les mécanismes linguistiques utilisés par le traducteur en créole. L'analyse révèle que les procédés de traduction ne consistent pas en un simple usage formel d'unités de la langue, mais convoquent les pertinences les plus saillantes de la langue. Après avoir répertorié ces procédés, nous avons essayé de les classer en notant que le plus grand nombre d'entre eux mettent en œuvre les structures syntaxiques (cf. 3.5 à 3.14) et plus rarement les pertinences prosodiques (cf.3.12). Ce trait structurel peut avoir son importance quand il s'agit d'évaluer la place réelle des marques syntaxiques dans le système grammatical.

3.5. L'usage créole du prédicat verbal

L'emploi prédicatif est souvent mis à contribution en créole pour traduire ce que le français exprime à l'aide de noms abstraits, d'adjectifs ou de verbes non attestés dans le lexique créole. Il en résulte qu'à un nom français correspond un groupe verbal créole: "Qu'est-ce que le péché?" < Qu'ouessa fé péché >, "le péché est une désobeissance à (la) loi de Dieu?" < *fé péché* quand nous isivre pas la loi de bon Dié >.

Le corpus montre qu'à un prédicat nominal du français correspond souvent un prédicat verbal créole intégré à un synthème explicatif: "coupable d'un péché" < nanan péché >, "la confession serait-elle bonne?" < hec nous va gagne grâce avec Bon Dié? >, "l'âme et la divinité de notre Seigneur Jésus christ sous les apparences du pain et du vin" < l'âme et ligrand Siprit de noute Seigneur Jesus christ cassiette dans dipain et dans divin >, "Notre Seigneur Jésus christ est mort sur la croix le Vendredi Saint" < Notre Seigneur Jesus christ lé mort le Vendredi Saint, à cause sa même toutes chretiens y adorent la croix ci jour là >.

3.6. L'usage de subordonnées explicatives, déterminatives

L'auteur utilise des subordonnées explicatives pour traduire ou rendre les notions exprimées en français par des adjectifs et des adverbes. Ainsi, à un groupe nominal complexe français correspond une subordonnée ou une série de subordonnées à valeur explicative: "être éternellement malheureux" < sa va avec le Diable pour souffri dans l'enfer sans jamais arrêter >, "plus puissante, plus ancienne que les autres" < sac nanan pli d'esprit, li pli vié l'inne que l'autre >. "les bons et les méchants" < sac lé bons et sac lé mauvais >, "le symbole des apôtres" < comment les apôtres la parlé >, "la punition des méchants" < sac laté mauvais va sava >.

Une autre technique analytique et conditionnée par la pratique de l'oral consiste à adjoindre au verbe une subordonnée déterminative ou explicative dans des phrases injonctive et/ou interrogative: "faites un acte de foi" < Dis va que *vous nanan lafoi* >, "faites un acte d'Espérance" < Dis va bon Dié *vous nanan l'esperance* >, "Récitez le symbole des apôtres" < dis va *comment* les apôtres *la parlé* >, "Le Baptème est-il nécessaire pour être sauvé?" < hec Baptisé la grand necessaire pour aller ensemble bon dié? >.

Les subordonnées temporelles sont fréquentes : "Après le baptème" < quand nous la fine baptisé >, "pendant que le prêtre nous donne l'absolution" < quand le prètre y après pardonne à nous >.

La structure verbale la plus rentable est celle formée à l'aide d'un syntagme nominal déterminé par une relative introduite par *sac* "ce qui, ce que, ceux, celles qui, que" (ex. : "Dieu est le créateur de" < Bon dié, sac la fé >).

À deux syntagmes nominaux reliés par < de > français correspond une phrase créole qui explique le concept en l'analysant sous forme verbale : "de toutes choses" = < sac nous ivoué ensemb sac nous i voué pas >, "le péché" = < sac lé mal >, "tout, toutes" du français se traduit par des relatives déterminatives, explicatives < toussac sur la terre ensemble sac nous imagine >.

3.7. La répétition du prédicat verbal ou le doublet synonyme

À un verbe français correspondent deux syntagmes verbaux créoles juxtaposés, sans ponctuation. Ex. : "créer" = < fé àvous, mète à vous dans le monde >. Ex. : "Qu'est-ce-que Dieu?" = < qu'ouessa bon Dié, qu'ouessa li la fé? >.

Ce procédé prend une autre forme, celle de la coexistence de doublets prédicatifs synonymes où le premier est plus proche du français, alors que le deuxième correspond à une forme plus créole. Ex. : "est né" < lé né, lé vini dans le monde >. Ex. : < sa y appelle Mystère Racheté ou Rédemption >. Ex. : < Li la fé alli homme, comment li la fé pou vini homme >. Ex. : < lé ressuscité ou la revenu/arvenu vivant >.

3.8. Répétition lexicale, explication sémantique, mise en valeur

À un groupe nominal complexe du français correspond en créole un prédicat pronominal à forme parataxique < li même grand maître, li même toujours li maître > répétée en doublet. Les adverbes modalisateurs < même, toujours > sont au service de la focalisation : < mouin y dit sa mèm nous y voué dipaïn ensemble divin >.

Cette répétition d'une structure minimale est un procédé de focalisation pour traduire un adjectif français "souverain".

L'imprégnation pédagogique par répétition d'une structure française et transposition en créole. "Qu'est-ce avoir la charité?" < Qu'ouessa avoir la charité? >, "Avoir la charité, c'est aimer" < Avoir la charité ivé dire, que nous idoit aime le bondié plus que toute >, "L'eglise a-t-elle le droit de faire des commandements?" < Hec l'eglise nanan le droit fait commandements? >, "et nous sommes obligés d'obéir à l'église" < Et nous idoué accoute l'église >, "Nous avons besoin, pour éviter le péché et obéir à l'Eglise, de la grâce et du secours de Dieu" < Iffo que bondié i donne à nous la main, pour nous bien imagine alli, pour pas fait sac lé mal >. Ainsi des groupes verbaux du français sont présents dans le texte créole, parce que le traducteur, dans sa pratique pédagogique, reprend un concept français qu'il traduit en contournant les impossiblités lexicales et grammaticales dans le passage d'un système à l'autre.

3.9. La fonction compensatoire
de la négation et de l'aspect verbal

Le tableau illustrant le fonctionnement du système verbal (cf. 2.36) avait souligné que les marques aspectuelles étaient plus rentables que les marques temporelles dans ce corpus créole. La traduction montre l'usage que pouvait faire le système créole des différentes marques aspectuelles pour rendre de manière équilibrée les temps du français: "Quel péché commettrait celui qui communierait en état de péché mortel?" < Qui péché *va fé* sac *i va arcevoir le bon dié* avec grand faute dans le coeur?>, "Celui qui communierait en état de péché mortel ferait un horrible sacrilège" < Sac i va arcevoir le bon dié avec grand péché dans le cœur, sa un grand malheur mèm, *vaut mieux na pa fé rien*, son faute pli fort encore >.

Le caractère analytique du créole l'oblige à séparer la notion d'horrible sa-crilège < sa un grand malheur mèm > du verbe < fé > et du souhait expri-mé par un prédicat modal < vaut mieux > marquant le souhait mais à l'ac-compli non passé et à la forme négative. Il rend ce qu'il est préférable de ne pas avoir fait. Ce procédé est conditionné par la disparition en créole de la conjugaison française, du conditionnel et du verbe < être >.

D'autres exemples de traduction du passé simple et du prétérit français attestent de mêmes procédés analytiques. La version créole se sert d'une locution verbale figée < gagne nout grâce > pour rendre l'idée de déréliction exprimée en français par le conditionnel "étions nous perdus": "Etions nous perdus si Jésus Christ ne fut pas mort pour nous?" < Hec si Jésus Christ *la pas té mort* pour nous, nous *n'aura gagne note grâce* pour aller dans para-dis? >, "Si on cachait quelques péchés, la confession serait-elle bonne?" < Si nous *y cassiette* un péché par esprès, hec nous *va gagne grâce* avec Bon dié >.

Quand il s'agit d'exprimer la pérennité et l'éternité divine, l'adverbe de temps < jamais > et la négation participent au marquage aspectuel. On observe donc que les adverbes jouent un rôle compensatoire en permettant au système de combiner l'aspect à des verbes inchoatifs employés à la forme négative: "Dieu a toujours été et sera toujours" < Bon Dié n'a pas com-mencé, ifini pas non pli jamais >.

Là où le français se sert d'un adjectif et d'un adverbe pour combiner uni-cité et restriction "ne font qu'un", le créole ne pouvait pas employer l'adjec-tif "seul", car il exprimait la restriction à l'aide de < soulement, rinq' > "ne que". C'est l'article indéfini et le numéral < inn > qui traduit alors l'unicité: "Pourquoi les trois personnes ne font qu'un seul Dieu?" < comment sa va fé inn bondié seulement? >, "Ne font qu'un seul Dieu" < i fé rinq'inn bon-dié >.

3.10. Locutions verbales, nominales, adjectivales

Le système dispose déjà de noyaux verbaux créoles primitifs < fé, fo, gagne > pouvant se figer dans des constructions verbales dont le sens est précisé par le contexte. Les locutions sémantiquement nouvelles qui en résultent signalent la nature du changement linguistique depuis l'étymon français: < fé anous > "crée", < sac la fé li ciel > "le créateur de", < sa va fé inn' bon dié seulement > "ne font qu'un seul Dieu", "le fils de Dieu s'est fait homme" < comment li la fé pou vini homme >, "Pourquoi le fils de Dieu a-t-il vouli se faire homme?" < hacfaire le fils de bondié la fé alli homme >. "Comment nous a-t-il délivrés du péché et de l'enfer?" < Comment li la fé pour gagne noute grâce? >, "Suffit-il de croire pour être sauvé?" < hec pour gagne paradis assez croire, sans faire sac i faut faire >, "Pourquoi le fils de Dieu a-t-il voulu se faire homme?" < hacfaire le fils de bondié la fé alli homme >, "Comment nous a-t-il délivrés du péché et de l'enfer?" < Comment li la fé pour gagne noute grâce? >, "Pouvons nous par nos propres forces éviter le péché?" < hec nous lé capabe par nous même fais pas la faute >.

Le corpus montre l'économie en œuvre dans les synthèmes interrogatifs figés. Il s'agit des formes synthématiques ou composées de deux unités dont l'une est toujours < qui > "quel". La deuxième composante est un nom < qui manière, qui bon qualité, qui malheur, qui bonheur, qui jour, qui péché>. Ces synthèmes sont syntaxiquement, lexicalement et sémantiquement insécables. "Quel jour notre Seigneur Jesus christ est-il monté au ciel?" < Qui jour note Seigneur Jesus christ la monte au ciel? >, "Quelle sera la récompense des bons?" < Qui bonheur va gagne sac lé bon? >, "Quelle sera la punition des méchants?" < Qui malheur va rivé pour sac la té mauvais?>, "Quelles sont les vertus qu'il faut avoir pour être sauvé?" < Qui bon qualité iffo que nous nanan pour aller ensembe bondié dans le ciel? >, "Quel a été le péché d'Adam?" < Qui péché la fé papa Adam? >, "Quel péché commettrait celui qui communierait en état de péché mortel?" < Qui péché va fé sac i va arcevoir le bon dié avec grand faute dans le cœur? >, "Qui porta le premier homme à désobéir à Dieu?" < Quissa la embête le père Adam pour empêche alli accoute bondié? >, "Par quels moyens Dieu nous donne-t-il ordinairement sa grâce?" < Qui manière nous va fé pour que bon Dié va donne li manière fait son libien? >.

3.11. La valeur neutre et plurielle de < monde, toutes, toussa, sac >

La valeur neutre et plurielle de ces unités grammaticales ressort des exemples du corpus, une fois identifiées les différentes fonctions à travers les irrégularités graphiques. On peut partir de l'unité < monde > pour comprendre les procédés de traduction dans le corpus. En tant que nom, < monde > signifie < le monde, l'univers > et s'emploie dans des groupes < dans le monde > "au monde", < à cause péché de notre papa 1er monde >. Il sert aussi à traduire le concept français "prochain" et Levavasseur n'hésite pas à l'employer au pluriel < mouin y aime aussi tout le monde >, < et tous les zotes mondes >.

Employé avec < le >, il fonctionne comme pronom personnel à valeur plurielle et indéfinie "nous/on" dans la traduction créole < qui prière le mond la coutimé fé?>, < un corps comme de monde >, < le monde capable trouve li boûte...>. Dans le système, il occupe par ailleurs la place d'un pronom relatif pouvant être renforcé sémantiquement et déterminé syntaxiquement "celui qui, ceux qui" < tout le monde qui né >, < li corps du monde sac lé malade >, < et aux bons mondes qui lé mort >.

L'usage que le traducteur fait de < toutes > et de < sa > repose sur les mêmes faits grammaticaux (cf. 3.37). Nous observons ici qu'ils aident la traduction de concepts abstraits comme "contenir les vérités". Les unités choisies combinent valeur totalisante, neutre et anaphorique. À un nom français correspond une phrase créole de type *toussa que* : "Où sont contenues les vérités que nous venons de voir" < Comment nous y connait *toussa que* nous y vient de dire là? >. L'auteur se sert de la forme figée < toute > dont l'emploi grammatical est très fréquent < toute ensemble > "à la fois", < nous toute ivient > "nous venons tous", < toutes chrétiens > "tous les chrétiens", < toutes péchés sac nous la fé > "tous nos péchés", < aquel la mielleur prière de toute > "quelle est la plus excellente des prières", < dans toute la prière sac lé pliss bon > "la plus excellente des prières...".

Le corpus offre moins d'exemples pour < chose >. On relève cependant < sa un chose que nous vive... > "est un signe sensible...", < légale pour toutes > "en toutes choses".

3.12. La pertinence de l'intonation

L'expression syntaxique de l'interrogation à l'aide d'adverbes et de pronoms est plus fréquente dans ce système créole que son expression à l'aide de structure prosodique pertinente et de l'ordre des mots. Dans ces cas, les phrases sont marquées par une intonation montante comme le montrent les exemples du corpus: < Li père la bon dié? > "Le père est-il Dieu?", < Le fils la bondié même sa? > "Le fils est-il Dieu?", < Li saint Esprit bondié encore? > "Le St Esprit est-il Dieu?", < Le monde capable trouve liboûte mystère là? >.

Cette dernière phrase n'a pas d'équivalent français dans le manuscrit original. Les résultats de notre analyse linguistique du texte bilingue permettraient d'en proposer d'abord une explication littérale : "Le monde capable trouver le bout mystère là?", puis une traduction: "Peut-on expliquer ce mystère?". En créole réunionnais actuel, deux locutions verbales figées sont toujours fréquentes < ròd lö boutt ansanm' ain moune > "chercher noise à quelqu'un", < trouv' lö boutt > "élucider, résoudre".

3.13. Tableau 1 – Les marques de relations entre mot et phrase

FONCTION	INVENTAIRE : UNITÉS SIMPLES, COMPLEXES	EXEMPLES
coordonnant	et ensemble mais ou seulement	< à la bonne vierge *et* aux bons monde > < toussac sur la terre *ensembl* sac nous imagine > < *mais* dans bon dié là > < péché mortel *ou* gros péché> < *seulement* à la messe li mort pas... >
subordonnant simple	comment pendant pour quand que - complétif - - relatif - que - qui relatif - < sac > "ceux qui" ça même toussa(c) si	< dis va *comment* les apôtres la parlé> < *pendant* Jésus Christ lété sur la croix > < *pour* nous vini bien bon chretiens > < *quand* prêtre y après pardonne à nous < ifaut *que* nous nanan chagrin dans le cœur > < toutes noutes péchés *que* nous nanan > < l'Eucharistie un sacrement *qui* nannan > < iffo*que* na point rien *qui* gène noute cœur > < toutes péchés *sac* nous la fé > < tout ce monde *sac* i sava arcevoir > < la couleur, la figure et le goût *ca même* nous y voué > < ...ivoué *toussac* sur la terre... > < *si* moin isivre voutes commandements >
subordonnant complexe	comme quand infoi que jusqu'à temps quand pour	< la messe légal *comme quand* Jesus Christ la demande noute grâce > < *infoi que* Prètre la parlé > < *jusqu'à temps* nous la fini > < *quand pour* comminier >
pronom anaphorique, cataphorique, déictique *emploi prédicatif* < sa >	la...là, sa quand nom + sa + qui sa + même	< *La* prière *la, sa quand* nous imagine bien bon Dié > < Baptème ou *Baptisé sa* un sacrement *qui* tire toutes noutes péchés > < Sac isava arcevoir le bon dié avec un grand péché dans le cœur *sa* un grand malheur *même* >

3.14. Subordination, anaphore, cataphore, deixis

Nous traitons ici des marques linguistiques de la coordination, de la subordination, mais aussi de l'anaphore, de la cataphore et de la deixis, parce que les divers exemples attestés dans le corpus montrent qu'ils participent dans la structure de la phrase aux procédés de traduction. C'est pour cette raison que cette présentation des relations de dépendance et de détermination entre mots et phrases a été séparée de celle des unités et classes grammaticales.

En inventoriant les unités pouvant assurer cette fonction grammaticale, nous avons rassemblé dans un premier tableau vingt-quatre unités que l'on peut diviser en trois sous-classes. La première, celle des coordonnants, se compose de cinq unités qui sont présentées par ordre alphabétique : < et, ensemble, mais, ou, seulement >.

La deuxième se compose de onze subordonnants simples dont < comme, quand, pour, que, qui, sac, sa, si, toussa(c) >.

On observe que la subordonnée complétive s'exprime à l'aide de deux marques syntaxiques < que > dans < *que* na point rien qui gène noute cœur > et par l'absence de marque < Dis va (bon dié) vous nanan l'espérance >, < à cause limèm la dit li va donne à nous... >.

< sac > fonctionne également comme pronom relatif pluriel "que" < sa un sacrement qui tire toutes péchés sac nous la fé >, mais aussi avec la valeur de "ceux qui" < Sac isava arcevoir le bon dié avec un grand péché dans le cœur...>. Il équivaut également à "ce dont" < *sac* nous nanan bisoin pour gagne noute bonheur dans le ciel >.

Les autres pronoms relatifs attestés sont < que, qui, ca même > dans les exemples < mouin lé bien chagrin pour toutes péchés *que* moin laffé >, < mouin y dit *ca même* nous y voué... >, < l'Eucharistie un sacrement *qui* nannan >.

La troisième sous-classe est celle des subordonnants complexes ou doubles parce qu'ils sont composés de deux unités formelles formant une conjonction de subordination à valeur temporelle et servant à relier des propositions : < comme quand, infoi que, jusqu'à temps, quand pour >.

Nous avons placé dans une classe à part, l'emploi anaphorique, cataphorique et prédicatif de < sa > en structures équivalentes à la subordination. Cet aspect du texte manuscrit nous a conduite à utiliser la barre oblique pour indiquer au lecteur selon quels critères a été menée l'analyse syntaxique du texte : < comment y appelle sa mystère là / un bon Dié qui lafé alli homme? > < Sa y appelle Mystère L'Incarnation >. Ce trait grammatical est lié synchroniquement à l'identification de < sa > pouvant fonctionner comme pronom démonstratif en emploi prédicatif. On constate par ailleurs que le texte écrit n'a pas adopté une ponctuation coïncidant exactement avec la segmentation et la fonction réelles des unités et groupes syntaxiques. Notre analyse a intégré dans l'édition du texte écrit les pertinences de l'oralité : place de la pause, fonction pertinente de l'intonation dans la proposition interrogative, fonction des phatèmes < sa, là, même > placés en tête, en fin de mot et de proposition. < La prière la, *sa* quand nous imagine bien bon Dié > < Baptème ou Baptisé / *sa* un sacrement qui tire toutes noutes péchés > < Sac isava arcevoir le bon dié avec un grand péché dans le cœur / *sa* un grand malheur même >.

Nous avons un système attestant deux unités syntaxiques différentes < sa > et < sac >. L'étude linguistique comparée se demandera si, étymologiquement, cette unité correspond au français < c'est > devenu < sa > ou s'il s'agissait du pronom démonstratif neutre du français < ça >. Les exemples posent la question du lien historique entre < sa > et < sac >. On devra également considérer l'unité < qui > fonctionnant comme pronom relatif et aussi comme marqueur aspectuel dans < oussa *qui* reste bon dié >.

3.15. Morphologie, écriture et variation

Après avoir traité séparément de la syntaxe, de la phonologie des unités et des procédés de traduction, notre analyse grammaticale prend en compte les irrégularités et altérations formelles du manuscrit créole et tente d'expliquer les caractéristiques morphologiques à partir de l'activité manuelle du traducteur. Notre description avait en effet inventorié un nombre non négligeable de modifications que le missionnaire a apportées à son texte (cf. 2.11).

Un travail supplémentaire consistait à rechercher les raisons pour lesquelles certaines composantes du texte créole manuscrit étaient exposées à des irrégularités. On peut trouver à ce phénomène des causes externes et internes. Ces faits linguistiques s'interprètent dans le cadre à la fois plus large et plus complexe du texte religieux, résultat d'une double activité manifeste dans l'activité de traduction et l'acte d'écrire. La morphologie ou l'étude de la variation de la forme du signifiant occupe une place privilégiée dans une étude orientée vers l'observation du changement linguistique.

Le texte écrit se présente en effet comme une succession de demandes et de réponses s'exprimant dans une suite de phrases devant faire l'objet d'une traduction en créole. Nous savons que Levavasseur a préparé minutieusement ses séances de catéchisme tout en sachant que la pratique avec les esclaves en serait d'abord orale et que ses confrères francophones avaient besoin de soutien linguistique en créole. L'objectif poursuivi par la catéchisation était l'apprentissage de concepts et de gestes religieux. Il en résulte trois catactéristiques inscrites dans la structure du texte bilingue.

La phrase française contenait au moins un prédicat verbal ou nominal devant être repris en français dans le texte créole avant de faire l'objet d'une traduction en créole (cf. 3.5). Cette répétition d'unités linguistiques dans l'activité manuelle de l'écriture peut expliquer des fluctuations particulières ou des modifications plus larges de la forme et du sens des unités.

Pour des raisons de cohérence méthodologique, nous gardons le terme de fluctuation pour définir en phonologie le phénomène linguistique par lequel un locuteur respecte une opposition entre deux phonèmes tout en hésitant entre les deux, mais dans certains mots uniquement[3]. Dans les autres cas, nous parlerons de modification. En prenant en compte les traces linguistiques de relecture et d'autocorrection dans le manuscrit, nous avons constaté que des modifications affectaient exclusivement le texte créole.

Si certaines modifications sont liées à l'influence exercée par les habitudes scripturales conditionnées par l'écriture en français, d'autres semblent se rattacher à la prononciation ou aux traits phonologiques identifiés dans le système du corpus créole (cf. 2.32). En effet, nous avons inventorié des modifications visibles dans le tracé des voyelles. Celles-ci signifient peut-être que l'auteur a enregistré dans son écriture les spécificités de la prononciation créole de son milieu.

Le tracé de la voyelle < i > est renforcé quinze fois dans < siprit > "espri", < pli > "plus", < li > "il, ce...là, est", unité choisie à la place de < lé > "est". La voyelle < i > peut être remplacée par < y >. Les voyelles < u > [ou] et < e > [e] font aussi l'objet d'insistance dans le geste graphique. Elles sont employées dans des unités grammaticales à forme fluctuante. Il s'agit du pronom possessif "notre" s'écrivant plus souvent < noute > que < note >, de l'adjectif < toute > "tous, tout". Pour le verbe "pouvoir", la forme < pé > a été préférée à < peut >.

Un troisième type de modification concerne la manière même de traduire, puisque l'auteur a mis un mot à la place d'un autre sans vraiment effacer le choix des premières unités grammaticales qui restent visibles sous la tache d'encre (ex.: < li > au lieu de < lé >, < toutes > au lieu de < tous les >.

Trois corrections n'ont pu être déchiffrées avec certitude, les autres étaient lisibles à la loupe: < ossi > au lieu de < aussi >, < aux bons mondes qui lé mort > a remplacé < aux autres saints du ciel >.

Plus rare est le type d'autocorrection qui consistait à rajouter entre les lignes les mots oubliés (ex.: tous les pretres) ou à traduire (recevoir les sacrements). Plus souvent, la correction du texte constitue une double proposition pour la traduction. L'expression est alors traduite de deux manières (ex.: < lé né, lé venu au monde >).

L'analyse révèle que les modifications sont rarement aléatoires, qu'elles traduisent des solutions et trahissent des hésitations face à de véritables problèmes structurels.

Les modifications apportées par l'auteur à son manuscrit sont certes conditionnées par l'impact de la tradition orale dans des pratiques linguistiques sans fixation orthographique officielle. Cependant, l'oralité n'est pas seule responsable de la variation ou de la fluctuation des formes écrites.

L'item < Dieu > atteste par exemple une très grande fréquence dans le discours (40 occurrences). L'item créole correspondant s'écrit dans le texte de quatre manières différentes < Bon Dié, Bon dié, bon-dié, Dié >. La plus fréquente reste < bon Dié >. Les raisons de cette fluctuation sont d'abord linguistiques. L'auteur hésite entre le synthème (mot composé sémantiquement figé et syntaxiquement insécable) et le groupe nominal complexe (adjectif épithète + nom). Une deuxième raison est religieuse ou idéologique, car il faut marquer le respect pour la grandeur divine par l'emploi de la majuscule dans le symbole religieux comme < Paradis, Seigneur, Jésus >. Le nom s'écrit avec une minuscule quand il fonctionne comme nom commun composé de deux, trois unités lexicales < fils bon dié, papa Adam >.

3.16. Essai d'explication linguistique de la variation

Les facteurs qui déterminent la variation de la forme du signifiant semblent de nature différente. Le premier est manifestement dû à l'instabilité de certaines oppositions phonologiques, à l'existence dans le système de plusieurs façons de prononcer certains mots. C'est ce qui ressort de l'étude de la distribution des phonèmes dans les mots que nous avons regroupés dans la classe 2 du tableau synoptique. Un examen des occurrences classées et présentées sous forme de tableau récapitulatif conduit à une étude historique de la forme et du sens des mots créoles. Selon la stabilité de la forme du signifiant dans le manuscrit créole, on distingue trois classes d'unités lexicales. La première regroupe des mots dont le signifié ou le sens français correspondaient à des cases vides en créole. Il s'agissait de concepts religieux du français que les esclaves ne connaissaient pas (ex.: l'Eucharistie). On en relève vingt-huit. La troisième rassemble les mots identiques au français dans la forme du signifiant, mais différents par le sens (< imontre > "enseigner, expliquer").

3.17. Tableau 2 – Classification morphologique
des unités lexicales

Classe 1 CHANGEMENT DE LANGUE	Classe 2 FLUCTUATION PHONOLOGIQUE CRÉOLE	Classe 3 CHANGEMENT SYNTAXIQUE, SÉMANTIQUE
apôtres/apotres	/e/ ~ /i/	accoute
Baptisé là	devoir / divoir	embête
bienheureux	merite / mirite	imontre,
bonheur	le droit / li droit	isivre
la charité	avec / avic	ireste / riste
commandements	aquel / aquil / laquel	issay
comminier / communier	lé/les/li	ivide
la confiance	lispri / linspri / esprit / siprit	i faut / iffo / y faut
la confirmation		ifé / iffé / ifé / i fait
croire en	/ə/ ~ /i/	i gagne
le démon	besoin / bisoin	
le Diable	veni / vini	monde
la divinité		chose / choses
l'Esprit	/e/ ~ /ə/	
grâce	l'église / l'eglise	la, là
l'Ascension	sacrement / sacrément	les, lé
espérance, esperance	péché / peché	ossi, aussi
l'eucharistie	/e/ ~ /ø ~ œ/	
l'Incarnation	i pé / i peut	toute / toutes / tous
mystère	i vé / i veut	toussa / toussac
obéissance	Bon Dié, Bon Dieu	
péché originel, véniel	/e/ ~ /ẽ/	sa, ssa, ca,
pénitence	inne / êne / inn'	qui
rédemption	in / un	
ressuscité	/e/ ~ /a/	quissa
racheté	laté, lé té, la té	qu'ouessa / quouessa
symbole	i doit / i doué	
la volonté		

	/i/ ~ /y/
	  si / sur
	
	/o/ ~ /u/
	  nout / notre / noute /
	
	/a/ ~ /ã/
	  nana, nannan
	
	/a/ ~ /ɑ/
	  arcevoir, recevoir
	
	/l/ ~ /n/
	  la pa té / na pa té	

3.18. Grammaire créole et vocabulaire religieux (cf. Classe 1)

Les unités lexicales présentées sur le tableau ci-dessus figurent dans l'ordre alphabétique et correspondent à des concepts religieux devant être introduits dans le catéchisme des esclaves au cours des séances d'instruction religieuse. Les mots se caractérisent formellement par une orthographe instable, notamment par un emploi fluctuant des accents et plus rarement des consonnes. L'étude phonologique (cf. 2.13.) a repéré une hésitation sur l'orthographe pour les voyelles correspondant aux sons [e, ɛ, o, ɔ, a, ɑ] dans les mots < même, mème, prêtre, prètre, baptême, apôtre, apotre, symbole, symbôle >.

Le procédé utilisé pour les introduire n'était pas dicté par la traduction du texte écrit, mais se rattachait davantage à des procédés propres à la pratique pédagogique orale.

L'imprégnation pédagogique se faisait par l'apport progressif d'information nouvelle, d'explication et de définition que les esclaves devaient répéter à haute voix. Les structures dialogales les plus récurrentes étaient < comment s'appelle..., qu'est-ce que..., que veut dire, cela s'appelle, c'est cela qu'on appelle, c'est quelque chose qui, que >.

Il arrive cependant que le missionnaire traduise le concept français à expliquer < Comment y appelle sa mystère là / un bon Dié qui lafé alli homme? > < Sa y appelle Mystère L'Incarnation >, < qu'ouessa avoir la charité? > < Avoir la charité ivé dire que nous idoit aime le bon dié plus que toute et que nous i doit aime aussi tout le monde, comme nous aime nous même >, < Qu'ouessa un Sacrément?> < un Sacrément sa un chose que nous vive / que Jesus-christ lafé exprément pour aide à nous pour nous venir bon >, < quouessa le Baptême ou Baptisé? >. < Baptême ou Baptisé / sa un sacrement qui tire toutes noutes péchés que nous nanan / pour fait à nous enfans de bon Dieu enfant l'Eglise >, < Qu'ouessa là penitence / hac faire aller confesse > < la Penitence / aller confesse / insacrement qui tire toutes péchés sac nous là fé / quand nous la fini Baptiser >.

Sur le plan historique, ce procédé sans être très original apporte un exemple intéressant pour l'observation de ce créole dans la mesure où il montre comment le missionnaire s'est servi des structures créoles construites sur la cataphore et l'anaphore (sac, sa / là, la) pour introduire des concepts et des mots non créolisés. Dans le cadre d'une observation générale des faits de langue, le créole permet de comprendre en quoi la Grammaire précède le Lexique dans l'évolution du système de la langue.

3.19. Les oppositions phonologiques instables (cf. Classe 2)

Pour classer les unités linguistiques soumises à des fluctuations de la forme écrite dans le texte créole, nous avons commencé par les phonèmes ou les unités de deuxième articulation définies comme les plus petites unités à fonction distinctive. Les occurrences prouvent que les oppositions sont plus instables pour les voyelles que pour les consonnes. Les oppositions fluctuantes sont dans l'ordre de présentation /e/ ~ /i/, /e/ ~ /ə/, /ə/ ~ /i/, /i/ ~ /y/, /e/ ~ /(ø œ)/, /o/ ~ /u/. Malgré le très faible rendement et l'instabilité de l'opposition /i/ ~ /y/, nous l'avons notée en mentionnant la distribution de /y/ dans les mots nouveaux du vocabulaire religieux. On constate que ce système phonologique créole fonctionnait avec des variantes et des oppositions rares. Le corpus seul ne permet pas de préciser si les voyelles du français /(y, ø œ)/ étaient en voie de disparition en créole ou si Levavasseur a gardé dans son texte créole des habitudes alphabétiques du français.

La seule opposition consonantique instable est /l/ ~ /n/ dans < la pas té mort > < na pas té mort >. L'instabilité consonantique touche par ailleurs des groupes bien précis de consonnes en finale de mots. Il s'agit de < ble > , < dre >, < vre >, < fre >. La forme des mots créoles éclaire l'influence des habitudes articulatoires ou prononciation sur la structure. C'est ce qu'on appelle traditionnellement la phonologisation. Dans le système, les groupes consonantiques hérités de la langue lexificatrice étaient vraisemblablement en voie de disparition.

3.20. Formes écrites, fonctions et sens
des mots créoles (cf. Classe 3)

La Classe 3 rassemble les unités dont la forme varie en même temps que le sens et la fonction. Il s'agit de verbes dont les étymons appartiennent à la base lexicale française, mais qui ont pris un autre sens en créole: < i accoute > "obéir", < imontre > "enseigner". D'autres ont acquis une fonction syntaxique différente en devenant noyau verbal de locution sémantiquement figée < gagne grâce, trouve liboute, fé peché >.

Certains noms attestent une forme différente de l'étymon français et du créole réunionnais actuel. Il s'agit de substantifs figés après la disparition du partitif français "du" dans les mots créoles < dipain, divin >. La même structure est attestée pour < lafoi, lacroix >.

Notre étude a identifié un indicateur nominal qui s'est maintenu malgré la disparition en créole de l'opposition de genre et l'inadéquation de l'article défini pour décrire la structure du groupe nominal. D'autres attestations du corpus confirment ce trait syntaxique dans la traduction de < les bons > par la relative < sac les bons >, < sac lé bon >.

Nous accordons une attention particulière aux mots comme "monde, chose" dont la forme varie en même temps que la fonction et le sens en illustrant ce qu'on appelle en linguistique le phénomème de grammaticalisation : les unités lexicales du français sont devenues des unités grammaticales en créole < aux mondes sac > "à ceux qui".

L'influence du français s'est exercée par exemple dans la graphie du pronom personnel créole < à nous, a vous > pour lequel le missionnaire s'est inspiré aussi de l'orthographe de la préposition < à > attestée dans < à cause >. Les pronoms < lui, moi > s'écrivaient < alli, amouin >.

On observe la même hésitation pour < qu'ouessa / quouessa, sa / ssa / ca, la / là, mème / mèm / même, ossi / aussi >. La double graphie caractérisant le dernier exemple peut s'expliquer par l'hésitation du missionnaire entre graphie étymologisante et graphie créole (cf. 2.7). Pour les autres exemples, on peut avancer des raisons internes, conditionnées par le système linguistique créole.

Notre analyse a noté (cf. 3.38) la plurifonctionnalité de < qui >, de < sa >. Elle a relevé dans d'autres corpus littéraires des formes différentes pour une même unité syntaxique. L'interrogatif "quoi, qu'est-ce que" est noté < qu'ouessa, quouessa > chez Levavasseur alors que Volcy-Focard relevait < qouk y dit > pour le parler des petits créoles, < quou qi dit > pour le parler des Cafres et < qué nouvelle > pour le parler des Noirs indigènes, vrai créole selon l'auteur (cf. 2.7). Les différentes graphiations peuvent donc également refléter certains points de la variété des usages attestée dans la colonie de l'époque.

L'interprétation possible des différentes graphiations de < sa / ssa / ca > est plus complexe parce qu'elle se rattache à la fois à la question du changement phonétique ([e] est devenu [a]), syntaxique (plurifonctionnalité de < sa >, < sac >) et structurel (emploi dans une même structure de la valeur prédicative et cataphorique). Le système ne s'est pas entièrement débarrassé de traits syntaxiques du français comme la conjonction de subordination < que >, mais l'étymon < que > est déjà grammaticalisé dans < sac > fonctionnant aussi comme pronom relatif. Ces points illustrent la complexité de la restructuration du système grammatical créole dans sa relation historique au français (cf. 3.38).

3.21. Bilan général : le système grammatical créole dans le catéchisme

L'application des critères de commutation et d'exclusion mutuelle a mis en évidence le fonctionnement du système grammatical créole dans le texte écrit. Un premier niveau de l'analyse s'est attaché à identifier les unités, à observer la façon dont elles se rattachaient à leur classe grammaticale respective. La délimitation des classes nous conduit à une première appréhension du système de la langue, celle d'un noyau grammatical constitué d'un système syntaxique plus visible que le système phonologique parce que l'évaluation de ce dernier reste tributaire de la forme écrite du manuscrit. Notre travail a séparé l'analyse phonologique proprement dite de l'analyse morphologique incluant historiquement l'étude de la distribution des phonèmes dans les mots ainsi que les différents types de relation entre la forme et le sens des unités.

Nous avons retenu un système syntaxique constitué de neuf classes: celle des verbes, de marqueurs préverbaux aspectuels et temporels, des noms, des actualisateurs du nom (définis, indéfinis, pronoms démonstratifs, possessifs, interrogatifs), des pronoms personnels, des prépositions, des adjectifs, des adverbes et des subordonnants. Selon l'appartenance des unités à une classe grammaticale, on a pu répertorier 101 noms, 82 verbes, 27 adjectifs, 20 adverbes, 18 pronoms interrogatifs, 11 pronoms personnels, 13 prépositions, 7 indicateurs nominaux, 5 pronoms démonstratifs, 5 pronoms possessifs. Une lecture critique doit tenir compte des procédés de traduction, de la plus grande fréquence de certaines unités comme < sac >, des unités plurifonctionnelles qui ont fait l'objet d'une explication grammaticale particulière (cf. 3.11).

Morphologiquement, l'analyse de la variation de la forme du signifiant révèle que le verbe attestait le plus souvent une forme unique et brève. Dans ce cas, il était toujours déterminé par un complément d'objet, un adverbe ou un circonstanciel. Le corpus attestait cependant une forme double à l'accompli pour certains verbes < la promet, promis > "a promis".

Sur le plan de la terminologie, nous avons souligné lors de la présentation des actualisateurs ou déterminants du nom l'inadéquation du terme d'article pour désigner l'unité grammaticale antéposée, postposée < la > ou circomposée < sa...la >. Nous avons préféré parlé d'indicateur nominal pour rendre compte des traits stables et des tendances les plus saillantes pour le fonctionnement du groupe nominal. Nous avons vérifié en effet que le système ne se servait plus de l'opposition de genre entre le masculin et le féminin malgré des vestiges formels démotivés.

La place du vocabulaire religieux de l'évangélisation dans le système linguistique créole de l'Ile Bourbon s'explique, comme nous l'avons vu, par les réalités sociales et religieuses de la Mission des Noirs telle qu'elle a été historiquement fixée dans le *Rapport* de Levavasseur. L'extension de ce phénomène religieux dans l'Océan Indien et dans les Caraïbes explique pourquoi il était nécessaire d'appréhender les manuscrits de Levavasseur à la lumière de la documentation religieuse que nous avons pu consulter pour ces sociétés créoles.

3.22. Les manuscrits de Levavasseur dans la documentation des créoles à base lexicale française

Pour comprendre le rôle de Levavasseur et de la Mission des Noirs à Bourbon de 1842 à 1849, nous avons rapproché ses manuscrits de quelques documents d'archives religieux dont certains, comme ceux du R.P. Laval, sont encore peu exploités à ce jour.

Il va de soi que notre ouvrage, volontairement concentré sur un auteur, n'entend pas proposer le même travail de reconstruction de manuscrits pour d'autres périodes de l'histoire de Bourbon ni pour les autres créoles de l'Océan Indien ou des Caraïbes. Les limites d'une recherche personnelle, le manque de compétence linguistique en créole mauricien et antillais ainsi que l'absence de documents similaires pour les créoles concernés expliquent pourquoi l'auteur de ces lignes a dû se contenter de présenter de façon sommaire et interrogative ce que la consultation de deux autres catéchismes créoles a pu apporter à la perception du créole et du français attestés dans les manuscrits de Levavasseur à Bourbon.

Pour les îles françaises d'Amérique, nous avons pu accéder aux archives de Chevilly-Larue à un document publié en 1842 par M. Goux, missionnaire apostolique à la Martinique. L'ouvrage se compose en fait de deux textes destinés à des publics différents et s'intitule *Catéchisme en langue créole. Précédé d'un Essai de Grammaire du langage des Noirs dans les îles françaises d'Amérique pour servir d'introduction à l'usage du catéchisme qui suit*, publié par Goux en 1842.

Pour le créole de l'Ile de France dans l'Océan Indien, un *Catéchisme créole de l'Ile de France*, datant de 1828, est devenu plus accessible depuis sa réédition en 1981 dans le recueil de textes créoles anciens[4]. Puisqu'il a déjà été exploité dans le cadre d'une étude linguistique comparée des créoles à base lexicale française de l'Océan Indien, nous nous contenterons de le situer dans l'histoire religieuse de la catéchèse à l'Ile de France en indiquant les similitudes et les différences par rapport à la situation à Bourbon à partir de 1842. Nous poserons la question historique des deux versions du catéchisme du Père Laval à l'Ile de France sans pouvoir la résoudre, puisque son catéchisme créole est attesté dans des témoignages, mais n'a pas été retrouvé à ce jour.

3.23. Les aménagements apportés au Petit catéchisme de Fourdinier

Nos recherches assez sommaires ne nous ont pas permis de documenter de façon scientifiquement satisfaisante l'existence historique à l'Ile de France et en Martinique d'une Mission des Noirs comparable à celle qui s'est mise en place à Bourbon de 1830 à 1860. Nous avons cependant pris connaissance des travaux publiés ces dernières années par Amédée Nagapen pour l'Ile Maurice et Philippe Delisle pour la Martinique. Aucun de ces travaux ne propose une évaluation chiffrée de la population d'esclaves concernée par cette Mission dans la courbe historique des mouvements migratoires. Il n'est donc pas possible d'évaluer l'impact linguistique et statistique de cette christianisation dans la société coloniale concernée.

D'un point de vue comparatif, ces travaux ont retenu notre attention parce qu'ils reposent sur l'examen des documents d'archives des Spiritains à Chevilly-Larue. Il nous paraissait donc intéressant d'évoquer ici la complémentarité des approches.

Les ecclésiastiques en contact avec les esclaves noirs de ces colonies françaises s'accordaient à reconnaître l'insuffisance des catéchismes diocésains dictés par le modèle européen parce qu'ils n'étaient pas adaptés à la situation linguistique et culturelle des esclaves.

---

[4] CHAUDENSON Robert, op. cit., pp. 107-114.

Les exigences de la morale dogmatique fixée par Rome interdisaient toutefois une trop grande liberté dans le traitement de textes canoniques[5]. Le *Petit catéchisme* de Fourdinier, qui a servi de base à la traduction dans les divers créoles, se présentait comme un abrégé de la doctrine chrétienne à l'usage des paroisses des colonies françaises, approuvé par la Sacrée Propagande. Il correspondait bien sûr au modèle élaboré à Bourbon en 1820. Au bout de quatorze ans de ministère en Martinique, Goux en livra une version créole sans indiquer la collaboration de l'abbé Perigny, vice-préfet apostolique de la Martinique, et Créole originaire de Saint-Domingue.

Sans adjoindre le catéchisme français au texte créole, Goux en indique les sources en ces termes:

"pour faciliter l'instruction religieuse des Noirs, nous avons traduit en l'idiome du pays, le petit catéchisme qui se trouve au commencement de celui que M. Fourdinier a publié pour les colonies françaises avec l'approbation de la Propagande".

Nous ne sommes pas particulièrement bien informée sur la compétence linguistique des auteurs concernés. On peut sans doute considérer que Goux appartenait comme Monnet à ces locuteurs bilingues qui avaient acquis sur le terrain et par leurs motivations personnelles une compétence en créole. L'ouvrage ne dit rien de la situation linguistique de son collaborateur.

Un autre point évoqué par les auteurs concerne la méthode orale devant soutenir l'usage de ces textes créoles. Dans son *Rapport*, Levavasseur se plaignait de la dureté de sa tâche auprès des esclaves à convertir, compte tenu des problèmes de compréhension et d'expression dans une langue vivante étrangère. En Martinique, les auteurs soulignent également les limites d'une mémorisation mécanique telles que Schœlcher les a observées auprès des esclaves en 1842:

"Ils n'y trouvent qu'une lettre morte pour eux privée de tout sens, et confondant parfois une réponse avec l'autre, ils répliquent lorsqu'on leur demande par exemple combien il y a de personnes en Dieu? Trois: la foi, l'espérance et la charité"[6].

3.24. Les catéchismes à l'Ile de France : 1828, 1843, 1891

L'ouvrage de Nagapen, paru en 1994 à Port-Louis, retrace l'histoire générale du catéchisme, du XVIe siècle à la première moitié du XXe siècle et analyse la situation depuis le XIXe siècle pour l'Ile de France.

Les travaux antérieurs indiquaient que ce catéchisme avait été communiqué par le Capitaine Laray et publié en 1885 dans le *Bulletin de la Société de Linguistique de Paris*[7]. Dans l'étude de Nagapen, le catéchisme créole de 1828 est identifié, même si l'auteur ne précise pas s'il s'agissait de la traduction créole d'un catéchisme français.

"Il faut en effet remonter à 1828 pour rencontrer le premier manuel de religion, imprimé sous forme de demande et réponse en créole de l'ancienne Ile de France. Il s'agit du Catéchisme en créole, ouvrage protestant, sans indication d'auteur, et réalisé à l'Imprimerie Tristan Mallac & Cie, Port-Louis. Comme le rédacteur mentionne sa résidence au Réduit, il s'agit sans nul doute du pasteur protestant Jean

---

[5] HAZAËL-MASSIEUX Guy, 1996, pp. 98-117.

[6] SCHŒLCHER Victor, 1842, p. 321.

[7] CHAUDENSON Robert, op. cit., p. 107

Lebrun qui arriva dans la colonie en 1814"[8].

D'un point de vue historique, une vingtaine d'années séparent le catéchisme de Levavasseur de celui du pasteur protestant Jean Lebrun. Dans sa présentation matérielle, le document à caractère unilingue ne donne pas le texte français ayant éventuellement servi de support à la traduction en créole de l'Ile de France.

Dans le texte publié par Chaudenson en 1981, ce catéchisme se compose de 152 demandes et réponses en créole. L'absence de titre n'indique pas non plus directement l'organisation thématique en chapitres que nous avons pu suivre dans le corpus de Levavasseur.

Une lecture attentive de ce catéchisme en créole de l'Ile de France permet cependant de penser qu'un catéchisme français commun – peut-être celui de Fleury – a pu servir de base à l'élaboration d'une version créole reflétant des différences théologiques séparant le catholicisme du protestantisme. En effet, si l'on se fonde sur les thèmes abordés, on constate que le catéchisme ouvre effectivement sur la définition de l'homme en tant que créature divine, mais développe la différence entre le corps et l'âme.

On remarque des différences morphologiques et grammaticales entre les créoles à base lexicale française. L'adjectif possessif "votre" et le pronom personnel "vous" se disent < vous >: < Comment vous capable connéz qui vous y-en a un nâme dans vous le côr > "Comment pouvez-vous savoir que vous avez une âme dans votre corps".

On identifie en créole de Bourbon, comme à l'Ile de France, un fonds lexical commun, surtout pour les verbes et les noms religieux < faire, conné, capabe, côr, besoin, nâme, ensemble, allée, va, montrée, zigé, sivré, donné, dire, jalou, contant, licaire (cœur), sicour, sa-la, sa qui, qui péchés >, < sa qui faut faire > "ce qu'il faut faire". Les locutions verbales sont bien exemplifiées < gagné grâce, pour vous gagné la bonté de Bon Dieû > . La forme de l'interrogatif est < Qui sa Baptême >, "parce que" se dit < acôse > et < pass >. Le futur s'exprime aussi à l'aide du marqueur < va > dans < va divinie > "deviendra", < Qui va divinie le démon à la fin >. Certains adjectifs substantivés sont traduits à l'aide des mêmes structures qu'en créole de Bourbon < sac lé/lés méchants >, mais toutes les unités grammaticales ne sont pas identiques < sa qui missant > "les méchants", < sa qui bon > "les bons".

L'ouvrage de Nagapen avance des éléments pour l'hypothèse d'une scolarisation des esclaves en créole. L'auteur pose le créole de cette ancienne colonie comme langue vernaculaire vraisemblablement utilisée au cours de la catéchisation[9]. En effet, il a pu vérifier l'usage du créole pour le catéchisme pratiqué en certains points de l'île.

"Avec l'abbé Hippolyte Deroulle, premier prêtre mauricien, le catéchisme fut aussi enseigné en créole, notamment dans les chapelles de l'est de l'île (Flacq et Rivière-du-Rempart) dont il eut la charge de 1831 à 1838. En outre, à l'ombre de ces sanctuaires ruraux, le missionnaire établit de petites écoles primaires gratuites.

---

[8] NAGAPEN Amédée, 1994, p. 16.
[9] NAGAPEN Amédée, 1994, p. 16.

C'est surtout avec le Père Jacques Désiré Laval et les vingt-trois années de ministère accomplies dans l'île sœur que s'ouvre une nouvelle catéchistique allant de 1841 à 1864"[10].

3.25. L'échange entre Levavasseur et le R.P. Laval à l'Ile de France

Le Père Laval a laissé un *Grand catéchisme des Noirs*, qui se trouve aux archives des Spiritains et un *Petit catéchisme des Noirs*, dont la transcription est conservée à l'Évêché de Port-Louis. Les témoignages écrits confirment la collaboration entre le Père Laval et Levavasseur.

Dans sa conception de la catéchèse, l'initiative du R.P. Laval semble comparable à la Mission des Noirs réalisée à Bourbon. Si l'on intègre les documents manuscrits conservés à l'Évêché de Port-Louis ainsi qu'aux archives de la maison mère des Spiritains, on observe, en effet, des techniques communes s'expliquant probablement par les échanges que les Spiritains avaient établis alors entre Bourbon et l'Ile de France.

C'est ce qui ressort des différentes notes inscrites ici selon les mêmes principes que ceux déjà observés dans nos autres documents religieux. Placées en première page, elles rendent compte de l'histoire de ce manuscrit, telle que les Spiritains ont pu la reconstituer de janvier à octobre 1869. Ce mode de conservation est important, car il aide le linguiste de terrain à résoudre les difficultés de lecture.

La première tient au fait qu'il s'agit d'une copie de seconde main puisque le texte a été transcrit d'après une copie faite par une personne de Maurice peu lettrée, qui a modifié le manuscrit original en corrigeant les fautes d'orthographe qui s'y rencontraient (cf. 3.27).

On comprend aussi que le catéchisme de Laval correspondait à un travail semi-collectif comme le signalaient les notes du Père Thevaux:

"Ce catéchisme a été en grande partie rédigé par le Rév. Père Laval, qui s'est aidé, je crois, du catéchisme du R.P. Levavasseur de Bourbon. Il n'est que l'abrégé d'un grand cahier de catéchisme où les mêmes matières étaient toutes plus simples les unes que les autres et entièrement écrites de la main du Père Laval".

Une note rajoutée quelques mois plus tard par le Père J.M. Pivault rappelait que les missionnaires, à la recherche d'outil linguistique utile à l'évangélisation des *populations neuves*, ont eu recours aux documents de travail que leur a légués leur prédécesseur. Le *Petit Catéchisme* du Père Laval a été perçu par ses confrères comme une méthode dont il s'était servi pour instruire ses pauvres Noirs, comme un plan d'instruction dont il s'est aidé pour se préparer à prêcher ses enfants. À l'Ile de France comme en Martinique, les premiers modèles réalisés vers 1842 devaient contribuer à la formation de jeunes prêtres.

Comparé à l'Essai de catéchisme en français que Levavasseur avait conçu pour les esclaves de Bourbon, celui de Laval est dépouillé de toute note. On y retrouve déjà une partie du titre "Petit catéchisme des Noirs". Le manuscrit de vingt-deux pages est structuré en neuf leçons auxquelles succèdent

---

[10] NAGAPEN Amédée, 1994, p. 37.

l'explication détaillée des dix commandements et leur exemplification à l'aide de références culturelles et morales (cf. 3.26). Trois pages sont consacrées aux péchés capitaux. On y retrouve le même objectif moral et religieux que dans le catéchisme de Goux à la Martinique, lorsque le catéchisme consiste à inculquer aux domestiques et aux servantes le devoir d'obéissance, de respect et de servitude envers les maîtres et maîtresses, respect des sacrements de l'Église, la crainte de la punition divine, les principes moraux d'une éducation loin du désordre moral et axée sur le mariage chrétien (cf. 3.26).

La description donnée par le Père Thévaux semble indiquer une méthode commune qui consistait à rechercher à travers différents essais la rédaction créole la plus adaptée à cette instruction.

3.26. Document 8 – Quelques pages du catéchisme du R.P. Laval

Petit Catéchisme des Noirs.
Composé par le R. P. Laval (à l'île Maurice)

Note du R. P. Thevaux Supérieur Provincial
de Maurice

Ce catéchisme a été en grande partie rédigé par le
cher Père Laval qui s'est aidé, je crois, du Catéchisme
du R. P. Sevavassem de - - -   il n'est que
l'abrégé d'un grand cahier de catéchisme, où les
mêmes matières étaient présentées sous plusieurs
formes, toutes plus simples les unes que les autres, et
entièrement écrites de la main du R. P. Laval.
    Je n'ai pas retrouvé le cahier, qui probable-
-ment aura été brûlé par le St homme[1], mais
l'abrégé que voici, est suffisant pour connaître avec
quelle simplicité & quelle justesse d'expression le P.
Laval instruisait ses pauvres noirs.
            Port-Louis le 15 Janvier 1869.

        Ce catéchisme est transcrit d'après une copie faite
par une personne de Maurice peu lettrée, on s'est borné
à corriger les fautes d'orthographes qui s'y rencon-
-traient.
                        S. Barillec.

(1) Important. Le 27 Juillet 1869, le P. Thevaux écrit au
P. Delaplace : « Vous recevrez aussi deux petits écrits du
P. Laval : l'un d'eux est un plan d'instruction, & peut
donner une idée de la manière dont il se préparait à
prêcher à ses enfants. Je vous envoie également son grand
catéchisme, il pourra servir beaucoup aux jeunes
missionnaires qui voudront se former à la manière
simple d'instruire les populations neuves
        (Bulletin 53 Octobre 1869 tome 7 Page 238
                        P. J. M. Pivault
    Grâce à cette note le P. Coton
a retrouvé le grand catéchisme
il est aux archives de la Maison-Mère.
                J. M. Pivault.

Leçon Ire

1.

1   D. Qui nous a crées & mis au monde ?
C'est Dieu qui nous a crées & mis au monde.

2   D. Pourquoi Dieu nous a-t-il crées & mis au monde ?
Pour le connaître, l'aimer & le servir.

3   D. Quelle récompense allons nous gagner avec le bon Dieu si nous le
servons bien sur la terre ?
Nous allons gagner le bonheur du ciel.

4   D. Et le monde qui ne veut pas servir le bon Dieu, quelle punition
va-t-il gagner ?
Ce mauvais monde là, va gagner le malheur de l'enfer.

5   D. Il faut donc bien servir le bon Dieu ?
Oui, c'est pour ça, que nous sommes sur la terre

Leçon IIème

D. Qu'est-ce que c'est que le bon Dieu ?
R. C'est un pur esprit qui a fait le ciel & la terre.
D. Le bon Dieu c'est donc le Créateur du Ciel & de la terre et
maître de toutes choses
R. Oui, le bon Dieu est le Créateur du ciel & de la terre & maître
de toutes choses.
D. Où est Dieu ?
R. Le bon Dieu est partout.
Le bon Dieu voit-il tout ?
R. Oui le bon Dieu voit tout, on ne peut rien cacher avec le bon
Dieu.

Leçon IIIème

D. Qui nous a crées & mis au monde ?
R. C'est le bon Dieu qui nous a crées et mis
au monde.
D. Combien y-a-t-il de Dieu ?
R. Il n'y a qu'un seul Dieu.

1

8ᵛ

Quatrième Comandement.

D. Dans son 4ᵉᵐᵉ Comandement, le bon Dieu comande-t-il
aux enfants d'aimer & de respecter Pères & Mères?

R. Oui le bon Dieu comande aux enfants de respecter et
d'aimer leur Père & leur Mère.

D. Un enfant qui n'aime pas son Père & sa Mère, qui
manque à son Père & sa Mère, fait-il un péché?

R. Oui, il fait un péché.

D. Un enfant qui désobeit à son Père & sa Mère, c'est-il
au bon Dieu même qu'il désobeit,

R. Oui, c'est au bon Dieu même qu'il désobeit, en
désobeissant à son Père & à sa Mère.

D. Un enfant qui voit son Père & sa Mère dans la misère
& qui ne les soigne pas?

R. C'est bien mauvais.

D. Un enfant qui laisse mourir son Père & sa Mère sans les
faire baptiser, sans les faire confesser?

R. C'est un grand péché pour lui.

D. Est-ce que le bon Dieu comande aux Pères & Mères de
bien prendre soin de leurs enfants.?

R. Oui le bon Dieu comande aux Pères & Mères de bien
prendre soin de leurs enfants

D. Ainsi il faut les baptiser le plus vite possible?

R. Oui il faut les baptiser vitement.

D. Les Pères & Mères qui laissent par négligence mourir
leurs enfants sans baptême font-ils un grand péché?

R. Oui ils font un très grand péché; ils sont cause
que l'âme de leur pauvre enfant, n'ira jamais
avec Dieu.

D. Les Pères & Mères doivent ils nourrir & habiller leurs enfants?

R. Les Pères & Mères doivent la nourriture & l'habillement à leurs
enfants, jusqu'à ce qu'ils soient eux-mêmes capables
de gagner

D. Les Pères & Mères doivent-ils apprendre à leurs enfants à servir
le bon Dieu, leur montrer la prière, les envoyer au catéchisme?

8

R. Oui les Pères & Mères doivent apprendre à leurs enfants à servir le bon Dieu.

D. Quand les enfants manquent, faut-il les corriger?

R. Les Pères & Mères sont obligés de corriger leurs enfants

D. Quand les enfants sont grands, les Pères & Mères doivent-ils les empêcher de vivre dans le désordre?

R. Oui les Pères & Mères doivent empêcher les enfants de vivre dans le désordre

D. Je faut les marier à l'église?

R. Oui, il faut les marier à l'église.

D. Dans son 4ème Commandement, le bon Dieu a-t-il commandé aux domestiques, servantes, de bien servir leur Maîtres et Maîtresses?

R. Oui les domestiques doivent bien servir leurs Maîtres & Maîtresses.

D. Les respecter?

R. Oui les respecter.

D. Leur obéir de bon cœur?

R. Oui leur obéir de bon cœur.

D. Mais si les Maîtres & Maîtresses commandaient de mal faire, faudrait-il obéir?

R. Dans ce cas, il ne faudrait pas obéir.

Cinquième Commandement

D. Dans son 5ème Commandement, le bon Dieu a-t-il défendu de tuer son prochain?

R. Oui le bon Dieu a défendu de tuer son prochain,

D. Le bon Dieu a-t-il aussi défendu de battre son prochain

R. Oui le bon Dieu a défendu de battre son prochain

D. Le bon Dieu défend-il de disputer, de jurer contre son prochain?

R. Oui le bon Dieu défend de disputer, de jurer contre son prochain

D. Est-il bon de garder rancune contre son prochain?

R. Non c'est bien mauvais.

D. Quand quelqu'un nous a fait du mal, sommes nous capables de lui faire aussi du mal?

R. Non, c'est défendu, un bon chrétien ne doit jamais rendre le mal pour le mal.

3.27. L'organisation de la catéchèse à la Martinique (1842)

L'ouvrage de Goux, et celui plus tardif de Nagapen, ne nous renseignent pas vraiment sur les réalités démographiques et linguistiques auxquelles fait référence pour l'Ile de France et la Martinique le terme d'esclaves noirs.

Le catéchisme de Goux a été analysé dans une perspective sociohistorique comme révélateur d'un réveil missionnaire à la Martinique dans la première moitié du XIXe siècle[11]. Selon l'auteur, le missionnaire, nommé aumônier des prisons, avait entrepris son ouvrage pour aider "les ecclésiastiques destinés à la Martinique à apprendre les bases du créole durant leur formation en Métropole"[12].

Sans procéder à une comparaison linguistique des textes français et créole, l'auteur souligne ce qu'il appelle, chez le missionnaire, la volonté de simplification, l'explication des termes les plus complexes à l'aide d'images ou d'exemples concrets, le désir moral de faire du catéchisme un outil d'intervention sur les pratiques socio-culturelles locales. Il situe la traduction de Goux par rapport au catéchisme de Fourdinier:

> "En ce qui concerne la présentation de la foi, l'abbé Goux se contente à première vue de reprendre un texte préexistant. Il traduit en effet de manière littérale le Petit catéchisme, tiré du Catéchisme [...] à l'usage des paroisses des colonies françaises. Mais s'il n'introduit pas à proprement parler de nouveau catéchisme, Jean Claude Goux recourt à un moyen détourné pour ajuster le message religieux aux conditions locales. En effet des notes infrapaginales lui permettent d'apporter sa touche au Petit catéchisme, tout en conservant l'intégrité du texte original".

À la différence du catéchisme bilingue de Levavasseur, qui semblait correspondre à un véritable projet de traduction comme outil de travail utile, Goux en Martinique et le Père Laval à l'Ile de France ont destiné leur catéchisme créole à des prêtres auxiliaires ayant besoin d'une initiation au créole:

> "Le missionnaire prépara deux outils de travail pour aider les auxiliaires, qui n'étaient pas analphabètes, à assumer leurs responsabilités apostoliques. [...]. Ainsi tous ses auxiliaires qui savaient lire, et ils étaient nombreux, disposaient d'un cahier d'école où ils avaient recopié le Petit catéchisme. Ainsi, ceux-ci n'étaient pas abandonnés à leur seule mémoire: ils possédaient un texte de base qu'ils pouvaient enseigner et commenter"[13].

3.28. L'apport linguistique de J.C. Goux
pour la Martinique (1842)

Le missionnaire spiritain et son collaborateur créole de Saint-Domingue ont laissé à vrai dire deux travaux différents d'un point de vue linguistique. Le premier correspond à un *Essai de Grammaire créole* devant permettre aux prêtres stagiaires de France de comprendre l'organisation du créole de Martinique parlé par la majorité des esclaves qu'ils devaient catéchiser.

L'essai grammatical précédait le texte du catéchisme écrit en créole parce qu'il se voulait une aide linguistique à la compréhension du créole écrit. Il

---

[11] DELISLE Philippe, 1995.
[12] DELISLE Philippe, 1995, p. 202.
[13] NAGAPEN Amédée, 1994, p. 29.

était donc assez naturel et remarquable pour la mentalité de l'époque que les faits de langue créole soient perçus et expliqués par rapport à ceux du français. L'ouvrage devait être utile et subrepticement correspondre aux normes du concours pour être accepté pour publication en France. Cet historique figurait en avant-propos:

> "L'auteur de cet opuscule avait d'abord traduit le petit catéchisme dit des Ursulines déjà en usage pour ceux qui n'ont pas beaucoup de loisir [...]; mais son impression n'a pas été autorisée, par le motif que c'était en français qu'on voulait l'ouvrage demandé par le Ministère de la Marine. [...]. Cependant sur l'avis de personnes sages et compétentes dans cette matière, il s'est borné à ce petit catéchisme principalement pour l'application des règles de la Grammaire dont on reconnaît l'utilité pour les missionnaires et les frères des écoles"[14].

Comme l'indiquait l'auteur dans son avant-propos, les règles de grammaire créole utilisées pour la traduction du Petit catéchisme sont exposées et commentées. La traduction en créole est écrite sous forme de question / réponse, sans texte français.

La deuxième partie s'ouvre sur un chapitre préliminaire confirmant la volonté d'intervention morale sur les esclaves proprement dits, puisqu'il est d'abord question de la nécessité d'apprendre le catéchisme. Cette partie n'existe pas chez Levavasseur. Les quinze leçons qui suivent semblent dans leurs grandes lignes correspondre au texte français utilisé par Levavasseur. Il s'agit donc bien du *Petit catéchisme* de Fourdinier, mais Goux y a inclus beaucoup de prières à réciter en français, alors qu'à Bourbon et à l'Ile de France elles figuraient en créole.

D'une manière générale, on peut dire que Goux n'a pratiquement pas traduit les difficultés théologiques, dont la totalité est restée en français dans le texte créole. Elles correspondent aux groupes nominaux complexes que l'auteur n'a pas traduits parce qu'il se servait de la question < pourquoi vous dit: Bon-dié li éternel? > < pourquoi vous dit: Bon-dié li infini? > < pourquoi vous dit: Bon-dié li tout-puissant? >. L'ensemble du texte écrit repose sur quelques groupes verbaux de base formant des phrases interrogatives indirectes introduisant les concepts religieux laissés en français, et parfois même en italique comme pour signaler la citation. Il serait fastidieux de recopier ici la liste des substantifs comme < dans le sein de la bienheureuse vierge marie >.

Ce genre de corpus illustre assez clairement l'usage qu'un créole peut faire d'une ossature grammaticale et d'un vocabulaire nouveau non encore intégré au système créole général de la communauté. Il est étonnant de voir comment Goux a placé dans son *Essai de Grammaire* tout le système grammatical créole, dont il montre bien les différences avec le français correspondant, alors que son catéchisme n'est pas vraiment traduit en créole.

Reprenant la terminologie et la méthode grammaticales de son temps, Goux a suivi ce qu'il appelait l'ordre grammatical ordinaire et saisi le système grammatical martiniquais à travers les huit parties du discours propres au français (l'article, le nom, l'adjectif, le pronom, le verbe, l'adverbe, la préposition, la conjonction), auxquelles s'ajoutaient ses remarques sur l'in-

---

[14] GOUX Jean-Claude, 1842, op.cit., p. 6.

terjection et l'orthographe. Il était donc contraint d'indiquer les cas où ces unités étaient "supprimées" en martiniquais.

3.29. Goux : Une méthode grammaticale fondée sur l'étymologie du français

Le créole dont Goux décrivait la Grammaire était celui qu'il définissait comme le langage des Noirs, parlé selon l'auteur par la majorité de la population martiniquaise de l'époque et également en usage à la Trinidad et dans les îles voisines. Dans le souci de se faire comprendre de tous, les prêtres en mission avaient choisi de prêcher en créole. Goux notait, dès les premières lignes introductives, que sa Grammaire tentait de fixer, pour le créole, des règles écrites selon le modèle français.

Nous avons essayé de respecter le vocabulaire et l'esprit grammatical de Goux en portant une attention particulière aux fonctions et unités grammaticales inventoriées ainsi qu'aux exemples cités. Même si Goux restait prisonnier de la mentalité de son temps et de son milieu, nous verrons qu'il a fait preuve d'une fine intuition et collecté les faits de langue orale avec une précision toujours utile au linguiste de terrain.

Le missionnaire mentionnait trente-neuf traits grammaticaux pour le créole de la Martinique. Sur le plan méthodologique, Goux a décrit les particularités de ce créole en indiquant les cas où elles sont supprimées: il existe un article défini pouvant se supprimer. Le plus souvent, on supprime l'article: < mon qu'allé dans jardin > "je vais dans le jardin", < io qu'allé dans grand bois > "ils vont dans le grand bois". Ce point est important, car il correspond au déterminant zéro. Après avoir souligné l'absence de féminin, donc de l'opposition de genre, Goux précise le maintien formel de < la > agglutiné au substantif comme dans < ion lacroix >. Très souvent, on met les deux articles défini et indéfini < io planté ion lacroix > < io planté deux lacroix >. On constate la disparition de l'opposition de genre, l'importance du déterminant zéro, la forme figée du nom avec un étymon démotivé. Il n'y a pas de confusion entre numéral et indéfini, contrairement à ce qui se passait à Bourbon. Goux exemplifie l'ordre des constituants dans le groupe nominal < c'est ion bel l'Eglise >.

Comme beaucoup de missionnaires de son temps, Goux ne disposait pas d'un appareil conceptuel adapté à la description linguistique d'un créole en termes d'unités grammaticales. De manière intuitive, il a rapproché les énoncés oraux de ce créole des unités grammaticales du français écrit de l'époque. Il a également tenté de comprendre le fonctionnement de ce créole par rapport à l'histoire du lexique français dans l'ancienne colonie. Il s'est, par exemple, servi de l'orthographe du français "qu'aller" pour noter le marqueur aspectuel < ka > précédant le verbe créole < aller >. Ce faisant, il a établi un lien historique et étymologique entre les unités grammaticales du français et de ce créole, sans pour autant en livrer la démonstration. Cette démarche, dite étymologique, était fréquente dans les publications de l'époque.

Les exemples sont authentiques, pratiquement jamais empruntés au vocabulaire religieux. Les proverbes contribuent à une plus grande diversité des exemples : < macaque save qui pied bois li qu'à monté > "Il connaît les raisons qui le font agir", < ravett pas tini raison poule > "La raison du plus fort est toujours la meilleure", < cabri pas malin, pas gras > "Il faut être fin pour réussir", < rendd serviss bail chagrin > "Rendre service donne du chagrin". Dans ce corpus comme dans celui de Levavasseur < là > fonctionne aussi comme phatème en fin de phrase : < ça qui vini là? > "Qui est-ce qui est venu?".

Le verbe présente en toute vraisemblance une forme de base et des marques aspecto-temporelles. Goux choisit le verbe < fait > également très fréquent dans le discours de Bourbon. Il proposait déjà une classification des verbes selon leur sens et leur syntaxe. Il indiquait les exceptions, c'est-à-dire ceux qui n'admettent pas < qu'à > devant : < save, vlé, tini, connoîtt >, < mon pas save > "je ne sais pas", < to pas vlé > "tu ne veux pas", < li pas tini > "il n'en a pas". Le missionnaire s'est efforcé de montrer les incohérences résultant de ses explications grammaticales. Il parlait du verbe < ié > qui se supprime toujours; < ié > correspond à < lé > et < li > dans le catéchisme de Levavasseur.

À partir du verbe < fair >, l'auteur traite de la conjugaison du verbe dont la forme ne varie pas. Il distingue huit temps différents et n'aborde pas la question de l'aspect, ce qui l'amène à opérer une distinction entre l'imparfait et trois types de parfait "temps rapproché, temps éloigné, parfait". Il mentionnait également les trois marques syntaxiques différentes pour le futur < mon qué fait, mon qu'allé fair, nous va fair, io va fai >. L'impératif au singulier et au pluriel atteste une forme unique < fais > alors que pour le présent et le parfait du conditionnel, ce créole employait < mon seré fait >.

3.30. Une orthographe à partir de la prononciation martiniquaise

Goux a consacré un paragraphe de sa Grammaire à la fixation de règles orthographiques dans leur rapport grammatical à la phonologie, c'est-à-dire aux habitudes de prononciation notées dans le créole martiniquais de 1842.

Il argumentait la modification de l'orthographe française en se fondant sur les changements que le système phonologique du martiniquais a imposés aux étymons de la base lexicale française.

> "La manière d'écrire est différente, puisque ce n'est plus la même manière de les prononcer".

Les traits articulatoires décrits comme des sons propres au créole de cette zone et bénéficiant d'un régime orthographique de faveur sont la prononciation de [z], [n] à l'initiale de mot, l'absence de consonne spirante [r] et ces consonnes à l'écriture doublée en finale absolue.

> "Ainsi on est obligé d'écrire z'oreille pour oreille; exemple : *z'oreille pas tini converti, z'affaires,* pour affaires; *z'affaires cabritt pas z'affaires mouton*; *zié,* pour œil ou yeux, exemple : *zié béqué brulé nègue,* l'œil du maître fatigue le serviteur; *mouché* pour monsieur... *n'ame* pour âme... Par où l'on voit que c'est une espèce de liaison qui a lieu en supprimant l'article pluriel, ce qui se fait même au singulier; car on dit aussi *ion z'orange,* pour une orange; *ion z'abrico,* pour un abricot etc." (p. 18)

Comme ses confrères de Bourbon (cf. 2.7), le missionnaire de la Martinique a subi l'influence normative du français dans la pratique officielle de l'écriture religieuse. Il a indiqué ce qu'il aurait dû écrire, mais qu'il n'a pas cru devoir faire, pour ne pas défigurer les mots: < pè > au lieu de < pai > pour "père", < ou > au lieu de < vous > pour "tu".

> "C'est pour cette même raison que nous avons laissé beaucoup de mots tels qu'on les écrits pour ne pas les défigurer".

Malgré les contraintes normatives exercées par le français de l'Église, Goux proposait toutefois cinq règles. L'usage du < z >, du < n >, de l'apostrophe, de l'accent circonflexe, des accents grave et aigu, des consonnes doubles. La voyelle /i/ s'écrivait < i > quand elle se prononçait [j] devant voyelle: < zié >, < ié >, < io >; mais il garde la double consonne dans les mots d'origine française avec ou sans modification de sens: < z'oreille >, < paille >, < serrer > "cacher".

Les consonnes longues attestées étaient < ff, tt, rr >. Cette gémination consonantique à l'intérieur des mots du français n'a pas la même valeur en finale de mot où Goux a doublé les consonnes "pour faire sentir qu'en prononçant il faut appuyer sur la dernière consonne". Cette merveilleuse image peut indiquer l'existence phonologique de consonnes longues ou accentuées < toutt, ionn, lett, maîtt, piss, tropp >. À ces exemples donnés par Goux, on pourrait rajouter d'autres occurrences attestées dans son texte: < mounn >, < pass >, < eppi > < arrien >, < tendd >, < apprendd >. L'orthographe semble indiquer l'existence d'une diphtongue [a ï e], allophone de [z] dans < bagage > ou < bagaïe >, < chose > ou < choïe >, < case > ou < caïe > pour "case".

3.31. Document 9 – Extrait du catéchisme de Goux

(64)

D. Dis Notre Père bâ moin en françois?
R. Notre Père qui êtes aux cieux, etc, page 54.
D. Qui prière nous coutume dir après notre Père?
R. C'est iê la Salutation Angélique.
D. Dis la Salutation Angélique en français.
R. Je vous salue, Marie, etc., page 54.

ONZIÈME LEÇON.

D. Çaça iê ion Sacrement?
R. C'est ion signe sensible (1) de la grace Jésus-Christ, institué pour sanctifier (2) nous.
D. Combien tini Sacremens?
R. Tini sept: le Baptême, la Confirmation, la Pénitence, l'Eucharistie, l'Extrême-Onction, l'Ordre et le mariage.
D. Çaça iê le Baptême?

(1) Sensible, c'est ça nous peut voir, toucher, tendd, sentir. Quand pè qu'a baptisé, nous qu'a voit d'ieau, nous tendd paroles li qu'a dit.

(2) Sanctifier, vlé dir fair nous vini saints.

(65)

R. C'est ion Sacrement qui qu'a effacé le péché originel et même le péché actuel, et qui fait nous Chrétiens enfans Bon-Dié et de l'Eglise.
D. Çaça iê la Confirmation?
R. C'est ion sacrement qui qu'a bâ nous le Saint-Esprit eppi toutes grâces li pour fair nous parfaits Chrétiens.
D. Çaça iê la Pénitence?
R. La Pénitence, c'est ion Sacrement qui qu'a pardonné péchés nous commett après nous baptisés.
D. Çaça iê l'Eucharistie?
R. L'Eucharistie, c'est ion Sacrement dans qui tini véritablement le corps, le sang, l'âme et la Dirinité de Notre Seigneur Jésus-Christ, caché sous les espèces ou apparences (1) du pain et du vin.
D. Çaça iê l'Extrême-Onction?
R. L'Extrême-Onction, c'est ion Sacrement Jésus-Christ institué pour soulager le corps et l'âme des Chrétiens malades pour io peut mort bien (2).

(1) Les z'espèces, c'est ça nous voit ou senti. Nous qu'a voit l'hostie blanc, rondd, li tini goût du pain; c'est ça qui fait li paroît du pain et pourtant li pas du pain.

(2) Fiss Sacrement là peut soulager corps nous,

4*

3.32. Textes religieux et profanes
pour une étude du créole de Bourbon

Pour la première moitié du dix-neuvième siècle à Bourbon, et sous bénéfice d'inventaire plus complet, le *Catéchisme bilingue* et le *Rapport* de Levasseur datant de 1842-1849 occupent une place intéressante, tant pour l'étude sociohistorique que linguistique des manuscrits. Ils s'inscrivent dans cette large collecte de données linguistiques et sociohistoriques[15] commencée en fait depuis que les voyageurs, missionnaires et autres observateurs intéressés ont consigné par écrit des témoignages sur les îles du sud-ouest de l'Océan Indien.

L'apport de Levavasseur à la linguistique de terrain réside entre autres dans la longueur, le caractère homogène sur le plan textuel et l'authenticité du document en tant que traduction manuscrite émanant d'un créolophone bilingue. En effet, si l'on se réfère à l'inventaire de textes créoles anciens[16] publiés pour les créoles de Bourbon et de l'Ile de France, on relève pour cette période le conte créole en prose de Maillot et une réédition des fables de Héry datant de 1828 et 1849.

Les descriptions et analyses linguistiques portant sur les origines du créole de Bourbon commencent en 1882 avec Vinson[17], Schuchardt, Focard[18] en 1884, Dietrich[19] en 1892, Baissac en 1880 pour le mauricien.

En situant notre étude des manuscrits de Levavasseur dans l'inventaire possible des productions linguistiques à l'intérieur d'une période plus large allant de 1817 à 1884 (cf. Introduction 17), nous avons pu prendre la mesure des difficultés de lecture, d'interprétation des faits de langue, de société et de représentations dans les aires créolophones marquées par la tradition orale.

La première difficulté est inhérente à l'identification des états de langues et des frontières pouvant les séparer. Comme le signalait Chaudenson dans son étude comparée citée ci-dessus, les documents du dix-huitième siècle ne contiennent en général que des indications d'intérêt lexicologique, tandis que les archives judiciaires du dix-neuvième siècle dépouillées à ce jour témoignent des tours dont on ne sait s'ils appartiennent au français régional ou s'ils résultent de calques français des réponses en créole des témoins ou accusés[20]. S'agissant de témoignages transcrits en français par des greffiers, il est difficile de préciser si on a affaire à du français régional ou à un calque du tour créole[21].

Notre contribution à l'étude des créoles dans cet ouvrage repose sur les manuscrits de Levavasseur, du *Catéchisme* de Lebrun, de l'*Essai de Grammaire* de Goux et, dans une moindre mesure, sur le *Petit catéchisme des Noirs* attribué à Laval et que nous avons retrouvé en français. Elle est par

---

[15] HAZAËL-MASSIEUX Guy, 1996. VÉRONIQUE Daniel, (éd.), 1994.
[16] CHAUDENSON Robert, 1981, p. 146.
[17] VINSON Auguste, 1882.
[18] FOCARD Volcy, 1884.
[19] DIETRICH A., 1892.
[20] CHAUDENSON Robert, *op. cit.*, p. 4.
[21] CHAUDENSON Robert, *op. cit.*, p. 7.

conséquent limitée à une période restreinte allant de 1830 à 1860, liée à la problématique particulière de l'écriture grammaticale, d'un point de vue morphologique et sociohistorique. Ce n'est pas sous cet angle que les créoles ont été abordés par les linguistes et érudits de la fin du dix-neuvième siècle (cf. Introduction 20).

Il n'y a donc pas lieu de reprendre ici la question des liens génétiques et des relations de parenté linguistique entre les divers créoles (cf. Hymes D., 1971). Pour les créoles à base lexicale française en usage dans le sud-ouest de l'Océan Indien, plusieurs hypothèses ont été formulées à partir de 1972 dans les travaux bien connus de Baker P. & Corne C., Chaudenson R., Mufwene S., que le lecteur trouvera dans la bibliographie générale.

Notre analyse, étendue à la grammaire de la phrase et du texte bilingue, a été plus sensible aux discussions portant aussi sur les systèmes verbaux, pronominaux, prépositionnels, à la syntaxe de l'interrogation et de la subordination, sans perdre de vue les tendances possibles du système phonologique dans la comparaison. Le caractère bilingue du manuscrit nous a amenée à inclure la comparaison avec le français du manuscrit.

3.33. D'une description synchronique à une approche dynamique

L'ensemble des traits et structures identifiés dans la Grammaire que nous avons livrée du catéchisme de Levavasseur, relève d'un domaine de description dit synchronique dans la mesure où elle a d'abord cherché à retrouver de manière autonome et intrinsèque le noyau des pertinences linguistiques.

Nous nous fondons sur les traits que nous avons pu appréhender en lisant le rôle de la stabilité et de la fluctuation de certaines oppositions phonologiques, d'unités grammaticales plurifonctionnelles et des paradigmes syntaxiques attestés dans un système de Bourbon.

L'essai d'explication fonctionnelle que nous en avons donné à la lumière de la variation de la forme écrite nous a également conduite à une lecture comparée de ce système créole à plusieurs niveaux: par rapport aux autres textes créoles publiés dans la première moitié du dix-neuvième siècle à Bourbon, par rapport au français du manuscrit, à des exemples bien précis pour l'Ile de France et à la Martinique. Sur quelques points phonologiques et syntaxiques précis, les corpus permettent un rapprochement avec les autres variétés en usage dans la communauté linguistique de Bourbon.

Le travail sur des documents du dix-neuvième trouve aussi sa pertinence à travers la comparaison avec le créole réunionnais actuel. L'idée que toute langue évolue parce qu'elle fonctionne est à la base de ce que nous appelons ici la dynamique évolutive des créoles par rapport au français.

Prenant en compte la distribution des phonèmes dans les mots, nous nous proposons de délimiter les traces et les mécanismes du changement linguistique, essentiellement à Bourbon. Nous tenterons de comprendre ce que sont devenus les phonèmes et les traits syntaxiques du français dans les corpus en indiquant à chaque fois les similitudes et les différences enregistrées dans les autres corpus créoles que nous avons étudiés.

Nous mentionnerons chaque fois que possible les discussions théoriques et méthodologiques dont ces faits de langue et de société ont fait l'objet ainsi que l'apport et les limites des corpus étudiés.

3.34. Tableau 3 – Phonèmes français.
Phonèmes créoles à Bourbon.

PHONÈMES FRANÇAIS – VOYELLES, CONSONNES –	PHONÈMES CRÉOLES – VOYELLES, CONSONNES –
/ i /	/ i / < paradis >
/ y /	/ i / < vini > "devenu", < alli > "lui, il"
	/ y / et / i / < plisse > "plus"
/ e /	/ e / < éné > "né",
	/ [e], [ɛ] / < illé > "est" < embête > "trompé"
	/ i / < lispri > "esprit", < mirite > "mérite" < aquil, a quel > "laquelle"
/ a /	/ a / < accoute > "obéir", < ivoué > "voit"
	/ ã / < nannan > "avoir"
	/ ɑ / devant [r] < arveni > "devenu"
/ ø /	/ [e] /, / [ø] / < pé, peut > "peut", < veut, vé > "veut", < vié > "vieux"
/ ə /	/ ə /, / i / < racheté > "Rédemption", < bisoin > "besoin", < divoir > "devoir"
	[ɔ] < à zote > "leur"
/ œ /	[œ] devant [r] < mielleur > "meilleure"
	/ [o] / < apôtre > "apôtre"
	/ [u] / < nout > "notre"
/ ʃ /	/ ʃ / [s] < cassiette > "dans", < chagrin > "regret"
/ ʒ /	/ ʒ / [z] < jige > "juge"
	[ɑ r] < arcevoir > "recevoir", < arrien > "rien"
/ r / < re, ri > finale de mot	< ensembr, ensembe > "ensemble"
	[t] en finale < toutes > "tous"

3.35. Évolution phonologique: du francais au créole de Bourbon?

Pour rendre compte de l'évolution possible des oppositions phonologiques, nous les avons analysées selon leur degré de stabilité, leur degré de fréquence ou de rareté, par rapport aux phonèmes français correspondants, dans le texte et selon leur distribution dans les mots écrits.

Par rapport au système généralement retenu pour les créoles, on observe quatre phonèmes considérés comme propres au français et absents des créoles de la zone. Il s'agit de /ʃ/ ~ /ʒ/, de /y/, /œ/. On observe l'emploi rare de consonnes chuintantes /s/ ~ /ʃ/ et /z/ ~ /ʒ/, des voyelles arrondies et fermées dans les mots religieux alors que dans les mots créoles fossilisés, seuls /s/, /i/, /e/ étaient notés. Nous avons relevé ici, comme en réunionnais actuel, une instabilité particulière à l'opposition /o/ ~ /u/. Le caractère manuscrit du texte et l'absence de descriptions articulatoires complémentaires émanant du traducteur lui-même invitent certes à une certaine prudence dans la formulation d'hypothèses phonologiques. L'instabilité de l'opposition /e/ ~ /a/, /e/ ~ /i/, /e/ ~ /ə/ résulte peut-être de la disparition progressive des voyelles /ø/, /œ/ en créole. La nasalisation affectait la voyelle

/e/ dans < inspri > "esprit" et /ã/ dans < nannan > "avoir".

Les consonnes attestent une tendance à l'instabilité en finale absolue où les groupes consonantiques < bre, ble, tre > sont déjà fluctuants. Si l'on peut évaluer cette tendance chez Levavasseur, dans les autres corpus le changement consonantique est clairement noté à l'aide de l'apostrophe et de la double consonne. Cette modification sera plus stable en réunionnais actuel où le système phonologique atteste des consonnes longues ou fortes dans cette position, surtout quand la finale de mot correspond à une finale de phrase (ex.: /ansanm'/ "avec", /rann'/ "rendre").

3.36. Tableau 4 – Graphiations et fonctions grammaticales

Unités lexicales	Usages grammaticaux
la bonne vierge/bonne vierge la (fé) sa ...là laquel, aquel, aquil	indicateur nominal, déterminant zéro marqueur aspectuel pronom interrogatif
a, à	indicateur pronominal préposition
i, y, qui imagine	marqueur aspectuel première syllabe de verbe
ensembe, ensemble	préposition, adverbe, coordonnant
avec, avic	préposition à deux sens
le / li droit li père la li, lé, sa, zéro	indicateur nominal actualisateur du nom prédicat verbal (caractérisation)
de / absence	préposition et figement
monde singulier / pluriel	nom, pronom relatif
baptiser / baptisé la	prédicat verbal / prédicat nominal
inne, in, inn', êne, un	indicateur nominal indéfini, nombre
que, quand, sac, ca même qui	subordonnant relatif quissa = interrogatif
seulement / sormant	coordonnant, adverbe
çà, ça, ssa, sa	pronom démonstratif, anaphorique, prédicat verbal
tout, toutes, toussa, toussac	adjectif, adverbe, modalisateur
même, mème, meme	adjectif, modalisateur
pli, pliss	adverbe de négation, de quantité
i sava, i va	marque de futur
arrien, rien, rinqu	adverbe de négation, de restriction

3.37. Fluctuation, plurifonctionnalité et changement linguistique

Nous avons accordé une place particulière aux irrégularités lisibles dans l'écriture des voyelles et des consonnes ainsi que dans l'inventaire des unités plurifonctionnelles parce qu'il nous semblait en effet que les hésitations manuscrites du missionnaire n'étaient pas aléatoires. Elles pouvaient refléter les changements linguistiques auxquels était exposé le système linguistique créole au cours de cette période particulière du contact de langues que nous appelons historiquement la Mission des Noirs à Bourbon.

Notre étude du corpus montre qu'il est difficile de séparer les changements phonétiques des changements syntaxiques et sémantiques. Sur le plan théorique, nous établissons un lien entre forme et fonction et n'excluons pas que les fluctuations enregistrées dans le système phonologique soient au signifiant ce que la plurifonctionnalité est au signifié. La première reflète la deuxième. C'est ce qui ressort des données analysées et présentées sur le tableau ci-dessus.

Il regroupe les différentes formes pour une même unité graphique comme < a, à >, mais indique aussi des exemples où différents usages s'écrivent de la même manière < la >.

Le tableau a relevé l'instabilité formelle et la polysémie inhérente à certaines prépositions: < dans > "dans, de", < avec > "avec, par", < pou > "pour, au nom de".

Pour expliquer ces différents cas d'instabilité graphique, nous avons essayé d'intégrer les traits internes du système grammatical créole. Ce dernier pouvait notamment se servir de l'opposition verbo-nominale; cependant, l'emploi prédicatif n'était pas exclusivement réservé au verbe, mais pouvait être assuré par le nom, l'adjectif, le pronom < sa > et l'unité < li >: < nanan inne sac *li* pli vié l'inne que l'autre >. Dans la phrase < li > est employé de façon telle que l'on se demande s'il s'agit du pronom personnel < li > "il, elle" ou de l'indicateur prédicatif < lé > pouvant se réaliser [li]. Dans le corpus, l'article défini pluriel et l'indicateur prédicatif peuvent être confondus < sac les bons, sac lé bons > "les bons"; < li > a aussi valeur de l'article défini pluriel "les" dans < tous *li* trois >. Le paradigme complet se composant de quatre unités témoigne peut-être d'une période où le système, s'étant déjà débarrassé du verbe < être >, exprime le prédicat de caractérisation par < sa >, < li >, < lé >, zéro. C'est toujours le cas en réunionnais actuel.

Pour comprendre l'unité plurifonctionnelle < lé, la >, < lété, laté >, nous l'avons rapprochée de la copule et du verbe français < être >. L'unité verbale créole *lé* a un emploi prédicatif. Elle a le sens de la copule *être* uniquement dans le syntagme verbal de type < lé + adjectif >. Comme dans < lé né > "est né", < lé mort > "est mort", < sac lé bon > < sac la té mauvais, sac lé necessaire >. Au passé de l'accompli, on relève < la té, laté >. À l'interrogatif, sa forme varie: "Il est Dieu et homme tout ensemble?" < Oui, li la té Bon dié et homme tout ensemble >.

Cependant, les exemples du corpus montrent que ce créole utililise < lé > comme auxiliaire prédicatif et non comme le verbe être du français. La traduction en créole de l'essence divine montre l'absence de "être" en créole et des autres structures syntaxiques et prosodiques qui lui correspondent.

Ce corpus atteste donc un moment du système créole où *lé* continue d'assumer la fonction d'indicateur prédicatif tout en étant devenu modalité aspectuelle < la té, la fé, la di >. La fluctuation de l'opposition /e/ ~ /a/ confirme cette dynamique. En effet, la prise en compte de la traduction du français en créole montre que *être* ne fonctionne pas comme verbe plein. Par ailleurs, l'essence divine s'exprime en créole, non pas par ce qu'il est, mais par ce qu'il fait. Au syntagme français "être + nom" correspond en créole < sac > "ça qu'" exprimant la neutralité du sujet, puisque < sac > est neutre quant au genre. "Qu'est-ce que Dieu?" < Qu'ouessa Bon Dié? Qu'ouessa li la fé >, "Dieu est le créateur du ciel et de la terre et le souverain maître de toutes choses" < Bon dié sac la fé li ciel, la terre, li même grand maître toutes choses, sac nous ivoué ensemble sac nous ivoué pas, limêm toujours limaître >, "Dieu est au ciel, sur la terre, en tous lieux" < Bon-dié lé dans le ciel sur la terre, partout >. Le passif du français "être sauvé, être damné" est rendu par une locution verbale en créole: "Le Baptême est-il nécessaire pour être sauvé?" < Hec Baptisé la grand necessaire pour aller ensemble bon dié? >.

Ces formes, ainsi que les subordonnées introduites par *sac*, confirment la disparition de l'opposition de genre et des marques françaises du pluriel. Il se traduit selon le contexte et son antécédent par *ce qui, celui qui, celle qui, ceux et celles qui, les choses qui, les vérités qui.*

Le corpus de 1500 mots et de 406 phrases atteste 32 propositions subordonnées introduites par *sac*, 36 occurrences de *que*, employé en tant que subordonnant *que* et *pour que, pendant que, in foi que, jusqu'à tant que, parce que,* un emploi en tant qu'adverbe de comparaison *plus que*. L'usage fréquent de ce type de subordination est conditionné par le procédé de traduction explicatif (cf. 3.5). On ne peut s'empêcher d'établir un lien diachronique entre les différentes unités attestées au même moment dans le paradigme de la subordination < sac, que, qui, zéro >.

Ce système verbal créole confirme des traits génétiques bien repérés par d'autres études. Comme plusieurs créoles à base lexicale française, le créole de Bourbon s'est débarrassé du passif, de l'infinitif, de la réflexivité avec "se", de la copule, alors que la question du subordonnant français < que > semble plus complexe.

Le système pronominal devrait, au vu de l'analyse des liens entre phrases (cf. 3.14), inclure la valeur anaphorique et cataphorique de < ssa > en se demandant si, d'un point de vue diachronique, il s'agit uniquement de l'étymon français < ça >. On ne s'explique pas, par exemple, comment le complétif et le relatif français < que > pouvait perdre cette fonction syntaxique en créole, être remotivé ou grammaticalisé dans < sac > tout en se maintenant dans < oussa qui reste > et dans la structure complexe < sa ... mèm >. La valeur prédicative de < sa > dans le paradigme de la caractérisation < sa, lé, li, zéro > est tout à fait intéressante et apporte des éléments de réponse supplémentaires à la question de la copule dans ce créole. Le créole martiniquais attestait le même paradigme.

3.38. Créole de Bourbon et créole réunionnais actuel

Nous avons inventorié dans le catéchisme créole de 1842 des unités syntaxiques dont l'existence a déjà fait l'objet de discussions théoriques et sociohistoriques[22]. Il s'agit de la forme du substantif, de l'agglutination de l'article < dipaïn, divin, lacroix, liboûte >, de la structure du groupe nominal < li père là, la, li, di, lé, les > et de la valeur réelle de l'opposition entre l'article défini et le démonstratif. La même question se posait pour l'opposition entre l'indéfini et le numéral < in, êne, inn >. Nous avons aussi retenu la classe des démonstratifs < là, ça ... là, çà, là >, celui des possessifs < nout, vout, zòt >, des pronoms personnels < mouin / amouin, vous, li nous y, vous y, zòt >, des interrogatifs < hec, hei > "qu'est-ce que", < quança, quansa > "quand", < qui, quissa > "qui", < qui + nom > "quel", < aquel, laquel > "laquelle", < hac faire > "pourquoi", < combien > "combien", < commen, comment > "comment", < qu'ouessa > "quoi", < oussa > "où", < quanssa > "quand", < laquel, aquel > "lequel", < qui manière, qui bon qualité, qui malheur, qui bonheur, qui jour, qui péché >. Le système des interrogatifs, très fourni dans notre corpus, exemplifie assez clairement la constitution du système général du créole de Bourbon.

Si nous comparons les résultats de notre analyse grammaticale de ce corpus bilingue avec les travaux déjà réalisés pour les langues de la zone indo-océanienne, on constate beaucoup de points communs et quelques différences conditionnées par la nature du document manuscrit et la méthode que nous avons adoptée pour le décrire.

Le corpus de Levavasseur atteste l'emploi à Bourbon d'un pronom personnel en fonction non sujet < amouin, alli >. On relève également la séparation du pronom et du marqueur aspectuel < mouin y croire >, < nous y >, ce qui suppose que la forme < mi, ni > n'était pas toujours unique. Dès 1882, les discussions ont porté sur le lien historique entre < *mouin y, nous y* > et < *mi, ni* >; < *nit* > est attesté dans la lettre de Minot (cf.2.8).

Comme les autres corpus, celui de Levavasseur n'atteste pas l'emploi d'un pronom < ou > pour "tu" alors que Goux le notait pour la Martinique.

L'existence de substantifs agglutinés est à enregistrer dans le créole de l'époque < dipaïn, bon dileau >. Comme l'indiquaient les discussions entre Vinson et Vocy-Focard en 1885, ce système n'usait pas de l'opposition entre le numéral et l'indéfini, ni entre l'article défini et le démonstratif. Il nous semble que cette opposition est devenue caduque en même temps que l'opposition de genre, elle-même incertaine comme dans la fluctuation (lé/les/li). La présence, dans le paradigme des définis, d'une unité < li père là > " le Père", < laprière là > nous amènerait à poser un indicateur nominal à valeur déictique < là > distinct du pronom anaphorique < sa >.

Deux changements vocaliques nous semblent avoir conditionné l'ensemble du système: l'évolution de / e [e] / vers / i / et celle de / e [ɛ] / vers / a /. Cette hypothèse n'est pas exclue des discussions existantes. Chaudenson notait déjà dans son étude de 1981 les formes < accoute, aguett > pour

---

[22] CHAUDENSON Robert, *op. cit.,* p.173-234.

"écouter, regarder".

Par ailleurs, l'existence de plusieurs corpus, dont le contenu lexical différait parce qu'ils ne répondaient pas aux mêmes besoins d'expression et de communication, apporte des éléments de comparaison utiles à la reconstruction des états de langues et de l'évolution linguistique à Bourbon.

Dans le texte de 1842, on observe l'absence de certains grammaticaux. Le corpus n'utilise pas un seul nom en < z > comme dans < zafèr >. Seul < zote > est attesté. Le marqueur de pluriel < bann' > n'apparaît pas. Le système des pronoms personnels ne connaît pas les formes < mi > "je", < ni > "nous" < ou > "tu". Levavasseur note < nous toutes > "nous tous". On se demande s'il s'agit d'une forme intermédiaire entre le français "nous tous" et le créole moderne < nout' tout' >. On relève également l'absence d'emploi de la deuxième personne du singulier pour le pronom possessif et le pronom personnel < out', ou, aou >, alors qu'on observe par ailleurs l'emploi du < vous >.

L'évaluation du système phonologique met en évidence les limites et l'apport du manuscrit de 1842. Dans ce corpus, comme en réunionnais moderne[23], le système consonantique est relativement plus stable que le système vocalique, mais la forme écrite de sa présentation occulte l'identification possible de certains traits articulatoires bien repérés par les linguistes en tant que traits spécifiques à plusieurs créoles à base lexicale française[24].

Le système vocalique est plus exposé, car les voyelles moyennes /i (y) u/ sont rendues fluctuantes par la rareté et l'instabilité de la voyelle [y].

Nous avons trouvé des éléments de réponse aux questions phonologiques que notre seul corpus ne pouvait résoudre en consultant d'autres textes écrits. On relève dans les fables de Héry, publiées en 1828, la même année que le catéchisme créole de l'Ile de France, des emplois prédicatifs de < li >, de nombreuses occurrences de < la té >, une distribution très régulière de < i > en créole, là où le français de l'époque employait < u > et < e >. Les locutions figées < gagner mauvais z'affaire, gagner trop la honte > y sont attestées. On est surtout frappé par l'usage presque systématique de l'apostrophe en fin de consonne, ce qui peut indiquer un accent de fin de mot ou la présence de consonnes longues en finale absolue.

> "Li la coll' la plim' paille-en-qui. Li razist la z'ail son z'épaule".
> "Si vou y fait comm' vou' manièrc".
> "Vous là gagner mauvais z'affaire".
> "Son la z'ail commenç vini molle" (p. 11).
> "Soleil la té dans son maison. Li morgrogn', li la té qui pléré".
> Visaz la té rouz comm' piment. A forç son çagrin l'a té grand (p. 12).
> Moi connaît, vous là li trop bon
> Pour vous cacab' dire à moi non
> Ton papa hall' son n'âm' comment vié haridelle (p. 15).

Maillard publie en 1864 une traduction créole des fables de Héry "Caille ensemb' son pitits". Les occurrences de géminées graphiques doublées de

---

[23] STAUDACHER-VALLIAMEE G., op. cit., p. 12.
[24] VALDMAN Albert, 1978.

l'apostrophe y abondent < souff', brann', pouss', caill', son patt', aguett' >. La distribution de < i > est fréquente à la place des voyelles françaises [y] > et [ə] >. Exemples: < di riz >, < li maître di plantaze >, < son di riz >, < li soir >, < trop sîr >, < i vini pa >, < lendimain >. On relève une réalisation [vwe] dans < vouésin > "voisin".

Le rapprochement avec les textes profanes exemplifie de manière plus franche les traits phonologiques absents ou rares dans le corpus de Levavasseur: la fréquence et la distribution de l'opposition /s/ ~ /z/, de la voyelle créole /i/ dans les mots français en /y/, ainsi que les consonnes longues ou fortes en finale de mot. On sait qu'en créole réunionnais, les groupes de consonnes ont disparu dans le passage du français en créole et que la consonne orale a disparu au profit de consonnes nasales de réalisation longue comme dans < ansanm' > "avec, ensemble", < rann' > "rendre".

Le corpus du catéchisme révèle un système partageant déjà avec d'autres créoles à base lexicale française certains traits définitoires (cf. 3.38). Les changements grammaticaux accompagnent ces changements phonétiques (cf. la plurifonctionnalité de < li >). Toutefois, la nature du corpus – religieux, écrit – et les critères normatifs déterminant l'élaboration de la version créole ne permettent pas vraiment de séparer ce qui relèverait du fonctionnement réel du système et ce qui procède de l'influence graphique exercée par le français.

3.39. Tableau 5 – Quatre systèmes grammaticaux créoles (1828, 1842, 1844)

UNITÉS LINGUIS-TIQUES	J. LEBRUN (1828) CIF	LEVAVASSEUR (1842) CB	LAVAL frç / (1868) FIF	GOUX (1844) CM
similitudes lexicales	faire, conné, côr, ensemble, jalou, contant	*idem*	mal, bon, vent, la terre, li ciel, bon Dié, camarade, croire, faire, gagne	*idem*
initiale de mots en z', n'	z'apôtres, n'âme, n'homme	zot lâm		
étymons mono-, dissyllabiques	rivé, fé, rété, sivré, vlé	rivé, fé, sivr, vé	gensse	
étymons insta-bles en finale	ensambe, cacab	capab ensembr prèt(re)		*idem*

étymon grammaticalisé	va divini àcôse,	té va, sava	gagner malheur, on gagne la santé,	va
	monde/mounne	monde tous les zot	ce mauvais monde là, le monde qui est dans la case,	monde, mounn
	tout sa qui Qui sa Baptême?	toussac (ca qui) çà, là	où ça qu'on va aller	çà çàçà ié çà qui quîl est-ce
distribution de < i >	divant jiste tini missant	jige libien plisse		quîl
consonnes doubles	pass cammarade	quouessa, alli, iffo illé, iffé		toutt tendd apprendd
[r]		arrien arcevoir rinqu'		arrien, aïen marré, rondd
[z] [i]				bagage, bagaïe chose, choïe, case, caïe

3.40. Différences et similitudes dans les quatre catéchismes

L'examen des corpus révèle des convergences et des divergences dans le domaine lexical, grammatical. Pour en rendre compte, nous commencerons par la distinction entre créole et français en rappelant l'existence d'un vocabulaire religieux nouveau et en montrant les caractéristiques linguistiques du catéchisme français de Laval (1868).

Nous avons analysé pour le créole de Bourbon la dynamique et les procédés d'intégration du lexique religieux à travers les stratégies de la répétition orale et de l'explication à l'aide de structures monstratives à valeur cataphorique, et anaphorique et déictique : < la + N + là, ssa ... mèm >.

Les corpus de Goux, de Lebrun et de Laval portent aussi les traces de cette nécessaire introduction, même si les missionnaires n'y ont pas apporté la même réponse que Levavasseur.

Si l'on se fonde sur l'étude de la distribution des phonèmes dans les mots et sur celle des unités syntaxiques, on observe que les trois lexiques créoles à référence française attestaient au moins trois classes : un vocabulaire dont le sens est resté identique au français (< mal, bon, vent, jardin, la terre, li ciel, bon Dié, camarade, souffri, croire, faire, gagne, connait >), une classe de mots pour lesquels la créolisation s'est faite par phonologisation ou influence de la prononciation. Elle est marquée par les mots en [z, n] à l'initiale < z'apôtres, n'âme, n'homme > et par les modifications syllabiques dans cette même position < rivé, fé, rété, save, vlé > ainsi qu'à la finale < ensembe, cacab, sivre, sivré >. Une classe importante constitue la partie fossilisée de la langue.

Sur le plan grammatical, elle est constituée, notamment, d'étymons du français devenus unités grammaticales en créole < été, té, va, sa, pass, zaute, monde, toutes, àcôse, chose, affaire, çà, là >.

La comparaison indique trois grandes tendances principales: l'emploi cataphorique et prédicatif de < Nom + là, ssa > semble spécifique à Bourbon, en revanche < là > était attesté comme phatème en Martinique. Les trois créoles attestent des mots en [i] là où le français employait [ə] < vinie, divinie >. Les mots en < i > étaient nombreux à l'Ile de France et à Bourbon, alors qu'à la Martinique les exemples étaient plus rares. Les systèmes créoles de Bourbon, de la Martinique et dans une moindre mesure celui de l'Ile de France usaient de consonnes et de voyelles fortes ou longues. Pour les autres traits phonologiques, les différences entre les créoles apparaissent pour les voyelles du français [œ] dans (licaire, licœur) < li, lé/la, ié >. Les traits séparant les créoles de l'Océan Indien de ceux des îles françaises d'Amérique concernaient la place et les formes des déterminants du nom, le phonème /r/ et son absence à Bourbon, la nature de certains marqueurs aspectuels. Ces phénomènes ont été bien décrits par les spécialistes de créolistique comparée[25]. En Martinique, [l] se réalisait [j] dans < ié, d'ieau >.

Nous décrivons maintenant le vocabulaire français religieux employé par Laval dans son *Petit catéchisme des Noirs*. Dans ce manuscrit, nous avons identifié des traits et tournures dont l'identification nous a posé problème parce qu'il nous semblait que la frontière entre le français colonial et le créole de l'époque n'était pas très claire. Nous nous sommes demandé s'il s'agissait de créolismes ou de particularités d'un français colonial ou régional. Nous tenterons d'en exposer les traits essentiels par rapport au fonds lexical commun, au vocabulaire des isles.

Nous avons relevé en effet des emplois de < gagne, monde, tout ensemble, sortir, montre, se, manquer, défendre, donner, tirer, casser > qui nous semblent empruntés au vocabulaire créole de l'époque, donc correspondre à des créolismes dans le texte français. Mais elles peuvent aussi appartenir au vocabulaire des isles comme le montre la liste d'autres expressions relevées chez Laval: < récompense allons nous gagner avec le Bon Dieu, gagner malheur, gagner son baptême, gagne le sacrement, gagne l'absolution, que gagne t-on, on gagne la santé, le monde qui ne veut pas servir, ce mauvais monde là va gagner, le monde qui est dans la case, Dieu et homme tout ensemble, sortir de la terre, montrent la religion, Quand ça qu'il faut faire la prière? Où ça qu'on va aller?, se mettre en ménage ensemble, manquer la messe, manquer Bon dieu, défend, donner le Baptême, tirer les péchés, vivre dans le désordre, si d'autres causer rire pendant la messe, casser son mariage >.

Ces exemples constituent des traces d'un mélange de langues dans le catéchisme français. Sans vraiment traduire, l'auteur n'a pu s'empêcher d'introduire des expressions créoles dans les leçons de catéchisme. Ce type de corpus nous paraît plus proche du *Cahier des Dogmes* de Levavasseur (cf. 2.4).

---

[25] VALDMAN Albert, 1978.

Ces corpus pourraient conduire à une étude sociohistorique des frontières de langue à l'Ile de France.

3.41. L'apport de la Mission des Noirs à une théorie
de l'appropriation d'une langue vivante étrangère à Bourbon

Nous avons essayé en introduisant notre cadre d'analyse et la problématique du créole (cf. Introduction 18)[26] de Bourbon, de montrer comment notre étude tendait vers un modèle de description fondé sur les compétences linguistiques. Nos résultats livrent peut-être un matériau de base pour une réflexion théorique de l'appropriation du créole, langue vivante étrangère pour les esclaves bossales, c'est-à-dire non encore créolisés parce que nouveaux dans la colonie.

Nous avons observé que, pour cette période, le créole de Bourbon était la langue de communication entre esclaves créoles, nouveaux esclaves, missionnaires.

La fiabilité des documents écrits invite toutefois à la prudence et l'on doit rappeler qu'ils ont été rédigés par les lettrés et non par des créolophones unilingues. Il est donc plus utile de tenir compte d'une possible altérité. Une autre spécificité de notre travail tient dans le caractère écrit du corpus.

Le texte français du catéchisme soumis à traduction en créole n'appartenait pas au français dialectal ou populaire, mais relevait bien du vocabulaire catholique religieux, d'un état de langue écrit qui n'a pas changé, comme on le vérifie à la lecture des textes de prière qui sont toujours les mêmes.

L'analyse des réalités sociohistoriques livrées par le *Rapport sur la Mission des Noirs* a mis en évidence le rôle déterminant du terrain d'habitation pour l'entreprise de l'évangélisation des esclaves. Nos documents montrent qu'en cette première moitié du dix-neuvième siècle, le terrain d'habitation n'était pas un isolat ni sur le plan humain, ni sur le plan linguistique. Il se définissait plutôt comme un lieu de brassage, de métissage et de contact de langues.

Nous avons également constaté une pratique créole commune à la population de souche à Bourbon. D'un point de vue strictement linguistique, la notion de population de souche à Bourbon fait référence à la communauté de locuteurs partageant une même langue orale, un noyau grammatical commun à toutes les couches sociales, malgré les différences très marquées existant entre le statut social du maître et celui de l'esclave affranchi.

Le système créole commun, que notre étude a délimité, repose sur ce que nous avions déjà appelé en 1989 une koinè réunionnaise constituée d'un noyau bien fossilisé et de franges exposées aux pénétrations lexicales. L'étude complémentaire du système créole de Bourbon montre que, même si le lexique, de par son caractère ouvert, était plus exposé à des pénétrations extérieures que la Grammaire, cette dernière fonctionnait de manière déjà autonome.

Le système des pronoms personnels, le système verbal, le sous-système des déterminants du nom, le paradigme complexe des marques de subordination pouvant aller de la présence à l'absence de < que >, en passant par des ves-

---

[26] PRUDHOMME Claude, 1984, p. 145.

tiges attestés dans < sac >, nous invitent également à une réflexion sur la tendance réelle attestée dans le système créole. Il pouvait s'agir dans l'histoire de la langue d'une période transitoire au cours de laquelle certains subordonnants < que, quand > et prépositions du français ancien < de, pour, par, sur, sans, avec > subissaient déjà des modifications sémantiques et syntaxiques avant de se restructurer dans le système créole.

Notre étude pose également la question de savoir quels traits de ce système créole sont à mettre en relation avec l'apport linguistique de ces esclaves arrivant dans la société d'habitation où se développait la monoculture de la canne à sucre. La distribution des phonèmes dans les mots a souligné l'importance des mots en < i > et la fluctuation de l'opposition /e/ ~ /a/. Les corpus de Maillard et de Héry ont confirmé un emploi exclusif de [s, z], l'abondance de consonnes et de voyelles doubles à l'écrit, donc longues ou accentuées à l'oral. Le rapprochement avec les catéchismes de Goux et de Lebrun indique que ces traits étaient également présents à l'Ile de France et à la Martinique. Les études dont nous disposons signalent que la plupart des esclaves introduits à cette époque à Bourbon était originaire de Madagascar et d'Afrique orientale.

On prend au mieux conscience de ce phénomène en se demandant ce qu'aurait été la situation linguistique à Bourbon sans cette entreprise religieuse. Il ne suffit pas de dire que 5.000 ou 6.000 esclaves auraient échappé à cette instruction religieuse. L'impact réel d'une intervention humaine sur la langue dépasse le cadre numérique pour intégrer les contacts de langues, les métissages familiaux et le syncrétisme bien connu à Bourbon.

Faut-il conclure que la Mission des Noirs témoigne d'une époque où le créole de Bourbon, déjà constitué en système autonome, continue cependant avec l'arrivée des esclaves bossales à étendre et à préciser les variétés ou dialectes de la koinè créole de Bourbon? Cette hypothèse ferait apparaître le processus de la créolisation des langues à Bourbon comme un processus lent, encore en cours, aussi longtemps que de nouvelles composantes viennent modifier les structures de la communauté linguistique.

Nous savons qu'en 1836 la population de 69.296 esclaves comptait quelques 14.141 jeunes enfants nés dans la colonie. On ne sait pas comment ont évolué linguistiquement les hommes et les femmes actifs de cette fraction de la population servile. La disproportion entre hommes et femmes est un trait bien repéré par les historiens. Les statistiques de Sainte-Marie indiquent qu'en 1834, sur les 2.845 esclaves que possédaient 24 propriétaires sucriers, on dénombrait 401 femmes et 1.258 hommes, tous âgés de 14 à 60 ans. On ne sait pas ce que sont devenus linguistiquement les esclaves non convertis et se consacrant à d'autres cultes, d'autres religions véhiculant à leur tour d'autres traits et structures linguistiques.

Dans ces réalités sociohistoriques, cette pratique langagière était inséparable du contact avec des locuteurs natifs employant dans leur parler une des langues véhiculées à partir du sud-ouest de l'Océan Indien et vernacularisées dans l'île en cette première moitié du dix-neuvième siècle. On appelle en effet langue vernaculaire toute langue seulement parlée à l'intérieur d'une communauté, parfois restreinte. Les sources démographiques permettent d'y compter le malgache, quelques apports de l'Afrique orientale. De ce point de vue, nos documents sont lacunaires, parce qu'ils ne font pas état des autres langues que le créole et le français pour cette période particulière du contact linguistique à Bourbon.

3.42. La place du créole dans l'instruction des esclaves à Bourbon

Notre étude linguistique et sociohistorique des manuscrits de Levavasseur a souligné que les missionnaires n'ont pas fourni dans le cadre de la Mission des Noirs un simple travail de scripturisation de la langue. Ils ont expérimenté un travail de scolarisation qui s'est achevé par une alphabétisation des esclaves affranchis après 1848, puisqu'en 1849 Sœur Madeleine Pignolet du Fresnes, disciple et collaboratrice de Levavasseur, ouvre la première école officielle pour les filles noires.

Cette contribution a pris forme parce que le système linguistique du créole le permettait, mais aussi parce que les ecclésiastiques francophones confrontés aux spécificités linguistiques du terrain colonial ont élaboré un modèle pédagogique et un outillage du créole comme support mnémotechnique pour la pratique du catéchisme et dans le passage à l'écriture du français.

Les documents cités rappellent que la pratique orale du catéchisme français ne date pas du dix-neuvième siècle, mais remonte vraisemblablement aux contraintes similaires déjà manifestes au temps de la Compagnie des Indes. La recherche d'une pastorale adaptée aux contours sociaux et linguistiques des colonies françaises s'est étendue aussi bien au sud-ouest de l'Océan Indien qu'aux anciennes colonies françaises des Caraïbes. La traduction du catéchisme français en trois créoles en constitue des traces historiques.

Les missionnaires qui ont donné aux langues indigènes une représentation scripturale, ont décrit leur Grammaire – comme Goux pour le créole de Martinique – et/ou proposé des traductions comme Levavasseur pour le créole de Bourbon. Par leur réflexion écrite, ils ont reconstruit les règles et les régularités assurant le fonctionnement des systèmes linguistiques. En ce sens, ils ont participé à la formalisation de ces langues orales.

L'exemple proposé par Goux pour le créole martiniquais constitue une trace linguistique de ce que l'on pouvait saisir d'un créole en partant de l'étymologie des langues indo-européennes et en reproduisant l'appareil grammatical gréco-latin. Les éléments que nous avons pu rassembler pour une comparaison entre trois créoles et le français éclairent les difficultés de la scripturisation du créole parlé en 1842. C'est en terme de grammatisation de la langue que nous avons analysé la réponse individuelle de ces missionnaires aux obstacles nés de l'écriture, de l'alphabet et de l'orthographe d'un créole à tradition orale dans le Bourbon de 1842-1849.

3.43. Levavasseur: un traducteur et ses deux grammaires

Le corpus bilingue témoigne à la fois de l'audace intellectuelle, de l'élan novateur et de la conscience linguistique d'un missionnaire dans le domaine de la traduction. Ce travail linguistique resté méconnu jusqu'alors illustre de manière remarquable la pédagogie que ses confrères et lui ont pratiquée auprès d'une nouvelle partie de la population d'esclaves ne maîtrisant pas encore le créole de Bourbon. Le missionnaire ne pouvait pas compter sur une codification officielle du créole de Bourbon, ni se référer à une écriture standardisée. Le catéchisme était conçu comme support écrit d'une activité pédagogique devant se dérouler à l'oral.

Les hésitations et modifications manuscrites attestent le soin que Levavasseur a apporté à cette entreprise de traduction difficile dans le contexte sociohistorique. Elles constituent les traces manuelles, les contraintes et les lacunes de l'histoire des langues à Bourbon. La collecte de documents d'archives religieux témoigne cependant de la relation naturelle et spontanée que les membres du milieu ecclésiastique avaient établie avec la pratique écrite du créole à Bourbon et ailleurs (cf. Introduction 3).

Levavasseur avait également pour tâche – la lettre de Minot le rappelle – de transmettre de la manière la plus satisfaisante possible les dogmes de l'Église catholique, ce qui expliquait l'influence constante du français dans la scripturisation du créole.

Les cas d'instabilité enregistrés dans la forme écrite du texte bilingue sont par conséquent le résultat de plusieurs contraintes. Les oppositions phonologiques fluctuantes étaient vraisemblablement conditionnées par l'usage dans la communauté linguistique d'habitudes articulatoires d'origine différente. La prononciation des esclaves, des maîtres et des missionnaires s'exprimait dans l'ensemble du système phonologique qui en gardait les marques les plus stables sans éliminer les marques fluctuantes, surtout quand il fallait prononcer et répéter à l'oral des concepts inconnus ou introduits récemment (cf. 3.15).

Levavasseur a fait preuve de créativité scripturale dans la gestion des verbes, dans le traitement écrit des unités figées. Il a résolu à sa manière la question des cases vides du lexique créole. À cette époque et dans ce contexte, le système créole de Bourbon ne disposait pas encore d'un vocabulaire abstrait de la religion catholique. Pour introduire ces concepts religieux, Levavasseur a mis à contribution les structures grammaticales du système et les techniques de l'apprentissage oral. Les principes généraux qui se dégagent de son travail montrent que, pour donner une forme écrite à la langue qui se constituait alors dans la colonie, le missionnaire a adopté trois principes scripturaux.

Il n'a pas changé l'orthographe des mots créoles quand la forme et le sens étaient restés semblables aux mots français et n'avaient aucune incidence sur l'entreprise de traduction proprement dite: < mais, mal, malade, n'aura >.

Il a tenté une écriture plus spécifiquement créole pour les unités grammaticales propres au créole: verbe à marqueurs aspectuels antéposés < ibaptise >, interrogatif < qu'ouessa, quissa >, figement verbal < trouve liboute >, structure nominale < divin, dileau, lacroix >.

Il a hésité entre deux formes pour les unités plurifonctionnelles < a, à, même, mèm... >. L'instabilité manisfeste dans l'écriture de certaines voyelles créoles pourrait indiquer le sentiment intuitif qu'il a eu des modifications des voyelles du français (cf. 3.36), même s'il n'en a pas laissé une exploitation linguistique systématique. Nous avons également pu observer comment toute écriture individuelle pouvait limiter les résultats d'une analyse phono-logique réalisée pour un manuscrit ancien. Dietrich l'avait souligné dans son étude des parlers créoles des Mascareignes en 1892.

Notre description a permis, par exemple, de comprendre comment un sys-tème grammatical créole à base lexicale française pouvait réagir quand il était exposé à un vocabulaire religieux nouveau par rapport à la partie de son lexique déjà fossilisé.

CONCLUSION

Cette lecture linguistique et sociohistorique des manuscrits de Levavasseur a mis en évidence trois aspects de la Mission des Noirs.

En tant que technique d'apprentissage et outil d'évangélisation, elle a constitué une réduction de la complexité linguistique du terrain d'habitation en cela qu'elle n'a touché qu'une partie de la population des esclaves. La durée maximale de l'évangélisation pour un esclave n'a certainement pas dépassé deux heures par semaine : confession, messe, catéchisme, entretien libre avec le missionnaire, éventuellement encadrement en créole par les plus avancés dans les responsabilités de la mission.

Les canaux et modalités de transmission linguistique étaient variés et divers. Dans un même lieu s'entremêlaient à cette époque plusieurs situations linguistiques. Dans ce contexte, la pratique du catéchisme n'était donc pas la seule activité linguistique et langagière. La matrice sociohistorique confirme toutes les structures porteuses d'une appropriation générale du créole et pas seulement du vocabulaire religieux.

Enfin, on notera une différence dans les supports de la Mission des Noirs. Les missionnaires disposaient d'un support écrit dans leur pratique du catéchisme, alors que les esclaves en sont restés à des méthodes orales. Les rares documents que nous avons pu retrouver situent la phase d'alphabétisation, c'est-à-dire l'expérimentation officielle d'un support écrit, après 1848 auprès des affranchis.

Malgré toute la lumière que les manuscrits de Levavasseur apportent au linguiste, à l'historien, au géographe et à l'anthropologue dans leur réflexion et leur travail de reconstruction, l'identification des langues vernaculaires est encore floue. L'évaluation statistique a été sérieusement aidée par les Rapports rédigés pour l'exécution de l'Ordonnance Royale de mai 1846. Elle reste cependant difficile.

Les manuscrits étudiés ici sont complémentaires et illustrent assez bien l'esprit dans lequel la créolistique aborde la genèse et la théorie du langage. De par sa relative jeunesse, la rareté de documents authentiques et l'information toujours parcellaire qu'il véhicule, le laboratoire créole est là pour rappeler le primat de l'oralité et son ancrage dans un milieu sociohistorique déterminant, à savoir le terrain d'habitation. Levavasseur et ses collègues représentent, sous bénéfice d'inventaire, une première génération d'écriture grammaticale créole.

Appréhendée dans sa fonction de matrice linguistique et sociale primitive, ce lieu et milieu de l'appropriation des langues à Bourbon montre les forces et les limites du travail de reconstruction. Le corpus religieux de Levavasseur témoigne d'une grammatisation en cours, parcellaire, tardive, mais le rapprochement avec d'autres textes anciens éclaire utilement la dynamique des usages.

L'analyse détaillée que nous avons pu proposer du fonctionnement de la matrice sociale a fait ressortir une situation linguistique et socio-culturelle portée par un programme socio-éducatif et conditionnée par les réalités du terrain d'habitation entre 1840 et 1860. Les traces de grammatisation que nos documents d'archives conservent en mémoire écrite se déroulent sur une période limitée, mais fondamentale, dans l'histoire des pratiques langagières et culturelles à Bourbon.

Elle se déploie avec l'arrivée de Monnet en 1840, soit vingt-trois ans après l'interdiction de la Traite à Bourbon (1817). Elle sera soutenue par le travail de Levavasseur et par les autres Missionnaires du Saint-Cœur de Marie avant le tournant, c'est-à-dire avant la date officielle de l'Abolition de l'esclavage dans la colonie. Le contexte et la nature même des témoignages collectés mettent en évidence le rôle institutionnel de l'Église catholique, plus précisément des domaines de la langue que cette entreprise d'instruction religieuse a choisi de fixer et de pratiquer pour atteindre un niveau suffisant de communication avec les esclaves.

Le corpus bilingue créole et français de quarante pages manuscrites atteste une structure répétitive, un jeu de questions/réponses volontairement marqué des traits de l'oralité, du dialogal, moteur de l'imprégnation linguistique, de l'activité langagière en situation d'apprentissage. Une autre forme de dialogue se manifeste dans le corpus écrit, c'est le dialogue intérieur que le traducteur a mené avec sa connaissance des deux langues en écrivant sa traduction. La description contrastive met en relief le manuscrit en tant que texte bilingue créé à partir d'un modèle écrit ancien.

Ce n'est pas une théorie linguistique précise qui a présidé à l'entreprise de traduction, mais bien une pratique du plein terrain. Terrain est à prendre ici au sens géographique, économique et juridique de terrain d'habitation, lieu de constitution des cellules familiales et de brassage linguistique, creuset de l'appropriation. C'est la contribution de ces Missionnaires à une pratique expérimentale de l'apprentissage et de l'acquisition du français et du créole de Bourbon en milieu plurilingue et pluriculturel de la première moitié du dix-neuvième siècle.

ANNEXE

Rapport du P. Levavasseur à Mr. Poncelet

[Janvier 1844 cf. MD VI, p. 592]

Monseigneur,

Ce Rapport que vous exigez de moi, me semble devoir être d'une grande utilité pour les Noirs si l'on veut y faire quelque attention. Vous y verrez: 1° Le bien déjà fait et qui se fait actuellement parmi les Noirs;- 2° Celui qu'on pourrait y faire;- 3° les moyens à prendre pour l'assurer;- 4° les obstacles qui l'on arrêté jusqu'ici.

I

En remettant entre nos mains la mission des Noirs, pour aller occuper le nouveau poste que vous lui avez donné, Monseign^r, M. l'abbé Monnet vous a fait un rapport dans lequel vous avez vu avec de grandes consolations le bien vraiment extraordinaire qu'ont opéré parmi les esclaves le zèle et la charité apostolique de ce prêtre admirable. Nous étions effrayés de la charge qu'il nous laissait. Il nous paraissait bien difficile de le remplacer, et nous avions grand'peur que les noirs ne souffrissent beaucoup en perdant leur bon père. Cependant nous confiant en Dieu, nous nous sommes mis à l'œuvre avec courage et Dieu a béni nos efforts au-delà de nos espérances.

Les Noirs convertis par M. Monnet continuent presque tous à vivre dans une piété solide et fervente; on les voit s'approcher en foule des sacrements à toutes les grandes fêtes, et ils les recevraient bien plus souvent si la prudence n'obligeait pas à modérer encore leurs désirs. Presque tous les noirs qu'il a mariés rendent heureux leurs femmes, les aiment, leur sont très fidèles, et pourraient servir de modèle à bien de blancs.

M. l'abbé Monnet avait cru devoir faire faire la première Communion à plusieurs jeunes négresses et à quelques jeunes noirs. Ils avaient fait paraître des dispositions qui lui semblaient sûres, elles l'étaient en effet, car ils ont persévéré assez longtemps; mais l'âge des passions arrivant, ces noirs, ces négresses ont senti le besoin, la nécessité de se marier. Ils en ont demandé la permission à leur maîtres, elle leur a été refusée; et malgré tous leurs sentiments religieux, entraînés tout à la fois par les passions et par les séductions si nombreuses qui les entourent, ils sont tombés dans le désordre.

Outre les noirs dont s'occupait M. Monnet, vous nous aviez chargés à son départ, Monseign^r, des noirs de la paroisse de Sainte Marie et de Sainte Suzanne. Nous avons essayé pendant quelque temps de remplir une mission si vaste, mais bientôt nous avons senti qu'elle était trop au-dessus de nos forces, et vous-même, considérant dans votre bonté paternelle la faible santé d'un de mes confrères et les ménagements que l'autre avait à garder dans un climat toujours si nuisible aux Européens, vous nous avez fait abandonner les choses commencées à Ste Suzanne et à Ste Marie.

Je me suis spécialement chargé des noirs de St Denis, j'ai placé l'un de mes confrères, M. Collin, à la chapelle de la Rivière des Pluies. Cette chapelle située sur les limites de Ste Denis et de Ste Marie sert à l'instruction des noirs de ces deux quartiers. M. Blanpin, mon second confrère, se partage entre Saint-Denis et la Rivière-des-Pluies. Son aide m'est indispensable à St Denis, parce qu'il m'est impossible seul de suffire aux besoins spirituels des noirs de cette paroisse. Monseigneur, quelles fatigues j'ai éprouvées. J'étais tombé dans un accablement, dans un épuisement de force qui me faisait craindre de ne pouvoir plus exercer le ministère comme je le fais maintenant. M. Collin ne peut pas non plus être chargé seul du travail de la Rivière des Pluies. La quantité de noirs qui fréquentent cette chapelle s'augmente sans cesse, et quoique j'en confesse un certain nombre, lui et M. Blanpin ont encore tous les deux plus qu'ils n'en peuvent faire, surtout en certains jours.

Cependant, Monseigneur, vous savez qu'en plein conseil colonial, un monsieur qui n'aime pas les missionnaires et qui aurait dû être leur premier protecteur dans cette île, a été assez injuste pour nous traiter de <u>paresseux</u>[1], qui ne faisaient à trois que ce que faisait un seul autrefois. Autrefois un seul, qui en valait deux, suffisait; aujourd'hui trois ne suffisent plus. Ce monsieur cependant sait que le travail auprès des noirs va s'augmentant sans cesse.

Je vais vous raconter simplement, Monseigneur, comment chacun de nous emploie son temps; c'est un moyen de vous faire bien connaître tous ce qui se fait en ce moment pour les Noirs. Vous verrez que nous ne sommes pas des paresseux. Ce que je vais dire est public, connu et vu de tout le monde.

Le dimanche est le jour de notre grand travail; voici comment nous le passons: je dis la sainte messe à St Denis à 5h.1/2 pour les noirs; je leur fais avant cette messe une instruction de dix minutes environ; je ne la fais pas plus longue pour ne pas les retenir trop longtemps. A six heures et demie je me rends à la chapelle de la Rivière-des-Pluies; c'est une course d'une heure à cheval. A mon arrivée, je confesse assez ordinairement, puis à neuf heures, je fais le catéchisme jusqu'à 10 heures. Ensuite, je déjeûne et retourne à St Denis[1] où j'arrive pour un catéchisme des noirs que je commence à midi et demie et termine à 1h.1/2. Après le catéchisme j'écoute ce que les Noirs ont à me dire jusque vers 3 heures. J'ai souvent une grande foule à entendre, ces pauvres gens aiment à avoir quelque chose à dire au Père. A 7 heures du soir, je fais le catéchisme de persévérance destinée à entretenir et à augmenter dans les Noirs de St Denis déjà convertis par M. Monnet, la piété qu'il leur a inspirée.

Pendant ce catéchisme, mes deux confrères arrivent ordinairement de la

Rivière-des-Pluies et viennent me rejoindre. Pour eux, voici comment se passe la journée du dimanche. Ils sont tous les deux à la Rivière des Pluies depuis le samedi soir.

---

(1) Plusieurs personnes trouvent étrange qu'ayant le dimanche deux de mes confrères à la Rivière-des-Pluies, je tienne tant à y aller ce jour-là, pour revenir presque de suite à Sainte Denis. Ce voyage à la Rivière-des-Pluies m'est pénible; mais je serai obligé de le faire encore quelque temps. Ma présence y sera nécessaire le dimanche, tant que mes deux confrères ne seront pas parfaitement formés au ministère qu'ils remplissent; mon absence y ferait trop regretter celle de M. Monnet. D'ailleurs M. Collin et M. Blanpin n'ont pas assez grande connaissance des personnes et des choses de ce pays pour que je les laisse seuls le dimanche dans une chapelle aussi importante que celle de la Rivière-des-Pluies.

Le dimanche matin, assez ordinairement, ils ont des confessions à entendre; vers huit heures M. Collin dit une messe basse, pendant laquelle il fait aux noirs qui y assistent une instruction d'un quart d'heure. M. Blanpin les aide à chanter, à faire leurs prières pendant cette messe; à dix heures M. Blanpin dit une deuxième messe et M. Collin fait ce qu'a fait M. Blanpin quand il disait la sienne [1].

Après sa messe, M. Blanpin déjeune à la hâte et se rend de suite au confessionnal, ou souvent il trouve foule. M. Collin, après avoir baptisé les enfants des noirs, c'est le dimanche le jour des baptêmes, confesse aussi souvent fort avant dans l'après-midi. Ensuite, l'un et l'autre vont faire des visites de camp. Ce sont des tournées qu'ils font dans les cases de noirs. Ils choisissent le dimanche pour cela, parce que les autres jours les noirs sont à l'ouvrage. Dans ces tournées ils font beaucoup de bien. Les noirs sont flattés de les voir entrer dans leurs pauvres demeures, ils sont extrêmement sensibles à l'affection qu'ils leurs témoignent. Ils ouvrent leurs cœurs aux Pères,

---

(1) Ce jour-là il faut deux messes à la Rivière des pluies. Beaucoup de noirs ne peuvent venir que fort tard, d'autres ne peuvent sortir de chez leurs maîtres que quand ceux-ci qui sont à la première messe, sont de retour. Du reste à chacune des deux messes du dimanche, la chapelle est presque pleine.

leur racontent tout ce qui les touche; les Pères les écoutent avec grand intérêt, ils tâchent comme St Paul de se faire tout à tous, de se faire petits avec les petits, ils entrent dans toutes leurs idées, leurs peines, leurs joies, considèrent avec eux comme grandes les petites choses qui les concernent, gagnant ainsi leur confiance, puis les gagnant à Dieu et à leurs devoirs. Après ces visites des camps, ces Messieurs viennent me rejoindre a St Denis. A toutes ces dimanche il faut joindre pour eux et pour moi les visites des malades, quelque fois assez fréquentes.

Vous voyez, Monseigneur, que si nous sommes des paresseux dans la semaine, au moins le dimanche nous ne le sommes pas. Je vous dirai maintenant comment se passent les autres jours.

Nous nous trouvons donc réunis le dimanche soir à St Denis; le lundi est un jour de repos pour M. Collin, le plus faible d'entre nous. M. Blanpin et moi ce jour-là, dès dix heures, nous nous rendons à l'église, et depuis 10 heures à 3 heures, nous y sommes à la disposition des noirs; presque tout ce temps nous le passons au confessionnal. Vers 6 heures et demie du soir, nous retournons à l'église pour faire le catéchisme jusqu'à 8 heures. Le mardi, dans la matinée, M. Collin remonte à la Rivière-des-Pluies et M. Blanpin et moi nous descendons encore à l'église comme le lundi de 10 h. à 3 heures. Ce jour-là, à midi, se fait le catéchisme des enfants et de ce qu'on appelle le vieux monde.

Il y a dans St Denis une quantité prodigieuse de petits noirs et de petites négresses au dessous de 12 ans; on ne s'occupe en aucune manière à former le cœur de ces petits enfants; avant même l'usage de la raison, ils sont déjà corrompus et gâtés par les mauvais exemples et les vices qu'ils ont sous les yeux; les mœurs de ce pays sont si dépravées, si dissolues!

J'ai cru d'une utilité immense de faire un catéchisme spécial pour ces enfants; il en vient une centaine, mais qu'est-ce-que cela auprès de ceux qu'on pourrait rassembler si l'on avait quelque zèle pour l'instruction des noirs?

A ces enfants, je joins les vieilles négresses et tous les vieux noirs que je puis ramasser. Les noirs en vieillissant perdent le peu de facultés intellectuelles qu'ils ont, surtout la mémoire; leur instruction devient difficile et il faut se borner à leur enseigner les choses excessivement faciles qu'on enseigne aux petits enfants.

Le mardi, après 3 heures, M. Blanpin et moi nous montons ordinairement à la Rivière-des-Pluies rejoindre M. Collin, qui ce jour-là fait un catéchisme le soir vers 7h.1/2; il dure une heure environ. Le lendemain et le surlendemain, mercredi et jeudi, se passent à étudier, quelquefois à visiter les maîtres, ou de quelqu'autre manière utile à nos noirs. Le mercredi soir, M. Collin fait ce qu'on appelle le catéchisme de mariage; c'est un catéchisme où il réunit tous les noirs qui veulent se marier afin de les disposer à bien recevoir ce sacrement.

Le jeudi matin, M. Collin fait un catéchisme pour les petits enfants noirs comme à St Denis, après lequel il en fait un pour les blancs du voisinage qui ne peuvent se rendre ni à St Denis ni à Ste Marie.

Le jeudi soir, je fais le catéchisme de persévérance. Ce catéchisme, comme celui de St Denis, est destiné à conserver et à augmenter la piété et la ferveur parmi les noirs de la Rivière des Pluies, convertis par M. Monnet. Ce catéchisme nous donne de grandes consolations; les noirs y sont très assidus. Il se fait avec une solennité qui attire beaucoup de monde. C'est en ce jour, Monseigneur, que vous nous avez permis de donner la bénédiction du très Saint Sacrement, et c'est par là que nous terminons notre séance. Nous apprenons aux noirs à chanter eux-mêmes les prières latines que l'Eglise emploie dans ces circonstances; ils chantent aussi des cantiques et de tout cela il résulte quelque chose de fort pieux et de fort touchant. C'est en ce jour également que l'on fait des prières spéciales pour la conversion des noirs qui ne pratiquent pas encore la religion.

Le vendredi matin, M. Blanpin et moi nous nous rendons à l'église comme le lundi et le mardi, de dix heures à trois heures. M. Blanpin me quitte alors pour aller confesser à la Rivière des Pluies. Le samedi au soir, je fais un catéchisme spécial pour les noirs dont l'intelligence est bornée; il s'en trouve auxquels on ne peut apprendre qu'avec de très grandes peines les choses nécessaires pour la 1ère communion, je suis obligé de m'occuper de ceux-là d'une manière toute particulière. Je consacre aussi le samedi soir à instruire les noirs qui se disposent au mariage. Puis le dimanche arrive et nous recommençons. Quand M. Blanpin est avec moi à St Denis, nous faisons le catéchisme tous les deux. Je commence la séance par reprendre les matières qui ont fait le sujet de la dernière leçon et lui, quand j'ai fini, explique ce qui vient après [1]. Il réussit très-bien. D'abord il avait de grandes difficultés de se faire au genre qu'il faut prendre pour être utile aux noirs; mais à force de constance et de travail il est parvenu à avoir de grands succès.

J'exige de mes confrères qu'ils préparent avec grand soin tout ce qu'ils doivent dire. En se préparant ainsi, il sont clairs, courts, n'emploient que des termes simples communs, à la portée des noirs. C'est là le point capital auquel il faut atteindre si l'on veut qu'ils prennent goût aux instructions qu'on leur fait. Ils éprouvent de grandes joies quand on leur fait comprendre les vérités de la religion, au contraire quand ils ne comprennent pas ce qu'ils entendent, ils s'attristent, se découragent et ne reparaissent plus [2].

En général, nous traitons les noirs avec une grande douceur, en leur parlant, nous ne nous servons jamais des mots tu et toi; nous leur disons <u>mon enfant,</u> ou nous les appelons par leurs noms. Ils nous sont très

---

(1) Quand il est avec M. Collin à la Rivière-des-Pluies, ils font l'un et l'autre le catéchisme.

(2) Quand mes confrères rencontrent des noirs dont ils ne peuvent pas se faire entendre, ils ont recours à moi. Je n'en ai point trouvé qui ne soient parvenus à s'instruire des choses nécessaires au salut.

attachés, quelquefois portés à se familiariser, mais en mêlant à la douceur et à l'affection que nous avons pour eux une grande réserve beaucoup de gravité, il est facile de les faire rester dans la retenue et le respect qu'ils nous doivent. Quand il le faut, nous savons agir avec sévérité. Ils sont fort obeissants et dociles une fois dans les églises et les chapelles. Nous sommes fort rigides sur le bon ordre, le silence, la tenue qu'ils doivent y garder. En général, ils sont si pieux, si recueillis dans leurs exercices, que plusieurs blancs m'ont dit qu'ils y assistaient pour s'en édifier. On m'a reproché, Monseigneur, de ne pas assez m'occuper des noirs à convertir, et de donner trop de soins à ceux que nous a laissés M. Monet; cette accusation est fausse et injuste. M. Monnet reunissait ces noirs, qui ont déjà communié et que nous appelons persévérants, deux fois la semaine; nous autres nous ne les réunissons qu'une fois, le dimanche soir et pendant une heure seulement. Est-il possible de s'en occuper moins? Ces noirs convertis malgré leurs bonnes dispositions, doivent être soutenus, excités, encouragés. Si on les abandonnait entièrement, ils pourraient se négliger et redevenir peu à peu ce qu'ils étaient auparavant. Il est donc de la dernière importance qu'il y ait un catéchisme spécial pour eux, au moins une fois la semaine. Ils ont besoin d'être instruits encore. M. Monnet n'a eu que le temps de leur enseigner les premiers éléments de la doctrine et de la vie chrétienne; il faut maintenant consolider et achever son ouvrage. Je fonde sur ces noirs déjà instruits mes plus grandes espérances pour l'avenir, par leur bonne conduite, leurs vertus, leurs exemples ils peuvent faire auprès des autres noirs, soit même sur l'esprit des maîtres beaucoup plus que nous par toutes nos prédications. Parmi ces noirs, il s'en trouve d'une haute piété et plusieurs, et surtout parmi les négresses, pratiquent la vertu jusqu'à l'héroïsme; s'il m'était permis de dire ce que je sais, on ne me croirait pas. Au grand jour on verra les merveilles que la grâce de Dieu opère dans ces âmes simples.

Leur charité rappelle celle des premiers chrétiens. Tous les dimanches, à la messe qui se dit pour eux à cinq heures et demie et au catéchisme de persévérance qui a lieu à 7 heures du soir, on fait une quête dont le produit est destiné aux besoins pressants des noirs les plus misérables. Ordinairement, cette quête s'élève à trente ou quarante francs. J'y joins les honoraires des messes qu'il faut dire car d'après nos usages, tout ce qui nous vient des noirs ou des pauvres peuples dont nous nous occupons, doit ordinairement retourner à eux. Aux honoraires de messes, se joignent aussi des petites offrandes qu'ils font à leurs mariages, et de tout cela il se forme une petite somme déposée dans une caisse que j'ai fait clouer dans une des armoires de la sacristie de St Denis. Le soin de cette caisse est confié à un noir, qui est notre trésorier. Pour m'éclairer dans la distribution des aumônes, j'ai fait nommer dans chaque bande [1] de noirs ou de négresses, à la pluralité des voix, un conseillier et une conseillère.

Chaque conseillier et conseillère est chargé de recevoir les demandes de ceux de sa bande, qui ont besoin de quelque chose; avant de m'en parler, il prend l'avis des autres conseillers, m'en fait part en me donnant le sien, puis je prononce en dernier ressort; les choses se font de la même manière pour les négresses. Les conseillers et conseillères sont aussi chargés de découvrir, de deviner les besoins de leurs confrères ou consœurs qui auraient honte de demander. Ils les visite quand

_____

[1] On appelle <u>bande noire</u> dans nos catéchismes une réunion de noirs qui ont fait la 1ère com^n ensemble.

ils sont malades et pourvoient à leurs nécessités. Leur charité s'étend aussi à tous les autres noirs esclaves et affranchis de St Denis. A l'aide de notre caisse, nous donnons du riz aux uns, des vêtements aux autres; on fait réparer les cases des vieillards, on fait de petites rentes mensuelles aux veuves, aux mères surchargées d'enfants, aux jeunes négresses qui ont quitté le désordre pour la religion. On fait des prêts, on paie des dettes etc, et tout cela, Monseigneur, se fait dans un esprit de charité qui me touche quelque fois jusqu'au fond du cœur. Qu'on dise après cela que les noirs ne sont pas capables de vertu! Que voit-on de semblable parmi nos blancs?

Plus j'acquiers d'expérience auprès des Noirs, plus je reconnais qu'on peut les porter aux vertus les plus belles. La religion élève, ennoblit leurs cœurs, ils deviennent généreux, reconnaissants, dévoués, très aimants. J'ai remarqué souvent dans des noirs qui appartiennent à des maîtres, qui ne sont guère bons pour eux, un attachement difficile à s'espliquer. Ils s'oublient et se sacrifient pour ces maîtres, et un reproche de leur part est pour eux une peine accablante.

Malgré ces bonnes dispositions, ces vertus que nous admirons dans beaucoup de noirs chrétiens, nous sommes plus décidés que jamais à nous montrer très difficiles pour les admettre à la première communion. Je crois qu'avant de leur faire recevoir cet auguste sacrement, il faut les conduire à un dégré de vertu et d'instruction qui donne de grandes assurances pour l'avenir. C'est pourquoi, Monseigneur, je n'ai encore fait faire aucune 1ère communion depuis le départ de M. Monnet; il y en aura une assez nombreuse, je pense, dans quelques mois, à Saint-Denis et à la Rivière-des-Pluies. Il faut aller doucement, prudemment, patiemment dans une œuvre comme la moralisation des Noir(e)s. Aller trop vite, ce serait tout gâter. Je regarde ce qui est déjà fait comme immense, à cause des obstacles dont je vais parler toute à l'heure; si on les levait, les noirs de Bourbon serait bientôt moralisés.

II

Bien à faire parmi les Noirs

Le bien à faire parmi les noirs, Monseigneur, dépend des bonnes dispositions, de la bonne volonté à se faire instruire. S'ils témoignent beaucoup de goût pour les catéchismes, s'ils s'adonnent avec ferveur a la pratique de la religion, nécessairement ils se convertissent et deviendront vertueux. Or, je dis qu'il en est ainsi, et je vais prouver cette assertion par des faits publics.

A peine arrivé à Bourbon, j'obtins de mon père qu'il transformât en chapelle une petite maison qu'il m'avait préparée pour le temps que je devais passé près de lui. Le curé de la paroisse goûta d'abord fort ce projet, et m'aida à le faire exécuter. A peine cette chapelle fût elle achevée qu'elle se trouva pleine de noirs. Je confessais longtemps quelque fois jusqu'à 10 heures du soir. Mais malheureusement M. le Maire du quartier la fit fermer. Il paraît que le curé ne s'était pas mis en règle pour l'ouverture de cette chapelle. Vous n'étiez pas ici, Monseigneur, on ne réclama pas, ce n'était pas à moi à le faire. Mme Sicre de Fontbrune, riche habitante de Ste Suzanne, fit bâtir une chapelle, ou plutôt un hangar, attenant à un petit pavillon où l'on avait placé un autel. C'était peu de temps après mon arrivée dans ma famille. M. le curé de la paroisse qui faisait le catéchisme depuis longtemps dans cette habitation m'en chargea. Aussitôt la chapelle faite, elle était remplie toutes les fois que j'y allais; et en peu de temps, il s'y fit un grand nombre de mariages et de premières communions.

Voici un autre fait semblable qui prouve encore mieux les bonnes dispositions des noirs. D'après mon conseil, M. Boyer de la Girodais, mon beau-frère, propriétaire au quartier français, avait transformé à ses frais, en jolie chapelle un bâtiment assez grand situé sur les confins de Saint-André et de Sainte Suzanne. Les habitations environnant cette chapelle sont toutes considérables et renferment un grand nombre de noirs. A peine fut-elle ouverte, dès la troisième fois que nous y fîmes le catéchisme, elle fut pleine, tellement pleine, que je fus obligé d'annoncer que la chapelle était spéciale-ment destinée aux esclaves et qu'on n'y pourrait recevoir les blancs qu'après les noirs [1]. Les choses en étaient là, lorsque le Maire la fit encore interdire au public.

Voici pour Ste Suzanne. Faut-il vous rapporter, Monseigneur, ce qui s'est passé dans les autres quartiers? Partout les bonnes dispositions des noirs sont les mêmes. Voyez à St André avec quel empressement les noirs ont assis-té et assistent encore aux catéchismes que leur fait M. l'abbé Lemercier, dont le zèle est si admirable. Voyez à la chapelle qu'a fait

---

(1) Ce n'est pas seulement le manque de place qui me faisait faire cette annonce. Je la faisais aussi parce que je savais que M. le Maire et M. le Curé de Ste Suzanne crai-gnaient que beaucoup de blancs n'abandonnassent l'église pour cette chapelle.

---

bâtir M. Lory sur son habitation de la Rivière du Mât et où M. l'abbé Lemercier va aussi faire des catéchismes; quels succès n'a-t-il pas eus? Voyez ce que fait M. l'abbé Monnet à St Paul; à peine y a-t-il six mois qu'il y est, et il vient de faire faire une première communion de cinquante noirs. Vous savez le bien que fait M. l'abbé Escuté à St Louis. A St Pierre les premiers essais de M. l'abbé Bru lui avait fait concevoir les plus belles espérances. A St Joseph, M. l'abbe Gallabert a déjà marié plusieurs noirs. Il en a admis aussi à la 1ère communion. Il m'a dit que ses catéchismes étaient fréquentés avec assiduité. A la Possession, M. l'abbé Joffard a eu de grands succès auprès des noirs de cette paroisse. Partout donc les dispositions des noirs sont très bonnes. Dès qu'on leur fournit les moyens de se faire instruire et de pratiquer la religion, de suite on voit parmi les noirs beaucoup de conver-sions solides, des vertus réelles, une grande piété. Le bien à faire parmi les noirs est donc très grand.

III

Moyens à prendre pour assurer le bien à faire parmi les Noirs, leur moralisation.

Deux choses suffisent, Monseigneur, pour assurer la moralisation des noirs. La première c'est la construction et l'entretien d'un nombre suffisant de chapelles pour les réunir. La seconde, c'est l'admission dans Bourbon d'une quantité suffisante de prêtres capables de s'occuper d'eux comme il faut.

Je dis d'abord que pour assurer le bien à faire parmi les noirs, il faut construire dans chaque quartier un nombre suffisant d'églises. C'est un point sur lequel tout le monde est d'accord. Les noirs travaillent toute la journée, ils ne peuvent venir se faire instruire (quand on le leur permet) que le soir après leur ouvrage ou le dimanche après leur corvée. Si les lieux où se font les catéchismes sont à de grandes distances de leurs demeures, ils ne peuvent jamais s'y rendre. Voudrait-on qu'un noir, qui a travaillé depuis le matin jusqu'au soir, en finissant son ouvrage, allât faire une ou deux lieues pour assister à un catéchisme. Et quand se reposera-t-il? Le dimanche, faudra-t-il qu'il fasse un voyage pour entendre la messe? Il n'a qu'une partie de ce jour pour lui, est-il possible qu'il consente à la passer sur les grandes routes et à l'église? Voudrait-on que les prêtres allassent dans les habitations? Il en faudrait alors des centaines. Dans une habitation, un prêtre parlera à 50 ou 100 noirs, dans une chapelle il peut en réunir mille. La multiplication des chapelles est donc d'une nécessité absolue pour la moralisation des noirs.

Je dis qu'il faut de plus une réunion de prêtres capables de s'en occuper comme il faut. Tous les prêtres ne sont pas propres à une semblable mission. Cette vérité est fondée sur l'expérience. Vous avez, Monseig^r, en ce moment à Bourbon, de très bons prêtres, qui avouent avec franchise qu'ils ne se sentent pas la force d'y travailler. Il n'est pas de fonction aussi rebutante, aussi difficile. Vous savez, Monseigneur, par quel attrait j'y suis porté. Comme créole, elle doit m'être beaucoup plus facile qu'aux autres; cependant parfois je perdrais courage, je reculerais devant les répugnances, les dégouts, les fatigues, si je n'étais pas retenu par les liens qui m'y attachent. Aucun motif humain ne peut soutenir un prêtre, dans le ministère qu'il exerce auprès des noirs. Ce n'est pas l'intérêt que peuvent lui donner les noirs, ce n'est pas l'estime des hommes; ici, quand on s'occupe des noirs, il faut se faire un avec eux, petit pauvre avec eux, et on est méprisé du monde avec eux. Ce n'est pas l'espérance de parvenir; où arriver, quand on s'est dévoué au service de ces pauvres gens? Ce ne sont pas les succès, ils coûtent beaucoup et l'on n'y fait guère attention. Non, quand on ne cherche pas Dieu seul, quand on n'a pas fait le sacrifice entier de tout ce qu'on est, quand on veut encore quelque chose pour soi sur cette terre, on n'est pas capable de s'occuper des noirs comme il convient. Il faut pour une telle mission des hommes de sacrifice, des prêtres qui mettent leur joie dans les peines, les travaux, les fatigues, qui, par les vœux d'obéissance et de pauvreté, ne peuvent plus rien posséder ni désirer, qui ne vivent que pour Dieu et leurs frères. Il faut une société de prêtres de ce genre pour la moralisation des noirs.

Il y a dix ans, Monseigneur, lorsque j'allais entrer au séminaire, je vous disais ce que j'écris en ce moment. Dès cette époque, j'avais déjà conçu le dessein de me dévouer au soin spirituel des noirs, tout le monde le sait; je voyais dès lors le bien immense à faire parmi eux, mais il me fallait des aides tels que je viens de le dire; je les désirais, Dieu me les préparait. Vers la fin de mon séminaire, je communiquai mes projets à quelques-uns de mes confrères les plus pieux, je leur parlai des besoins que les noirs avait de leur ministère; ils furent touchés de l'état d'abandon où on les avait laissés jusqu'alors, et résolurent de venir m'aider à les évangéliser. Notre projet arrêté, nous songeâmes à l'établir sur des bases solides qui en assurassent le succès. Nous avions alors pour conseil les prêtres les plus pieux et les plus éclairés de Paris, les Messiers de St Sulpice. Ils nous engagèrent à adopter des règles et à nous constituer en Congrégation. Rome approuva fort cette pensée. Nous la proposâmes à M. l'abbé Fourdinier, Supérieur du Grand séminaire des colonies, qui la rejeta assez vite; il la regardait comme une vaine imagination de jeunes prêtres; d'autres aussi partagèrent ses préventions. Cependant toujours soutenus et guidés par de sages conseils, puis protégés par quelques évêques, enfin, Dieu aidant, nos désirs furent accomplis. Nous avons formé une congrégation de prêtres, connue sous le nom de Missionnaires du Saint Cœur de Marie. Le fondateur est le supérieur est M. l'abbé Libermann, et non pas moi, comme on l'a dit ici. J'en ai eu la première idée, il est vrai, mais c'est lui qui a fait le reste.

La fin générale de notre société est de s'occuper des peuples les plus pauvres et les plus délaissés dans l'Eglise de Dieu. Les noirs se trouvant plus qu'aucun peuple dans cette position, nous nous sommes offerts pour les évangéliser. Les Missionnaires du Saint-Cœur de Marie, dans les pays où l'on veut se servir d'eux, sont soumis d'abord aux autorités ecclésiastiques et civiles qui peuvent les renvoyer comme bon leur semble; puis aux curés dans les paroisses desquels ils travaillent, et enfin au vicaire en l'absence du curé. Ils ne peuvent rien entreprendre d'eux-mêmes; ils ne font que ce qu'on leur permet de faire; le curé les a sous sa surveillance et son inspection immédiate. Ils doivent tous les mois lui rendre un compte exact de tout ce qu'ils font dans sa paroisse. Les missionnaires du Saint-Cœur de Marie font de plus que les prêtres ordinaires promesses ou vœux de pauvreté et d'obéissance. Ils vivent en communauté, c'est-à-dire qu'ils ont un lieu de résidence commun d'où ils se séparent un à un, deux à deux, trois à trois, selon que l'exige les besoins des peuples dont ils sont chargés. Tel est en peu de mots la congrégation des Missionnaires du Saint Cœur de Marie. On pourra bien trouver des prêtres plus vertueux, plus savants qu'eux; ce ne sera pas difficile. Mais j'ose dire sans crainte qu'on n'en trouvera pas qui aient plus de dévouement et de zèle pour la moralisation et le salut des noirs. Généralement on nous rend justice à Bourbon. On a cherché, il est vrai, dans la dernière séance du Conseil colonial, tenu à la fin de 1843, à prévenir contre nous plusieurs de ceux qui composait le Conseil, heureusement qu'ils sont en petit nombre; les autres, je l'espère, nous estiment comme nous le méritons. On a fait craindre que nous pourrions bien être des espèces de <u>méthodistes</u>, qui renouveleraient peut-être à Bourbon ce que ces sectaires ont fait dans les colonies d'Amérique. L'avenir fera voir qu'on se trompe. En attendant, on aurait pu faire remarquer au Conseil ce que j'ai déjà dit: premièrement que nous sommes des prêtres religieux catholiques, soumis par nos règles, autant qu'il est possible de l'être, aux autorités des lieux où nos services sont acceptés; 2° que nous ne sommes dans Bourbon qu'un corps supplémentaire, tout à fait secondaire, sous la surveillance et la dépendance du clergé local; nous ne faisons que ce qu'on nous commande de faire, sous les yeux de ceux qui commandent et comme ils le commandent. Rien donc n'est plus injuste, plus injurieux de nous comparer aux méthodistes. On ne connait pas la différence qu'il y a entre un méthodiste et un véritable prêtre catholique. On connait bien moins encore ce que c'est qu'un missionnaire du Saint-Cœur de Marie. Si je n'étais pas ce que je suis à Bourbon, on aurait pu nous faire beaucoup de tort, et empêcher tout le bien que peut faire une congrégation comme la nôtre pour les noirs. J'espère que les autorités premières ne partageront pas ces idées.

IV

Obstacles qui ont arrêté jusqu'ici la moralisation des Noirs

Le premier des obstacles, c'est le manque d'églises. Sur la paroisse de St Denis il n'y a encore aucune pour le moment. Il en faudrait deux, au moins une encore, outre celle qu'on bâtit près le collège [1].

Dans Ste-Marie, il n'y a que l'église de la Rivière des Pluies; il en faudrait, outre celle-là, encore trois autres.

Dans Sainte-Suzanne, il y en a une, celle de Madame Sicre de Fontbrune et une autre, celle de M. Boyer de La Girodais, assez grande, bien ornée, mais comme je l'ai dit, interdite au public. Le Maire de Ste-Suzanne donne pour raison de la mesure qu'il a prise à l'égard de cette chapelle, qu'il n'a pas assez

---

[1] L'église paroissiale de Saint-Jacques bâtit par l'abbé Picard.

---

de gardes de police. Je ne sais pas comment en France on recevrait un pareil principe. Heureusement pour les noirs qu'aucun autre maire ne l'a adopté; c'est ce qu'on peut appeler une curiosité municipale de notre pays. Il est bon de vous faire observer, Monseigneur, que les gardes de police en général, et ceux de Ste Suzanne en particulier, ne sont rien moins que religieux. Serait-ce sous la surveillance de telles gens que voudrait nous mettre M. le Maire de Ste Suzanne? Du reste, cette chapelle de M. Boyer est située sur le grand chemin, à côté de sa maison principale, presque à la porte du commissaire de police du quartier; les noirs qui s'y rendent et qui en sortent peuvent être surveillés par les agents de police, qui surveillent la grande route. Le voisinage du commissaire de police est une garantie suffisante d'ordre, et M. le Maire peut bien se reposer sur nous et M. Boyer pour la manière dont les choses doivent se passer chez lui et dans sa chapelle [1]. Les mesures prises par rapport à cette chapelle, surtout après les réclamations que nous avons faites, sont mystérieuses, inexplicables pour moi.

---

[1] M. Boyer en offrant la chapelle au public, entendait que la surveillance de la police s'y ferait; il ne s'est pas refusé à cette exigence de la loi.

A St André, il n'y a qu'une église, celle de Madame Lory. Elle est placée sur son habitation, à l'extrêmité du quartier, elle peut contenir 250 à 300 noirs. Elle est propre et bien ornée. Il faudrait à St André au moins trois autres églises. Celle de M. Boyer pourrait servir à St André.

A St Benoît il n'y a qu'une église, celle du Bras Panon, assez mal placée à mon avis. On m'a dit qu'elle était peu fréquentée par les noirs. Il faudrait dans ce quartier au moins trois ou quatre églises encore.

Je ne parle pas de Ste Rose et de St Philippe; je ne connais pas assez ces quartiers.

A St Joseph il faudrait au moins deux églises. – A St Pierre trois ou quatre. – A St Louis autant. – A St Paul au moins deux, outre les églises de St Gilles, des Trois-Bassins, de la Possession [1].

Une remarque très importante à faire, Monseigneur, c'est que ni le gouvernement ni les fabriques n'ont pourvu jusqu'ici, en rien, aux frais qu'exigent les églises où l'on instruit. Je parle de celle de la Rivière des Pluies, la plus importante de toutes. Nous en sommes chargés sans rien recevoir du gouvernement ni pour nous ni pour l'entretien de cette église. Voudra donc croire en France que nous sommes obligés de faire payer aux pauvres

---

(1) Ces chapelles ont été érigées depuis. Elles étaient indispensables.

esclaves, qui veulent s'instruire de leur religion, les bougies qui les éclairent?

Le premier obstacle à la moralisation des noirs est donc le manque d'églises.

Le second obstacle à leur moralisation, est l'impossibilité où ils sont presque tous de se rendre aux instructions religieuses. Leurs maîtres ne leur en donnent pas le temps. Il est évident tant qu'on ne prendra pas des mesures définitives pour empêcher un tel abus de pouvoir, jamais l'instruction religieuse ne pourra se répandre parmi les noirs.

Le troisième obstacle à la moralisation des noirs, est l'impossibilité de se marier. On trouve sur ce point, parmi les maîtres, une opposition systématique qui arrête tout. L'expérience prouve cependant que le mariage est parmi les noirs le moyen le plus efficace de moralisation. Ils respectent plus la sainteté de cette union; ils élèvent leurs enfants avec le plus grand soin, la plus grande vigilance; les voir tourner mal, c'est pour eux le plus grand des malheurs. Qu'on laisse les noirs se marier d'abord; qu'on fasse instruire les enfants et on verra combien la piété et toutes les vertus morales qui en découlent, se répandront dans cette classe.

Le quatrième obstacle à la moralisation des noirs est la liberté qu'on leur donne pour le mal. On les laisse fort à propos fréquenter les spectacles, se réunir en grand nombre dans les bals publics où l'impudicité ne garde aucune borne. Ce n'est pas dans les spectacles de Bourbon et dans ces réunions infernales [1] qu'ils prendront goût aux choses religieuses et morales. Pour faire gagner quelques piastres à des comédiens ou à quelques donneurs de bals on sacrifie la moralisation d'une population.

Le cinquième obstacle à la moralisation des noirs, est le manque de prêtres propres à s'occuper d'une telle œuvre. Il faudrait à Bourbon, d'après l'expérience que j'ai du ministère auprès des noirs, au moins trente prêtres spécialement consacrés à cette œuvre. – Ces obstacles levés, la moralisation des noirs se fera en quelques années.

---

(1) Les bals des noirs, non pas les bals des Cafres, mais les bals des noirs créoles, bals de <u>dix sous</u> comme on les appelle.

* Les mots soulignés par Levavasseur dans le manuscrit le sont aussi dans le texte dactylographié.

LISTE DES DOCUMENTS D'ARCHIVES

SOURCES

I. Archives Générales de la Congrégation du Saint-Esprit, Chevilly-Larue, France, 236-B-II.

1a. Lettre du 8 octobre 1833, Lyon, de Pastre à Fourdinier, 231-Ib.

1b. Lettre du 24 mars 1845, Belle Eau, de l'abbé Minot (Saint-André) à Levavasseur de Saint-Denis, 38-A-3.

2. *Catéchisme des Noirs d'habitation en usage chez Monsieur Boyer de la Giroday, beau-frère du P. Levavasseur, à l'époque de l'arrivée des missionnaires du St Cœur de Marie à l'île Bourbon et dont ils se sont servis d'abord.*

3. *Rapport sur la Mission des Noirs,* adressé au Préfet Apostolique de Bourbon par le R. P. Levavasseur [en juin] Janvier 1844, cf. MD VI, p. 592, 31 p.

4. *Essai de catéchisme pour les Noirs de Bourbon,* de Frédéric Levavasseur, 3ème édition, version française.

5. Essai de catéchisme pour les Noirs de Bourbon composé par le R. P. Frédéric Levavasseur, écrit par le P. Blampin.

6. *Extrait du Cahier des Dogmes,* F. Levavasseur.

7. Lettre de Constance De La Girodais, sœur de F. Levavasseur (1850).

8. Témoignage de l'abbé Ozoux : biographie et généalogie de F. Levavasseur.

9. *Petit catéchisme* composé par le R. P. Levavasseur pour les Noirs de l'Ile Bourbon vers 1843 et dont s'est servi aussi le Père Laval. Cette copie a été faite pour les enfants qui viennent au catéchisme du soir au séminaire du St Esprit, mais ensuite on a cru devoir leur faire apprendre plutôt le catéchisme même du diocèse, Séminaire du St Esprit, 30 rue Lhomond.

10. *La population de Bourbon avant l'arrivée du Père Levavasseur,* Notes du père spiritain Limbour, mort en 1915 à 75 ans.

11. *Catéchisme en langue créole. Précédé d'un Essai de Grammaire sur l'idiome usité dans les colonies françaises*, par M. Goux, Missionnaire apostolique à la Martinique, Paris, Imprimerie de H. Vrayet de Surcy et C°, Rue de Sèvres, 37, 1842, 72 p.

12. Lettre de Levavasseur à l'abbé Libermann, Ste Suzanne, 19 juin 1842.

13. Les Notes et Documents relatifs à la vie et à l'œuvre du vénérable François-Marie Paul Libermann, supérieur général de la congrégation du Saint-Esprit et du Saint-Cœur de Marie, Tome premier (1802-1839), Tome second (1840-1841), Paris, Maison-Mère, 1929, 1931.

II. Archives de l'Évêché de Port-Louis

Petit Catéchisme des Noirs. Composé par le R. P. Laval. Collection Lavallia.

BIBLIOGRAPHIE

AUROUX S. – 1994, *La révolution technologique de la grammatisation. Introduction à l'histoire des sciences du langage*. Liège, Mardaga, 216 p.

BADDELEY A. – 1993, *La mémoire humaine. Théorie et pratique*. Traduction de l'anglais sous la direction de Solange HOLLARD, P.U.G. Condé-sur-Noireau, Corlet Imprimeur, 547 p.

BAGGIONI D. – 1986, *Langue et langage dans la linguistique européenne (1876-1933)*, 3 vol., Thèse de Doctorat d'État. Aix-en-Provence, 372 + 131 p.

BAKER P. – 1986, Combien y a-t-il eu de genèses créoles à base lexicale française? *Etudes créoles*, vol. X, n° 2, pp. 60-76.

BAKER P. et CORNE C. – 1972, *Isle de France Creole. Affinities and Origins*. Ann Arbor, Karoma, 299 p.

BALIBAR R. – 1985, *L'institution du français. Essai sur le colinguisme des Carolingiens à la République*. Paris, P.U.F., 421 p.

BAPTISTE E. (Père) – 1990, *Saint-André, ma paroisse*. Saint-André de la Réunion, Graphica, 243 p.

BICKERTON D. – 1981, *Roots of Language*. USA, Ann Arbor, 351 p.

CARAYOL M. – 1977, *Le français à la Réunion: phonétique et phonologie*. Atelier de reproduction des thèses, Université de Lille III, Champion Diffusion, 625 p.

CERQUIGLINI B. – 1989, *Éloge de la variante. Histoire critique de la philologie*. Paris, Seuil, 122 p.

CHASSAGNON H. – 1902, *Frère Scubilion de l'Institut des Frères des écoles chrétiennes*. Paris, Procure générale des Frères, 292 pp.

CHAUDENSON R. – 1978, *Lexique du parler créole de la Réunion*. Paris, Champion, 1.249 p.

– 1981, *Textes créoles anciens*. Hambourg, Buske, 272 p.

– 1992, *Des îles, des hommes, des langues*. Paris, L'Harmattan, 309 p.

– 1992, Vers une théorie de la créolisation linguistique, *Lalies 10*. Paris, Presses de la Sorbonne Nouvelle, pp. 7-25.

– 1995, *Les créoles*, Que sais-je? n° 2970. Paris, P.U.F., 127 p.

COHEN M. – 1946, *Le français en 1700 d'après le témoignage de Gile Vaudelin*. Paris, Bibliothèque de l'École des Hautes Études, fasc. 289.

CONCORDE-MARIE (Frère) – 1975, *Le Frère Scubilion 1797-1867. Apôtre des plus humbles et des plus pauvres à l'Ile Bourbon 1833-1867*. Saint-Denis de la Réunion, Nouvelle Imprimerie Dionysienne, 67 p.

COULON P. et BRASSEUR P. – 1993, *Libermann 1802-1852. Une pensée et une mystique missionnaires*. Paris, Cerf, 960 p.

DESPORT J. M. – 1988, *De la servitude à la liberté: Bourbon des origines à 1848*, St André de la Réunion, Graphica, 118 p.

DELISLE P. – 1995, Les catéchismes à la Martinique dans la première moitié du XIXe siècle révélateurs d'un réveil missionnaire, *Revue française d'histoire d'Outre-mer*, t. 82, n° 307, pp. 193-204.

DIETRICH A. – 1892, Les parlers créoles des Mascareignes, *Romania 20*, pp. 216-277.

DIKI-KIDIRI M. & DON D. – 1989, *Outils logiciels pour le linguiste. Interface Diki et les logiciels de la S.I.L. (DTS-TA-IT)*, Publication de l'Agence de Coopération Culturelle et Technique et du LACITO. Paris, CNRS, Imp. Augustin, 79 p.

DROGUET & ARDANT (éds) – 1989, *Théo. Nouvelle encyclopédie catholique*. Paris, 1.234 p.

DUSSOL J. – 1997, *Le temps des moustiquaires*. Saint-Denis de La Réunion, Éditions Azalées, 100 p.

ÈVE P. – 1990, *Histoire abrégée de l'enseignement à la Réunion*. St-André de la Réunion, Graphica, 40 p.

FERMET A. – 1985, *Frère Scubilion 1797-1867. Jean Bernard Rousseau*. Paris, Desclée de Brouwer, 264 p.

FOCARD V. – 1884, Le patois de l'Ile Bourbon, *Bulletin de la Société des Sciences et des Arts de La Réunion*, Saint-Denis, pp. 70-95.

FUMA S. – 1992, *Esclavagisme à La Réunion 1794-1848*. Paris, L'Harmattan / Université de la Réunion, 273 p.

– 1994, *Histoire d'un peuple. La Réunion (1848-1900)*. Université de la Réunion, Editions CNH, 191 p.

HAZAËL-MASSIEUX G. – 1996, *Les créoles. Problèmes de genèse et de description*. Aix-en-Provence, Publications de l'Université de Provence, 374 p.

HÉRY L. – 1828, *Fables créoles dédiées aux dames de Bourbon*, Saint-Denis.

HUSCENOT J. (Frère) – 1989, *La sainteté par l'école. Sept religieux-éducateurs lasalliens*. Langres, Guéniot, 273 p.

HYMES D. (ed.) – 1971, *Pidginization and Creolization of Languages*. Londres, Cambridge University Press, 530 p.

LE ROY A. (Mgr) – 1989, *Le Père Levavasseur*. Sainte-Clotilde, Ars Terres créoles, 218 p.

LUCAS R. – 1998, *Bourbon à l'école (1815-1946)*. Saint-André, Associations Échos et Océan Éditions, 375 p.

MAILLARD L. – 1863, *Notes historiques sur l'île de La Réunion (Bourbon)*. Paris, Dentu, 2 parties en 1 vol., 344 p.

MARTINET A. – 1989, *Fonction et dynamique des langues*. Paris, Colin, 209 p.

– 1989, *Le Français sans fard.*, Paris, P.U.F., 219 p.

MAUPOINT A.-R. (Mgr) – 1864, *Madagascar et ses deux premiers évêques*. Paris, C. Dillet, 2 tomes, 336 p.

MOUNIN G. – 1985, *Histoire de la linguistique des origines au XXe siècle*. Paris, P.U.F., 230 p.

MUFWENE S. – 1986, Les langues créoles peuvent-elles être définies sans allusion à leur histoire? *Études créoles X-1*, pp. 135-150.

NAGAPEN A. – 1994, *Le catéchisme à l'île Maurice avant le concile de Vatican II*. Port-Louis, Diocèse de Port-Louis, 61 p.

PRUDHOMME C. – 1984, *Histoire religieuse de la Réunion*. Paris, Karthala, 369 p.

SCHŒLCHER V. – 1842, *Des colonies françaises. Abolition immédiate de l'esclavage*, Paris, Pagnerre.

SCHUCHARDT H. – s.d., Sur le parler de la Réunion, *Romania 11*, pp. 589-593.

STAUDACHER-VALLIAMEE G. – 1989a, *Phonologie du créole réunionnais: unité et diversité*. Paris, Thèse de Doctorat Nouveau Régime de l'Université de Paris V, 290 p.

– 1989b, Faits phonologiques et faits lexicaux dans le créole réunionnais, *Actes du 16e Colloque International de Linguistique Fonctionnelle*. Paris, Sorbonne, 29 Juin-4 Juillet, pp. 107-111.

– 1990, Le système consonantique du créole réunionnais, *Cahiers du LACITO, Revue d'Ethnolinguistique 5*, pp. 89-108.

– 1991a, Le vocalisme créole réunionnais, *Cahiers du LACITO, Revue d'Ethno-linguistique 6*, pp. 12-30.

– 1991b, La dynamique verbale du créole réunionnais: une synchronie au service de la diachronie, *Actes du XVIIe colloque international de linguistique fonctionnelle*, Prague (12-17 juillet 1991), pp. 130-134.

– 1992a, *Phonologie du créole réunionnais: unité et diversité*. Paris, Peeters-Selaf (SOC 6), 190 p.

– 1992b, La phonologie du mot en créole réunionnais (Communication au XVe Congrès International des Linguistes, Québec, Canada, 9-14 août 1992), *Actes du C.I.L. Tome 2*.

– 1993, Quelles valeurs pour ssa en créole réunionnais? *Actes du 20e Colloque International de Linguistique Fonctionnelle (Coimbra/Portugal, 21-26 mai 1993)*, pp. 121-125.

– 1994a, Eine synchron dynamische Phonologie des Réunion Créole als Ausgangspunkt zur Annäherung zur Kreolisierung und Sprachwandel, *Creolization and Language Change*. Tübingen, Niemeyer, pp. 139-160.

– 1994b, Dialogue avec Dieu, dialogue avec la machine: la formalisation partielle d'une oralité créole, Communication au Colloque International de la Section 34 du C.N.R.S, *Terrain et théorie en linguistique*. Paris, 23-27 septembre 1994.

– 1994c, Oralité, contexte et cognition sur le terrain créolophone réunionnais, 4 p., *Actes de la XXe Journée de La Parole*. Lannion-Trégastel, Groupe Francophone de la Communication Parlée et Société Française d'Acoustique, pp. 351-354.

– 1994d, Le Dialogue créole réunionnais: communication verbale et non verbale, *Actes du 5e Congrès International de l'International Association for Dialogue Analysis et du Centre de Recherche en Linguistique Contrastive*. Tübingen, Niemeyer, pp. 135-144.

– 1996, Une classe de fonctionnels en créole réunionnais: forme et sens, *Matériaux pour l'étude des classes grammaticales dans les langues créoles*, D.Véronique (éd.). Aix-en-Provence, Publications de l'Université de Provence, pp. 61-75.

THOMASON S. G. & KAUFMAN T. – 1988, *Language contact, creolization and genetics Linguistics*. University of California Press, 411 p.

TROUETTE E. – 1883, Le conte du chat botté en patois créole de la Réunion, *Revue de linguistique et de philologie comparée*, Tome XVI. Paris, pp. 64-71

VALDMAN A. – 1978, *Le créole: structure, statut et origine*. Paris, Klincksieck, 403 p.

VÉRONIQUE D. (éd.) – 1994, *Créolisation et acquisition des langues*. Aix-en Provence, Publications de l'Université de Provence, 248 p.

VERRIER A.-J. – 1906, Le Patois créole de l'île de La Réunion, *Mémoires de la Société d'Agriculture d'Anjou*, pp. 283-305, ADR, P.B. 1205.

VINSON A. – 1882, Les origines du patois de Bourbon, *Bulletin de la Société des Sciences et des Arts de La Réunion*, Saint-Denis, pp. 80-110.

WALTER H. – 1985, L'analyse phonologique à partir d'un texte manuscrit ancien: le cas du gallo à la fin du XIXe siècle, *Graphie phonie* (Matinée d'étude du 20 mars 1985 sous la direction d'Henriette Walter), Publication du Laboratoire de phonologie de l'École Pratique des Hautes Études (4e section). Paris, Sorbonne, pp. 61-82.

– 1989, Prononciation et phonologie du français à la fin du XVIIe siècle d'après le corpus de Gile Vaudelin, *La variation dans la langue en France du XVIe au XIXe siècle* (Hommage à Nina Catach). Paris, Éditions du CNRS, pp. 73-86.

– 1991, Les témoignages graphiques permettent-ils une interprétation phonologique? (Enquête Dottin sur le gallo, 1899), *Actes du XVIIIe Congrès International de Linguistique et de Philologie Romanes*, III, Université de Trèves, 1986. Tübingen, Niemeyer, pp. 561-570.

WIMBISCH J. S. – 1990, *Shoebox. A data management programme for the field linguist*. Version 1.2. Ambon (Indonesia), Summer Institute of Linguistics and Pattimura University, 208 p.

ZORN J. F. – 1993, *Le grand siècle d'une mission protestante. La Mission de Paris de 1822 à 1914*, Paris, Karthala, 800 p.

TABLE DES MATIÈRES

Chapitre 3 – TRADUCTION ET COMPARAISON DES SYSTÈMES LINGUISTIQUES
(Bourbon, Ile de France, Martinique en 1842) 129-178

LISTE DES ILLUSTRATIONS

Carte et photographies : Thomas STAUDACHER